JN079960

アメリカ産業
イノベーション論

Innovating America:
Navigating the
US Innovation System

Miyata Yukio　　Yasuda Satoko
宮田由紀夫・安田聡子 編著

晃洋書房

は じ め に

イノベーションとは何か

　本書の目的はアメリカにおける産業イノベーションを考察することである．イノベーションとはここでは，「新製品・新製法を成功裏に実用化すること」と定義する．政府が調達する軍事技術のイノベーションはあるが，基本的にはイノベーションは市場において企業によって行われる．その意味ではイノベーションは産業界で起きているので，産業イノベーションという表現は概念が重複しているが，本書では一般市民が享受できたイノベーションを産業別ごとに分析する．

　今までなかった製品を生み出す製品イノベーションは重要だが，既存の製品の生産費を減少させ今まで消費できなかった人が消費できるようにする製法イノベーションも重要である．せっかく新製品ができても製法イノベーションによって生産コストが下がっていなければ既存製品との競争に勝つことはできない．

　イノベーションの生成過程の説明で大きな役割を果したのが「リニアモデル」である．ここでは基礎研究，応用研究，開発，生産，販売が逐次的に起こってイノベーションが生成されると考えられている．基礎研究とは知的好奇心を満たすために行われ，成果は論文・学会で発表される公共の知識となる．物理学の粒子加速器のような大型実験装置を除けば，基礎研究は必ずしも費用がかかるわけではないのだが，成果を完全には専有できないので企業は基礎研究に積極的になれない．したがって市場メカニズムに任せておくと基礎研究投資は社会的に最適なレベルよりも小さくなってしまう．そこで政府は特許制度を強化したり研究開発投資減税を行ったりするが，より直接的には公的資金を使って国立研究所や大学での基礎研究を支援するのである．

　応用研究とはある程度，目標を定めてそれを達成するための研究である．大学の中でも理学部（数学，物理学，化学）は知的好奇心に基づく基礎研究を行うが，工学部，医学部で行われる研究は解決すべき課題が明らかなので応用研究を行ってきたと考えられる．開発というのは実用化のために明らかな技術的課題を解決するので，この段階になれば企業も積極的に投資を行う．

　アメリカでは第2次世界大戦後,「リニアモデル」は政府の政策としても企業の戦略としても影響力を持った. 基礎研究に投資していればイノベーションが生まれると期待して, 国防総省も含めて連邦政府の省庁が大学の研究を支援した. 資金に余裕がある大企業は中央研究所を強化した.「リニアモデル」はまた科学の進歩が技術の進歩につながり, イノベーションも起こると考えており, シーズ（たね）重視である. 一方,「必要は発明の母」と呼ばれるようにニーズ（必要性）を重視する考え方もある. イノベーションは「成功裏に実用化されたもの」なので事後的には需要は必ず存在している. しかし, 消費者は何が便利なのか, 何が必要なのか気がついていないこともあり, 需要を喚起するマーケティング努力は重要である. しかし, どんなにニーズがあっても科学・技術の知識がなく, 補完技術も進歩していなければイノベーションは起こらないのである. 特定の疾病の患者数はわかっているので製薬会社はニーズの大きな医薬品の開発に取り組むが, 知識が不充分であれば新薬は生まれてこない. ニーズはシーズかニーズかについては長らく論争が行われてきたがケースバイケースという結論に落ち着いている.

　科学と技術は互いに助け合いながらも独自の発展経路を歩む.「科学技術」でなく「科学・技術」と表記することが重要である. たしかに, 科学は技術の理論的基礎を与えたり, 実現可能性を予想してくれる. 理論的に実現不可能だと証明されれば無駄な努力をする必要がなくなり, 研究資源を他の分野に向けることができる. 他方で, 顕微鏡や望遠鏡などの観測機器の性能の向上を通して, 技術が科学を進歩させる. しかし, 科学と技術は独立の発展経路をたどるので, 科学が進歩したからといって技術が自動的に進歩するわけでなく, 技術の進歩にはそれ相応の努力が必要である.

　第2章で詳細に述べるが, 1970年代にアメリカ産業の国際競争力にかげりが見え始めたこともあり「リニアモデル」に対しては, 国や企業が基礎研究に投資をしてもイノベーションが生まれてこないのではないかという批判が高まった. そこでカギになるのが政策としては産学官連携推進策であり, 企業戦略としては外部ソースの活用やオープンイノベーション戦略であった. 産学官連携が行いやすくなったので企業は自前主義から脱却し NIH 症候群（Not Invented Here: 自社で開発した発明ではないので利用しないという態度）を否定するようになった.

トランジスタの事例

　ここで今日の半導体産業の礎となったトランジスタについて考えてみたい．トランジスタはシーズとニーズ，科学と工学が融合した成功例であった．電話の発明者ベル（Alexander Graham Bell）が設立した電話会社を前身とする AT&T（American Telephone and Telegraph）は1921年に法律（Willis-Graham Act）で独占であることが認められた（電話会社が複数あって異なる電話会社のユーザー同士が通話ができないのは不都合であるので，1社で独占的に供給することが認められたのである）．AT&T の研究開発を担って1925年に独立した会社組織になっていたベル研究所（以下，ベル研）の電子管（真空管）の開発担当であったケリー（Mervin Kerry）は独占を認められた電話会社として全米電話網を構築するために，2つの課題があると理解していた．1つは信頼できる増幅器である．音声は電話線の中を伝わると減衰していくので，適当な距離に増幅器を置いて音波を大きくする必要があったのだが，当時の増幅器は真空管で，電球と同様に寿命が来ると内部の線が熱で切れてしまった．いま1つが交換器の改良であった．通話者同士は電話交換手が金属接点のスイッチを操作してつないでいたが，時間がかかっていた．この2つを解決する新しい技術の開発を求めていたが具体的な方法はわからなかった．1936年に研究ディレクターになるとケリーは物理学で博士号を取得した若手を積極的に採用した．そのうちの1人がマサチューセッツ工科大学出身のショックレー（William Shockley）であった．ショックレーに対して，上記の2つの課題をどんなに時間がかかってもよいから解決するよう命じた．1945年にはショックレーの推薦で理論物理学者のバーディーン（John Bardeen）がベル研に入った．

　ショックレーのグループの増幅器の実験は失敗が続いていたが，バーディーンは物理学の理論は固体内部の現象を対象にしているが実際のデバイスでは表面の理解が重要だ，として表面の物理学を根本的に研究した．彼の理論を実証したのが実験物理学者のブラッティン（Walter Brattain）である．1946年に彼は酸を使って試料の絶縁体をできるだけ薄くしようとしていたが，誤ってすべて削ってしまった．その状態で測定をしてみたところ電流の増幅現象を発見したのである．このトランジスタは接触型と呼ばれるが，発見に立ち会っておらず発明者になれなかったことに不満なショックレーは，1948年に実用性のより高い接合型のトランジスタの概念を打ち出し，1949年に開発に成功した．

　トランジスタは理論を実証する過程で幸運の女神が微笑んでくれたのを見逃

さなかったから実現したのだが，固体物理学の進歩によって自然に生じたものではない．科学知識の進歩というシーズと，真空管に代わる増幅器へのニーズとが組み合わさり，課題解決のために必要ならば基礎研究も行われた．この後もベル研では，サイエンティストとエンジニアさらには高卒のテクニシャンの協力によってイノベーションが生まれていった（ケリーの求めたもう１つの課題である金属接点スイッチは電子式交換器になっても生き残り，1980年代のデジタル化によってようやく廃止された）．

　ベル研は最高水準の民間研究所といわれたが，AT&T は独占電話会社であり，独占利潤のおかげでベル研は長期的な視野で研究を行うことができた．豊富な資金のおかげでベル研は様々な分野のサイエンティスト，エンジニア，テクニシャンを擁し，彼らが自由に情報共有・協働を行うことで成功してきた．リニアモデルに囚われない連携が行われていたが，それは組織内で完結しており，第４章で述べるように外部の研究成果を取り入れることに消極的な時もあった．

　AT&T の歴史はまた，第３章で述べるように政府との独占禁止法違反での訴訟の歴史であった．1956年には和解条件としてトランジスとの特許を他の企業に廉価にライセンスすることになった．これによってトランジスタの技術がアメリカだけでなく世界中に普及したのである．1984年の和解では，AT&T が1986年から地方の電話会社を分離独立することになるとともに，長距離電話でも競争が激化した．その結果，組織内の豊富な資源を駆使して長期的視野で研究開発することができなくなり，ベル研もかつての栄光が失われていった．

　イノベーションの担い手はベル研のような資金に余裕のある大企業なのか，競争にさらされたベンチャー企業なのか，は「シュムペーターの仮説」と呼ばれ活発に議論されてきた．ニーズとシーズの論争と同様，ケースバイケースというのが結論であるが，競争政策を考える上では重要な問題である．また，特許は研究成果の専有可能性を高めるので企業にとって研究開発努力の誘因になるが，トランジスタの例のように特許を開放することが技術の普及を促し，さらなるイノベーションを生み出すこともありうる．

本書の狙い

　本書ではこのように産業別にイノベーションに対してニーズ，シーズ，科学，技術がどのような役割を果たしたか，企業がどのように外部ソースとの関係を

持ったか，イノベーションの担い手はどういうタイプの企業なのか，分析して
いく．イノベーションの担い手は企業であり企業家であるが，その契機となる
アイディアがつぎつぎと生まれ，改善を繰り返す中で必要資源が動員されて革
新的な製品やサービスが誕生し，それが市場で価値を生み出すためには，適切
な環境であるナショナル・イノベーション・システム（National Innovation
System: NIS）が重要である．本書でも序盤で，特許・競争政策，政府による公
的資金による研究支援政策など NIS を構成する制度・政策について考察し，
その後，個別の産業について分析する．最後にイノベーションを支えるカネと
ヒトの流れとして，産業横断的に企業会計と人材について考察する．

　もちろん，紙幅の関係で本書で多様なアメリカ産業をすべてカバーすること
は不可能であるが，本書を通して問題意識を育み，学生諸君は自分の興味のあ
る（アメリカ以外の地域も含めた）産業のイノベーションについて分析できるよう
になると確信している．

　本書が企画された2021年は，「第4次産業革命」「人工知能（AI）」「再生可能
エネルギー」「デジタル・トランスフォーメーション（DX）」等，革新的技術
の登場・進展とそれに伴う社会変化が盛んに論じられている時代の只中にあっ
た．また2020年からの新型コロナウィルス感染症の流行や，「持続可能な開発
目標（SDGs）」と ESG（環境・社会・ガバナンス）への配慮を強く求める世論の影
響もあり，イノベーションの発生・進展・社会実装への期待が高まっている時
代でもある．

　だがイノベーションの果実はすべての人々，あまねく企業に平等にいきわた
るわけではない．破壊的イノベーションにより既存企業の競争優位性が崩れた
り，そこで働く人々の生活を変えたりすることもある．

　こうした時代においては，変化の予兆をとらえ，事業機会を認識し，あるい
は脅威を予測して適切な方針や戦略を立案・実行するための分析手法が必要で
ある．本書が取り上げるアメリカは，20世紀から今日まで何度ものイノベーショ
ンを生み出し発展させ，企業はその中で栄枯盛衰を繰り返し，いくつもの産業
が誕生あるいは衰退していった．このアメリカの経験を調査・分析し，体系だっ
た研究結果を発表することで，21世紀日本に起こっている変化への対応に貢献
できるものと本書の著者一同，確信している．

　本書は関西学院大学イノベーション・システム研究センター（IRC）の教育・
研究活動の一部である．イノベーションに関する研究は多くの学問領域が関係

する学際的領域であり，様々な専門知識を持つ研究者が共同して新しい発見を行っている．IRC も経済学，経営学，会計学，工学等のバックグラウンドを持つメンバーで構成されている．今回，それぞれの専門領域を生かしながら「アメリカ産業イノベーション」の生成と発展，それにかかわる制度や政策に分析を加え，学部生をはじめとする一般読者にも読み易い形にまとめたのが本書である．イノベーションによる「絶え間ない変化の時代」に生きていく読者にとって，本書が良き分析の手引きになることを願っている．

　なお，本書ではテキストブックという性格から，引用文献の記載は最小限にとどめた．各章末の参考文献は今後の学習のために読んで欲しい「推薦図書」である．

　　2022年12月

著者を代表して　　宮田　由紀夫

安 田 聡 子

目　　次

第 *1* 章
第 2 次世界大戦までの産業技術の発展

　本章では建国以来，アメリカが大量生産と大量消費のシステムをいかに構築してきたかを考察する．前述したようにイノベーションとは新製品・製法が成功裏に実用化されることであるから，普及，大ヒットしなければ意味がない．その点で大量生産と大量消費のシステムの構築の分析は，アメリカにおけるイノベーションを理解する上で重要なのである．

1.　アメリカの生産システムの誕生

（1）　アメリカの産業技術の特色
　産業革命の先進国イギリスは，当時のハイテク技術の塊だった紡績機・織機の輸出を禁止していた．しかし，イギリスからの移民であったスレーター（Samuel Slater）はロードアイランド商人のブラウン（Moses Brown）の依頼で，紡績工時代の記憶を頼りに紡績機を再現し，1793年に紡績工場を設立した．彼が「アメリカの工場の父」と呼ばれる理由である．

　アメリカは天然資源は豊富であったが，労働力が不足していた（資本も不足していたがヨーロッパからの投資受け入れが可能であった）．そのため，アメリカの産業技術は資源浪費型・労働節約型が特徴となった．裁縫用のミシンや（家畜が牽引する）鉄製農器具などである．また，木材が豊富だったのでヨーロッパに比べて木炭から石炭への移行が遅かった．労働節約型の生産方式が導入されても労働者は依然として不足していたのでイギリスでのラッダイト（Luddite）運動（労働者による機械打ちこわし）のようなことは起こらなかった．機械（資本）によって熟練工を代替するというより，機械の力で熟練工の生産性を高めようとした．

　アメリカの生産技術は，互換性部品による大量生産として特徴づけられヨーロッパからは「アメリカンシステム」と呼ばれるようになった．しかし，これは元々はフランスのアイディアである．フランス軍は動かしやすい大砲を使用していたが，軽いと砲弾を発射したときの反動も大きいので，砲車を地面に強

く固定することになり，反動の力がかかり壊れやすかった．そのため壊れた部分だけを代替できるように標準部品の大量生産を求めたが，現場の職人が抵抗したので実用化できなかった．

フランス人技師のトゥサール（Louis Tousart）は独立戦争に参加後アメリカに残り，フランスで検討された互換性部品を使った生産方式をアメリカのライフル銃の生産に応用しようとした．ライフル銃も戦場ではどこか一部が損傷することが多いので，その部分だけを交換して修理できるように部品の標準化が求められていた．1794年，スプリングフィールドに工廠（軍の直営工場）が設立され，ライフル銃の生産が行われることになった．民間のホイットニー（Eli Whitney）とノース（Simeon North）にも銃が発注されたが，互換性部品の生産には成功しなかった．軍は修理費を安くしたいので諦めず，新たに加わったハーバースファリー工廠でも開発を続けた．互換性部品は軍の強いニーズによって開発が続けられたのである．1820年代になって鋲メーカーだったブランチャード（Thomas Branchard）と，なめし皮事業者の子であったホール（John Hall）が，それぞれ部品を生産する工作機械を発明した．それは1つの機械で様々な部品を製作できる汎用工作機械ではなく，特定の部品だけを製作するように設計された専用工作機械であった．汎用工作機械を使いこなすことは熟練工にしかできないが，専用工作機械ならば非熟練工でも使うことができた．専用工作機械では加工対象を同じ位置に置くことがカギになるが，ホールが固定装置・治具を考案した．貴重な熟練工は専用工作機械を製作するところに集中させ，それを使っての部品生産と製品の組み立ては非熟練工ができるようにしたのである．作られた部品に互換性があるか否かをチェックするには測定器が不可欠だが，ゲージ（定規）が開発された．1つ1つの長さを測るのでなく，端度器（End Measure）と呼ばれる所定の長さの四角や丸の枠を作り，作られた部品がそれを通るか否かで設計図の仕様を満たしているかをチェックするのである．また，ネジを回して対象物をはさむことで長さを測るマイクロメーターなどが開発された．

1850年代以降，スプリングフィールドとハーバースフェリーの2つの工廠から人材が民間工場に移り，火器生産以外のミシン，時計などの工場に互換性生産が伝播していった．コルト（Samuel Colt）の小銃工場にも普及し，さらにそこに勤務した人間が企業を設立して技術を使用したので，互換性生産はアメリカの製造業全体に少しずつ広まっていった．そのうちの1つがプラット（Francis

Pratt)とホイットニー(Amos Whitney)によって1860年に設立された工作機械メーカーのプラットアンドホイットニー（Pratt and Whitney: P&W）である（今日ではレイセオングループに属しているが，ジェットエンジンの有力メーカーである）．

（2）　アメリカンシステムの神話と現実

　1851年，ロンドン万博のアメリカの展示ではコルトの小銃をはじめアメリカの工業製品が注目を集めた（アメリカは出展数では全体の3％に満たないのに表彰数は3％だったので，質が量に肩を並べたということである）．1854年にイギリスはアメリカに視察団を派遣したが，その報告書が火器生産における互換性部品による大量生産に注目し，「アメリカンシステム」と名づけたのである．

　互換性部品は軍需があったので，忍耐強い開発努力が継続され，半世紀以上かけて開発され普及した．また，互換性部品は大量生産と表裏一体である．大量に生産するから専用工作機械に投資できるのであり，部品が標準化されているので大量生産ができるのである．様々な部品に合わせた端度器を用意したり，それを磨耗する前に取り替えたりするのも，大量生産を行っているので採算が合うのである．そして，大量生産が可能になったのは，19世紀後半に鉄道と電信の発達によって国内市場が統一されたこと，所得格差が小さく市場が大きかったことによる．国内市場からの大きな需要がなかったときには大量生産を行えないので，民間企業は互換性の標準化部品を必要としていなかったのである．

　注目すべきことに，コルトの小銃も1860年代でも完全には互換性を満たしていなかった．消費者の意見を反映してモデル変更することが同社の売りになっていたのである．シンガー(Issac Singer)はミシンメーカーを興して成功するが，互換性部品による生産の導入には消極的だった．シンガーの躍進は後述するように流通・販売網の構築と広告宣伝の巧みさにあり，そこではむしろ製品の手作り感を売りにしていた．

　さらに，標準化された部品の組み立てにはベルトコンベアを用いた流れ作業が行われるようになった．そのヒントは，牛を吊り下げたまま移動させ担当者が自分の前に来た胴体から部位を切り落としていく食肉加工業や，エジソン(Thomas Edison)が磁力による鉄分分離をめざしてゴムを使ったベルトコンベアを採用した，オグデン工場（1890年に設立されたが事業としては失敗）にあったといわれるが，後述するフォード(Henry Ford)がハイランド・パーク工場に

1913年に流れ作業の自動車製造ラインを設置した.

2. 自社での研究開発

（1） 科学と産業

「19世紀の最大の発明は発明の仕方を発明したことだ」といわれる. 18世紀から19世紀にイギリスを嚆矢として興った第1次産業革命の発明は, 試行錯誤に基づくものであった. 1870年代にドイツの化学産業が化学の知識に基づいた発明を製品化するようになった. アメリカでも19世紀末に勃興した企業は, エジソン, ベル, ウェスティングハウス (George Westinghouse), イーストマン (George Eastman) などの個人発明家が自身の発明を生かして創業したものである. 第3章で述べるように, 19世紀後半は特許制度が整備され発明の独占権が模倣から守られやすくなっていた. 企業の礎となった発明はしばしば試行錯誤の結果であったが, しだいに科学的分析が重視されるようになった. 1875年にペンシルバニア鉄道はエール大学で化学の博士号を取得したデュディ (Charles Dudey) を採用した. 彼はレールの材料の強度の試験や潤滑油の成分分析を行った. 鉄鋼のカーネギー・スティールはドイツ人化学者フリック (Ernst Fricke) を雇い原材料の分析をしてもらった. すると, 廉価で質が悪いと思われていた鉄鉱石の方が良い製品になることが明らかになった. 創業者のカーネギー (Andrew Carnegie) 自身は大学を出ていないスコットランドからの移民であったが,「製鉄のプロセスの90％の不確実性は化学の知識で解消される」と考え, 大学で化学を学んだ人材を積極的に採用した. 彼は（人文学・教養教育は役に立たないとして評価しなかったが）高等教育への寄付を積極的に行うようになる. 同業他社は, 大卒者は役に立たないと嘲笑していたが, カーネギーの成功を目の当たりにして積極的に大卒化学者を採用するようになった.

（2） 企業による研究所の設立

19世紀後半に企業は科学を重視するようになったが, 当初は独立した受託研究専門会社やコンサルティング会社も利用していた. 著名なのは1886年に設立された化学コンサルティングのアーサー・リトルであった. しかし, 企業は研究動向を理解していないとどの受託研究会社が良いのか選べないので, 自社での研究開発が必要になった. 特許が発明を保護していても研究開発成果を市場

で取引するのは難しい（中身を知らせないと買い手はつかないが，中身を明かすと特許制度があっても模倣される可能性がある）．したがって，必要な研究成果を市場取引で調達するのは容易ではない．また，コンサルティング会社に企業秘密を明かすと他社に流用される可能性も否定できなかった．さらに，新製品を生み出すまでのプロセスが複雑になると，研究開発と生産・販売とが連携する必要があるので，自社で研究所を作り，組織だった研究開発を行うようになった．

　これには独占禁止政策の影響もある．これも第3章で述べるが1890年にシャーマン法が制定され，独占禁止政策（反トラスト政策）によって，大企業の行動が規制されるようになった．企業，とくに大企業が新しい技術を，それを開発した企業を買収することで獲得することが難しくなった．さらに，カルテルによって市場分割（現状の市場シェアを維持するよう共謀）したり，略奪的価格（資金力のある企業が一時的な赤字覚悟で安売りして企業他社を倒産に追い込み市場シェアを高める）などの戦略も取りにくくなった．企業は競争力を維持するためには自社で技術を開発するしかなくなった．

　また，19世紀後半には大学で研究が重視されるようになり，科学・工学を学部だけでなく大学院で専攻した人材が輩出されるようになり，彼らが企業内での研究開発の担い手になった．企業としては大学の教員も引き抜きたかったが，大企業は給与が高く助手がいるなどの点では魅力だったものの，実用的な応用研究をさせられること，論文発表が規制され科学者としてのキャリアアップにならないことへの不満があり，教員は企業には移りたがらなかった．

　エジソンは学歴のない個人発明家であったが，科学を軽視してはおらず，スタッフには科学・数学の知識を求めていた．エジソンの設立した会社は合併によって1892年にジェネラル・エレクトリック（GE）となるが，1900年にはGE Research Lab が設立されている．エジソンはカーボンフィラメントによる電球を発明していたが，新しいフィラメント（発光材）の開発が求められていた．研究所においてクーリッジ（William Coolidge）は熱的・機械的処理でタングステンを繊維状にして延性を得た（彼自身は理論よりも実験重視の研究者であった）．この発明で白熱電球でのGEのシェアは1911年の25％から1914年には71％になった．さらに，ラングミア（Irving Langmuir）は，白熱灯フィラメントの表面の熱伝導を研究して，高温では水素分子が原子になっていることを発見し，電球が暗くなるのを防ぐために電球内を真空でなく不活性ガスで満たすことを提案した．窒素を充填した電球も大ヒットし1928年のシェアは96％になった．しかも，

彼は1932年にアメリカの企業人としては初めてノーベル賞（化学賞）を受賞した．タングステンフィラメントの特許は1939年に失効するが，改良と製法技術で競争力を維持した．これも研究所の成果であった．研究成果が企業の収益につながったので，それまで研究所の役割に懐疑的だった経営陣も研究所の管理を緩やかにし，研究者は自分の知的好奇心を満たすための研究が行いやすくなった．

3．エンジニアの育成

（1） ランド・グラント大学と工学教育

　アメリカの大学は，ハーバード，エール，プリンストンなど植民地時代プロテスタント教会が設立した私立大学に始まる．神学校ではなかったが，大学の目的は教養ある牧師の養成であった．神が創造した自然を解明するため，19世紀に自然科学の講座が開設されるようになった．また，19世紀後半にはドイツに留学経験のある教員らが研究機関としての大学の役割を重視するようになり，1876年に設立されたジョンズホプキンス大学を嚆矢として大学院での研究者の養成も行われるようになった．ただ，あくまでも「真理の追究」が大学の役割と考えられていた．

　アメリカの大学では実学である工学教育は重視されていなかったので，実質的な工学教育の担い手は陸海軍の士官学校であった．1802年に設立された陸軍士官学校では，1817年にセイヤー（Sylvans Thayer）が校長となり，フランス型の工科大学をモデルに工学教育を行った．城郭を築き道路・橋を整備する土木工学は軍事技術と不可分であった．フランスでは1747年に国立土木学校，1793年に国立鉱山学校，1794年に国立工学校が設立されていたので，これに倣ったのである．陸軍士官学校出身者が民間の大型土木プロジェクトに関わった．1845年に設立された海軍士官学校は蒸気機関を理解するための教育機関となり，ここでも出身者が大学の機械工学科の教員になった．士官学校以外にも，フランスの工科大学の影響でアメリカでもレンセラー工科大学（1824年），マサチューセッツ工科大学（1861年），バージニア工科大学（1872年）など私立・州立の工科大学が設立された[1]．しかし，フランスの国立工科大学は1810年代から数学・科学理論の教育を重視していたが，中等教育の水準が低く入学生の学力が不充分なアメリカではなかなか導入されなかった．

　一方で，大学での実学を重視する政治的な動きもあった．ヨーロッパでは化

学の知識が農業生産性に貢献しているとの認識から，アメリカ連邦議会で1862年に制定された「モリル法」では公有地を州政府に払い下げ，その売却益を用いて大学で農学・工学を教えることが求められた．既存州立大学に農学部・工学部を設置する州もあったが，農工大学を新設する州もあった．モリル法ならびに1890年の第2モリル法で設立された大学は「ランド・グラント（土地付与）大学」と呼ばれた．これらは土地の売却で設立資金を得ることができたが州政府に運営予算を支援する意欲がなかったので苦境が続いた．またそもそも大学が教える農学や工学が役に立つのかという懐疑論も強かった．

　工学では，大学でなくても従前の徒弟制度で充分ではないかという意見が強かった．電気工学や化学工学では大学で得た知識が重要だと認識されていたが，機械工学では徒弟奉公を重視するShop派と大学教育を重視するSchool派が対立した．また，大学の工学部内でも実習重視派と理論教育重視派が対立していた．大学教員の多くはエンジニアとしての勤務経験を持ち，研究はほとんど行わなかった．それでも1890年代になるとランド・グラント大学は私立大学の工学部のレベルに追いついた．また数の面でも1900年には工学部の卒業生のうち半数以上がランド・グラント大学の卒業生となり，ランド・グラント大学内でも農学部より工学部の方が学生数が多くなった．

（2）　理論か実学か——論争の再燃

　1920年代以降，ウクライナ出身のディモシェンコ（Stepen Timoshenko，材料工学），ドイツ出身のフォン・カルマン（Theodore von Karman，航空力学），デンマーク出身のウェスタガード（Harold Westergaard，土木工学）などヨーロッパ出身者が，アメリカに来て数学・科学理論重視の工学教育を導入した．前述のようにアメリカの企業は研究開発を重視するようになったが，工学の知識を持った即戦力の人材を求めたので，それに応えて大学の工学部は実学志向が強かった．ヨーロッパでは産業界の技術がそれほど高度ではなく大学に対する即戦力の需要がそれほど大きくなかったので大学の教育・研究は理論中心のままでいることができた．アメリカでも第2次世界大戦後に連邦政府資金の研究資金が工学部に流入するようになると理論を重視することが可能になった．

　第2次世界大戦中に大学の教員は軍事研究に従事した．拠点となる大学が特定のテーマについて研究開発を行った．原子爆弾もレーダーも科学の理論だけでなく技術の役割が不可欠だった．アメリカの物理学者は理論よりも実験物理

学に強かったので，物理学者はアイディアも出し技術の開発も行った．このため工学部出身のエンジニアは影が薄かった．工学部の教員は工学部が理論を軽視していたので物理学者に比べて充分な貢献ができなかったと考えた．1944年には，すでにアメリカ工学教育協会が科学重視の工学教育カリキュラムを提唱している．同協会は1950年代初め，就職希望者向け実学教育と大学院進学希望者向け理論教育の複線制を提案したが，大学側からは後者一本で行くべきであるとの意見が多く，「Grinter Report」として発表された．

　しかしながら，科学・数学理論を重視した工学教育は，1970年代にアメリカの製造業の国際競争力にかげりが見えるようになると，その原因として批判されるようになった．その後，全米アカデミーなどが報告書を出し議論が続いている．高度な技術を理解するために科学・数学の理論を軽視するわけにはいかないが，設計・課題研究・グループ学習などの実学，さらに経営学，社会学なども学ぶべきだと主張されている．しかし，これらすべてを4年間で行うのが不可能であることとは明らかである．ロースクールのように，学部で人文・社会・自然科学・一般的な工学の科目を広範に学んだあとで，大学院で専門分野の工学を学ぶべきだとの意見も出されている．実は専門職（プロフェッショナル）の中でエンジニアだけが，大学院を出て資格試験に合格しなくてもなることができるのである．ロースクールやメディカルスクールといった専門の大学院を出て試験に合格し資格を得なければならない法律家や医師とは異なっているので，これを変えようという意見であるが，既存の工学部の教育制度は根付いてしまっているためこれを代えるのは容易ではない[2]．

4．大量生産と大量消費

（1）　テイラー・システム

　ここまでは，「互換性・標準化に支えられた大量生産」および「工学教育によるエンジニアの輩出」によってアメリカの生産システムが形成されてきたことを述べた．

　さて，アメリカの生産システムを論じるうえで忘れてはならないのは，エンジニアが設計・企画した生産計画を忠実に実行した労働者（現場作業者）である．彼らの多くはヨーロッパ各地から移民してきた，互いに言葉も通じない非熟練労働者であった．そうした彼らであるが，専用工作機械を使って単一工程に従

事し，一定の労働時間内に決められた課業を遂行して同質的な製品を大量に，そして効率的に生産した．また彼らは，大量生産された同質的な製品の購買者層，つまりは大量消費の担い手でもあった．アメリカの生産システムは大量生産と大量消費によって成立したことから，現場作業者であると同時に購買者層であった労働者がどのように「つくられて」いったかの考察も重要である．

そこでまず，未熟練の移民労働者を大量生産の担い手に変換した仕組み——テイラー・システムとフォード・システム——について説明する．つづいて，高い賃金を得た労働者が消費者となり，大量生産された製品の購買者層となったことについて説明を加える．

19世紀後半の鉄道網の伸張と電信ネットワークの拡大により，大量の原料が工場に迅速に供給され，かつ，大量の完成品がマーケットに投入されるようになった．だが大量生産は企業間競争を厳しくし，生き残りのために企業は巨大化して産業のあちらこちらで寡占体制が敷かれた．いわゆる「ビッグ・ビジネス」の出現である．ビッグ・ビジネスに特徴的な大量生産は「規模の経済性」によって，エネルギー・原材料生産，農作物加工，食料品・嗜好品生産など多くの産業でコストを大幅に削減した．だがその一方で，機械組立業や金属加工業では，「人間による組立」が生産プロセスの大部分を占めていたため，コスト削減は簡単ではなかった．アメリカの機械工場で働くのは，言語や習慣が異なる移民出身の非熟練労働者たちであったことも，能率的な工場運営を難しくし，コスト削減を妨げていた．

さらに，この時期に広く採用されていた「内部請負方式」もコスト削減の阻害要因だった．これは，特定数の部品や機械を，特定期間内に，特定の価格で生産するように企業主と職長が契約するものだが，請負人である職長たちは製造にかかわるコストを企業主につまびらかにはせず，また高価な製造機械（＝企業主の所有物である）を継続的・効率的に運用する必要性も感じなかったため，能率的な工場運営の実現は難しかった（チャンドラー，1984）．

1870年代になると，メトカルフ（Henry C. Metcalfe），タウン（Henry A. Towne）など兵器工場での勤務経験を持つ人物たちが「体系的管理運動（systematic management movement）」を展開し，生産の効率化に貢献した．効率化による利益（製造原価の減少分）は，企業主と労働者に同等に配分され，労働者への配分のうち6～8割が職長へ，残りが現場作業者へ渡された．これはそれ以前の配分割合に近いものであったことから，企業主，職長，現場作業者の誰もが受け

入れやすかった.

　この利益配分を批判したのが科学的管理法の創始者・テイラー（Frederic Taylor）である．1895年にアメリカ機械工学会で発表した著作で彼は，利益配分は「科学的」基準に基づくべきであると主張した．彼の言う「科学的」とは，動作研究や時間研究に基づき1日の作業量である「課業（task）」を科学的に算出し，達成した労働者には高い賃率で，未達の者には低い賃率で支払い額を決めるという差別出来高給（differential piece rate）を意味した．

　課業とは，動作研究および時間研究に基づき設定された「公正な1日の作業量」のことである．動作研究とは，1つの作業を開始してから完了するまでの一連の動きを，必要な動作と無駄な動作に区分して後者を排除し，作業の流れを「必要・最善の動作の連続」として再構成したものである．テイラーを信奉したギルブレス（Frank Gilbreth）は，レンガ積み作業にかかわる動作を記録・分析し最も適切な動作の連続を設定した．こうしたことを踏まえて，科学的管理法ではあらゆる作業に最も能率的な最適な動作があるとし，訓練によって労働者に最適動作を植え付けることを目指した．時間研究とは，平均的労働者に特定の作業を行わせて，かかった時間をストップウォッチで測定し，補正を加えたうえで標準作業時間を決めるものである．標準作業時間は労働者1人1人の賃金決定や，工場レイアウトや生産過程改善に役立つ情報となった．

　このように科学的管理法とは，人間の労働を1つ1つの動作に分解し，各動作を工学的概念に沿って分析して最も効率の良い動作の流れを決定し，それを唯一最善の方式として全ての労働者に強制するものである．それまでは，労働者自身が決めていた最適な仕事の進め方——その多くは先輩の熟練労働者や自身の経験を通じて習得していたもの——を，第三者の客観的観察に基づく「平均的労働者にとって合理的な作業」へと変更した．

　科学的管理法の誕生・普及により，工場運営側は人間の動作を計画し管理する技術を得たことになる．これを用いると，個々の労働者の貢献に応じた賃金決定が可能になり，同時に工場のレイアウトや工程をより合理的に変更する手がかりも得て，能率的な工場運営へ大きく近づき，大量生産のメリットを享受することにつながった．

（2）　フォード・システム

　大量生産（mass production）という言葉が生まれたのは20世紀である．1925年

に『ニューヨーク・タイムズ』日曜版が「ヘンリー・フォード，大量生産を語る」という特集を組んだことからこの言葉が広まったと言われる（フレイ，2000）．

　すでに述べたようにアメリカでは19世紀から専用工作機械を使って互換性部品を大量に作る仕組みが構築されていたが，それら個別の互換性部品を組み立てて複雑な製品——たとえば自動車——を大量に産出するのがアメリカの生産システムであり，大規模な形で実現したのがフォードである．

　1913年に操業が始まったフォード自動車のハイランド・パーク工場では，互換性部品が流れるベルトコンベアの脇で，非熟練の単能工たちが所与の作業動作を繰り返して次々と部品を組み付け，自動車を完成させていた．工場操業直前の1911年にはテイラーの著書『科学的管理の諸原理』が刊行されていた．そのためフォードの生産方式（フォード・システム）はテイラーの管理法（テイラー・システム）を学んだものと解釈することも可能だが，この2つの関係はそれほど単純ではない．

　テイラー・システムの特徴は，動作研究・時間研究に基づく合理的な工場運営と，「科学的」根拠に基づく労働者の評価の2つである．フォード・システムもこうした特徴を持つ一方で，「何によって効率化するか」に関して両者は大きく異なる．テイラー・システムでは工場の機械や装置はそのままで，労働者の動作や作業過程を修正することで効率性を追究した．対照的にフォード・システムでは作業工程を機械化し，労働者の介入を減らすことで効率性を改善していった．フォードの工場では，新しい装置をつぎつぎと開発・導入して生産性を上げていったのである（両者の相違については第7章も参照のこと）．

　フォード・システムとは，互換性部品や専用工作機，そして科学的管理法など，当時のアメリカの様々なところに別々に存在していた要素を結合させたものといえる．個別の要素は既存でも，それらの新結合として現れたフォード・システムは極めて革新的であった．1947年の『ニューヨーク・タイムズ』に掲載されたフォードの追悼記事では，彼の功績として「組立ラインとベルトコンベアを導入して近代アメリカの大量生産方式を確立した」ことと，「高い賃金と短い労働時間という経営哲学の伝道」によりアメリカ人に計り知れない影響を与えたことを挙げている（マクドナルド，2000）．以下ではこの2つをフォード・システムの革新性として説明していく．

　革新性の第1，組立ラインとベルトコンベアの導入については，食肉工場な

どのしくみを導入したが，既存のものを単純にフォードの工場へ移植したのではない．工場スタッフが忍耐強い試行錯誤と調整を繰り返し，部品の流れと組立ラインの速度や間隔を完全に同期させたのである．

また工場スタッフは，実験を繰り返して労働者と機械・道具の最適な配置を定めたうえで，コンベアの脇に労働者を整列させた．彼らはコンベアの流れに合わせて，同一のスピード，リズムで規則的に作業を続ける．つまり，ベルトコンベアの導入により，科学的管理法が推奨する「必要・最善の動作の連続」が促進され，課業達成も容易になる．こうした取り組みの結果，組立時間は劇的に短縮され生産性は大幅に上昇した．

そのうえフォードの工場では生産手段の機械化に熱心で，専用機をつぎつぎと発明・導入し，人間の作業を機械に置き換えた．運搬についてもベルトコンベアの他にもローラー滑り台，重力滑り台と機械化を進め，熟練作業を必要としない生産システムを作り上げた．その結果，労働者の仕事は，機械に材料を送り込むことと，機械の世話をすることに限られた．このことは深刻な労働問題を引き起こし，1913年にはフォードの工場の離職率は380パーセントに達した（ハウンシェル，1998）．

フォード・システムの第2の革新性は「高い賃金と短い労働時間」であるが，これは上の労働問題を解決する中で実現された．1910年代になると，労働者の賃金と取締役の報酬には大きな格差が生じており，労働者は不公平感を募らせていた．同じ頃，他社では労働争議も活発化していた．「高い賃金と短い労働時間」は，労働争議を避けるために考案され実行された．1914年当時の労働者の平均賃金は1日9時間労働で2ドル40セント（2020年実質ドルでは62ドル）であったところを，フォードは1日8時間労働で最低日給を5ドル（同130ドル）と決めた（マクドナルド，2020）．

非熟練の移民である労働者の給与を2倍以上に引き上げ，労働時間を短縮したことは大変な評判となり，当時はフォードを英雄視する者も多かった．だが今日では，この労務対策の真の効果は「フォードの生産機械の一部に，労働者が1日8時間なりきる」ことであったと言われている（ハウンシェル，1998）．日々，機械化が進み，生産スピードがどんどん速くなる工場の中で，確実に労働者を働き続けさせるための施策であったというのが今日の評価である．フォードには社会調査部門という部署があり，労働者の出勤状態や作業態度にくわえて生活態度——貯蓄，大量飲酒の有無，英語の勉強態度など——を調査

していたが，これも工場の規律に従って8時間働きつづけ，生産システムの一部となりきる労働者を選別するという同社の方策に沿ったものだった．

5．マーケティングの登場と大量消費

（1）　アメリカの大衆消費市場

　大量生産はアメリカの「発明」であるが，それを消費する購買者層を「創造」したのもアメリカである．たとえば，前述のフォードの最低日給5ドル制であるが，これより労働者の年収は1000ドルを超えフォードのクルマを買う購買者層となった．フォードは，「購買力の維持が何よりも重要」と考えていたが，日給5ドル制もこうした方針に沿うものでもあった．日給5ドル制は1929年の大恐慌で大きな損失が出た際にも——わずかな例外期間を除いて——貫かれた．

　さて，フォードのように賃金を上昇させて購買者層を広げるのは間接的な方法である．対照的に人々の意識に働きかけて消費を喚起し，購買者層を増やすという直接的な方法もアメリカで発明された．それが流通・販売網の整備と広告宣伝・マーケティングである．

　前述のように19世紀後半の鉄道と電信の発達は商品流通を円滑にしてアメリカ国内市場を拡大し，また移民による人口増加は購買者層を急速に大きくした．さらに20世紀初頭になると，フォード・システムの影響もあり一般の人々が「高い賃金と短い労働時間」を手に入れ，大衆消費市場が誕生する．

　大衆消費市場とは，一般の人々が（必要最小限の消費だけではなく）「持ちたい」という欲求に基づく取引が行われる市場を指す（小原，2012）．市場の主役は一般大衆，つまりは所得格差が比較的小さい人々であり，また取引されるのは機械化された工場で大量生産される同質的な製品であった．したがって，20世紀初頭アメリカに誕生した大衆消費市場は，同質的市場であったといえる．この時代のアメリカには，様々な国から移民してきた多様な人種が暮らしていたが，アメリカ社会で暮らす中で「誰もが同じ服を着て，同じ食事をし，同様な住まいで良しとする」アメリカ的同質化が進んだ（小原，2012）．

　さてアメリカ市場は購買者層も取引量も飛躍的に拡大していたが，競争激化という同質的市場の宿命から逃れることはできなかった．フォード・システムが契機となる大量生産は過剰生産を招き，それは競争激化につながった．1920

〜30年代になると，寡占体制を敷くビッグ・ビジネスが広告活動を重視して競争を勝ち残ろうとする．同質的市場で生き残るために，広告という手段を使って非価格競争を進めたのがマーケティングの始まりの1つである．

（2） シンガーの流通・販売体制と広告活動

19世紀半ばまでのアメリカでは，製造企業は生産を担い，産出された製品の流通・販売は専門業者（中間業者）に任せるという垂直分離体制がとられていた．だが大量生産の浸透とともに競争が激化，つづいて寡占体制の登場，さらには寡占企業同士の熾烈な競争へとつながっていった．競争を制するために，ビッグ・ビジネスの中から，それまでは中間業者に任せていた流通・販売機能を内部化して差別化を図る企業が登場する．シンガーはその先駆的存在である．

シンガーは，創業間もない1850年代にはマーケティングの萌芽的活動を始めている．ビッグ・ビジネスの多くが19世紀後半からマーケティング活動を本格化させていったのよりも数十年も早い．19世紀半ばには，ニューヨークにショールームを開設してミシンの実演を行い，修理サービスを提供する直営販売支店での販売を開始している．また当時の一般大衆にとってミシンは高額だったため，割賦販売方式を採用して需要を拡大していった．

19世紀後半になると，それまでのフランチャイズ方式に代えて，多くのセールスマンを擁する直営店が販売する体制への移行を開始し，1904年には販売子会社であるシンガー・ソーイング・マシンを設立して流通・販売機能の内部化（垂直統合）を達成した．同年には最大で最後のライバル企業（ホイーラー・アンド・ウィルソン）を合併し，1913年には年間生産量250万台を達成して，生産から販売までの一貫体制による支配的な地位を確立した．

シンガーはまた，人々の意識に働きかけて消費を喚起する広告・宣伝にも熱心だった．家庭用ミシンは当時のアメリカ人にとっては極めて新規性の高い製品であったため，販売を担うセールスマンには特別なスキルが必要であった．シンガーはセールスマンに対して体系的な訓練・教育を行い，販売のための会話スキルなどを修得させた．高度な販売技能を学んだ彼らは，市場開拓の先兵となり，住宅を戸別訪問して売り上げ拡大に貢献した．セールスマンの活動を支援する目的で，新聞広告や広告ビラ・パンフレット，さらにはシンガーの歌といったメディア（媒体）戦術も用いられた．

さらにセールス・ショールームを作り，女性がそこでミシンを使って服を縫

うデモンストレーションを行い，縫製の講習も実施した．ミシンの便利さ，縫いの見事さを目の当たりにした人々の購買意欲が刺激されたことは，想像に難くない．

（3）　19世紀のアメリカの試行錯誤

本章では18世紀末から20世紀にかけてのアメリカ産業技術の発展について概観した．フランス起源のアイディアである標準化を，アメリカの工廠が実現し，その後，工廠から民間企業へ人材が移ることで，互換性部品を使った大量生産がアメリカ産業において普及していった．

19世紀アメリカでは特許制度が整備されていたこともあり，個人発明家による創業が活発だったが，彼らは科学的分析を重視して科学者を積極的に雇用した．彼らの中には，カーネギーのように高等教育への寄付を通じて大学での科学研究を促進した者もいた．

19世紀をつうじて，個人発明家による知識生産と，企業による生産が垂直分離していたが，末葉になると企業内で研究も行うという垂直統合の動きが進む．シャーマン法の制定や，科学研究の高度化・複雑化も，この動きにかかわっていた．アメリカの初期の大学は牧師養成が目的であったことから産業の発展には貢献せず，陸海軍の士官学校が工学人材を育成していた．だが，19世紀半ばのモリル法制定に代表されるように，国や州政府が大学での工学教育を重視し始め，20世紀に入る頃には大学での工学教育が盛んになった．

工学教育を受けたエンジニアが生産計画を作成したが，それを実行して大量生産を実行したのは移民出身の大量の非熟練労働者であった．テイラー・システムの科学的管理法により，非熟練労働者は「必要・最善の動作」を連続して行うことで，「公正に決められた1日の作業量」を遂行する標準的労働者へと変換された．フォード・システムはさらに，そうした人間の作業を機械に置き換えて生産効率を劇的に向上させると同時に，「高い賃金と短い労働時間」を実現させた．

高い賃金を得た大量の移民労働者は，所得格差が比較的小さいマス・マーケット，すなわち一般大衆市場を形成して，大量生産された同質的製品の購買者層となった．同質的市場では競争が激化したが，生き残りのために流通網を整備し，広告・宣伝で差別化するビッグ・ビジネスも現れた．シンガーは代表的事例で，それまで中間業者に任せていた流通・販売機能を内部化して垂直統合を

強化し，自社で教育したセールスマン，セールス・ショールームでのデモンストレーション，多様な媒体を使った広告等を効果的に使って，人々の購買意欲を刺激した．

　以上のことから，19〜20世紀のアメリカの生産システムとは，供給サイドには「互換性部品」「工学人材」「標準化された労働」の新結合によりつくられた大量生産体制があり，もう一方の需要サイドには，所得格差が小さく同質的嗜好を持つ「一般大衆市場」がある，という構造で成り立っていたと思われる．

注

1）　19世紀ではヨーロッパでもアメリカでも総合大学は真理を追究する学問が中心で，医学部はあっても工学部がないところが多く，実学である工学は工科大学が担ったが，工学は理学よりも下と見なされていた．工学部教員には実学へのコンプレックスがあるので，Applied Science や Engineering Science という言葉を好んだ．工科大学も College や University でなく Institute という名称で総合大学とは別物という扱いであった．ランド・グラント大学は農学部と工学部があれば他の学部を持ってもよかったので，20世紀とくに第 2 次世界大戦後に農工大学が次第に総合大学化していった．この点，1886年に設立された日本の帝国大学（東京大学）ははじめから工学部を持った総合大学であり，世界的に見ても先駆的であった．

2）　20世紀初頭に機械工学のエンジニアはプライドが高く，独立心が強く企業家精神を持っているのがエンジニアであるとして，第三者から資格を認定去れることを拒んだ．

参考文献

小原博（2012）『アメリカ・マーケティングの生成』中央経済社.

チャンドラー，A. D.（1984）「アメリカ的方式と近代経営」マイヤー，O., ポスト，R. C. 編（小林達也訳）『大量生産の社会史』東洋経済新報社.

ハウンシェル，D. A.（和田一夫・藤原道夫・金井光太朗訳）（1988）『アメリカン・システムから大量生産へ　1800-1932』名古屋大学出版会.

橋本毅彦（2013）『「ものづくり」の科学史』講談社〔講談社学術文庫〕.

フレイ，C. B.（村井章子・大野萌子訳）（2020）『テクノロジーの世界経済史——ビル・ゲイツのパラドックス——』日経 BP 社.

マクドナルド，W. 編（矢羽野薫・服部真琴・雨海弘美訳）（2020）『ニューヨークタイムズが報じた100人の死亡記事』河出書房新社.

村上陽一郎（2006）『工学の歴史と技術の倫理』岩波書店.

第2章
第2次世界大戦後の科学・技術政策

　本書ではアメリカの各産業でのイノベーションを考察している．イノベーションは新製品・製法の成功裡での実用化であることから，企業活動が本書の中心となる．しかし，政府による制度的枠組み——科学・技術政策や独占禁止法（反トラスト法）・特許・標準化など——の下，企業は活動する．そこで本章と次章では，政府の役割について考察する．

1．連邦政府の役割

（1）　第2次世界大戦までの限定的な役割
　アメリカでは連邦憲法修正第10条において，憲法で規定されたことだけが連邦政府の責務であり，それ以外はすべて州政府の責務だと定められている．憲法第1条第8節で，国防，鋳造，および特許は，連邦政府・議会の責務とされているため，これらに関係する研究への連邦政府資金支出は認められている．一方，教育は憲法に定められていないので連邦政府の責務ではなく，アメリカには国立大学が存在しない[1]．

　1791年，ワシントン（George Washington）政権の財務長官だったハミルトン（Alexander Hamilton）は連邦政府が補助金や関税で製造業を振興すべきであると主張したが，議会では反対が多く実現しなかった．その後も連邦政府は州際事業（州をまたいで活動する事業）にのみ関与できると考えられてきた[2]．1936年のバトラー判決（US v Butler）は，農業は州内事業なので連邦政府による農業への補助金は憲法違反だと判断された．そのときの判決理由の中で「一般的な社会厚生の向上」は連邦政府の責務だと述べられたため，社会厚生の向上に貢献する科学研究は連邦政府が支援をしてもよいと解釈できるが，現実には連邦政府の科学技術支援は限定的であった．

　第1章で述べた「モリル法」は，例外的に連邦政府が教育を支援した．しかし，それは同法に農学の振興が含まれていたからである．リンカーン（Abraham

表2-1　連邦政府省庁別科学技術予算
（1940年，7410万ドル[1]）

省　　庁	比率（%）
農務省	39.3
国防省[2]	35.6
内務省	10.7
商務省	4.5
公衆衛生局[3]	3.8
航空諮問委員会[4]	3.0
その他	3.2

注　1）2020年実質ドルでは13億7000万ドル.
　　2）陸軍・海軍・海兵隊の合計（当時は空軍なら
　　　　びに国防総省という組織は存在せず）.
　　3）現在は保健福祉省の一部.
　　4）航空宇宙局の前身.
出所：Mowery, D. C. and Rosenberg, N. (1989)
　　　*Technology and the Pursuit of Economic
　　　Growth*, Cambridge: Cambridge University
　　　Press.

表2-2　大学の研究費のスポンサー（1935-36年,総額5028万ドル）

内　　訳	比率（%）
州政府から農業試験場経由	14.5
州政府（農業試験場以外）	13.9
連邦政府から農業試験場経由	9.9
非営利財団	15.9
大学自身	33.8
産業界（大学へのライセイス支払，企業からの委託研究）	11.9

注：2020年実質ドルでは9億4300万ドル.
出所：Mowery, D. C. and Rosenberg, N. (1989) *Technology and the Pursuit of
　　　Economic Growth*, Cambridge: Cambridge University Press.

Lincoln）大統領は南北戦争を前に西部諸州の支持を得るために農務省を創設し農学を支援した．モリル法には農学部を通して農業を支援するという側面があった．そのため，農業試験場は農務省の管轄であるものの，ランド・グラント大学の農学部と隣接し，大学教員が兼任していることも多かった．1887年の「ハッチ法」は農業試験場への連邦補助金だが，間接的にランド・グラント大

学農学部への支援であった．また，1890年の「第二モリル法」によりランド・グラント大学への補助金が各州に配分されるようになった．

　表2-1は1940年の連邦政府の省庁別の科学技術予算であるが，農務省が国防総省よりも多い．後述するように，戦後の非軍事分野で重要な医学関係の研究開発を行う公衆衛生局も戦前は存在感が薄い．連邦政府は人間よりも家畜の病気を治すことに多額の補助金を支出していたのである．表2-2は大学の研究の資金源を示している．連邦政府からの資金は農業試験場経由のみで，州政府からは農業試験場経由とそうでないものとを合わせて比率が高い．非営利財団からの資金は主に名門私立大学に向けられている一方，産業界からの資金は10％強であった．

（2）　第2次世界大戦での変化

　連邦政府の役割，特に大学との関係は第2次世界大戦をきっかけに大きく変化する．マサチューセッツ工科大学の元教授でありカーネギー協会会長を務めていたブッシュ（Vannevar Bush）はルーズベルト（Franklin Roosevelt）大統領に，大学の研究者を動員して国防研究を進めることを進言した．こうして1940年に国家防衛研究委員会（National Defense Research Committee: NDRC）が創設された．翌1941年には，NDRC を吸収する形で大統領府の緊急事態管理局（Office for Emergency Management: OEM）内に科学研究開発局（Office of Scientific Research and Development: OSRD）が設立された．ブッシュは OSRD の局長に着任しルーズベルト大統領の（当時はこの名称の役職はなかったが）実質的な科学アドバイザーを務めることとなった．

　OSRD による3大発明がレーダー，近接信管[3]，原子爆弾である．戦時だったため，大学が国防に協力することはほとんど疑問視されず，OSRD の支援の下，様々な兵器の開発が拠点となる大学で進められた．レーダーではマサチューセッツ工科大学，近接信管ではジョンズホプキンス大学，そして原子爆弾ではシカゴ大学やカリフォルニア大学が，それぞれ国防研究の拠点となった．しかし，原子爆弾については，開発が本格化するにつれ機密保護の強化と実験場が必要になったため，研究はニューメキシコ州のロスアラモスの研究施設に集約されることとなった．

　1944年のルーズベルト大統領からの諮問を受け，ブッシュが戦後の科学技術政策を提言した[4]．それが1945年5月に出された *Science: The Endless Frontier*

（通称，「ブッシュ・レポート」）である．ブッシュ・レポートは「リニアモデル」に基づいている．リニアモデルによれば，イノベーションは，基礎研究，応用研究，開発，生産，販売の各段階を逐次的に経て創生される．しかし，基礎研究の成果は，特許で保護されず，学術論文として発表される公共財であるため，民間企業が基礎研究に投資をすることは難しい．そのため，基礎研究を振興するために，大学が基礎研究を担った上で，政府が大学の基礎研究を助成する必要がある．大学の研究成果が学術論文あるいは学会報告として発表されれば，関心を持った企業の研究者が社内で応用研究や開発を進め，その成果が企業の製品・サービスとしてイノベーションに繋がるのである．

　ブッシュはアナログコンピュータの研究者であり，科学者というよりは技術者の視点で研究開発を理解していたため，リニアモデルは単純すぎると考えていた．しかし，連邦政府には「カネは出してもクチは出さない」存在でいてほしかったため，リニアモデルを前面に押し出すことにより「大学が政府からの公的資金で，自律的に研究を進めることが社会にとって望ましい」ことを強調したのである．第2次世界大戦前のアメリカでは，連邦政府は農学以外での大学の研究を支援する意思がなかっただけでなく，大学，とくに私立大学の側も，連邦政府からの補助金は，大学の活動を制約しうるものとなることを警戒していた．第2次世界大戦中，連邦政府から多額の補助金を受け入れていた大学は，以前のような研究資金に事欠く状態には戻りたくない一方，研究活動に対する連邦政府の介入に対する懸念を抱いていたのである．

　ブッシュ・レポートでは，科学技術政策の担い手として全米研究財団の設立を提案していた．財団という名称ではあるが，アメリカ全体の科学技術政策を担う連邦科学技術省ともいうべき新組織を設立するという提案であった[5]．一方，議会では民主党リベラル派のキルゴア（Harley Kilgore）上院議員が，科学技術政策担当の省庁として全米科学財団の設立を提唱していた．

　ブッシュ案は，新組織は科学者の自治の下，運営され，局長も科学者の互選により決定する，という提案であった．助成対象は自然科学の基礎研究であり，助成金の配分方法は研究内容に基づく，いわば実力主義を想定するものであった．一方，キルゴア案は，新組織には税金が投入されるため，その局長は，国民の投票により選出された大統領や議会が決定する，という提案であった．また，基礎研究に加え，応用研究や社会科学も助成の対象であり，社会が直面している課題を解決することが期待されていた．助成金の配分については，地理

的な平等も考慮し地方の州立大学も支援することを想定していた．1945年9月から議会で新組織の設立をめぐり議論が開始された．当初は両案の差異は速やかに解消されると考えられていたが，共和党がブッシュ案，民主党がキルゴア案を，それぞれ支持する構図となり，議論が進まなかった．

　1950年，朝鮮半島で緊張が高まった．戦争状態になると第2次世界大戦のときと同じく国防研究のために大学研究者の協力を得る必要が出てくるため，新組織の設立のために妥協する雰囲気が醸成され，全米科学財団（National Science Foundation: NSF）が設立されることとなった．新組織の名称はキルゴア案である一方，その運営についてはブッシュ案に近いものになった．局長については科学者の意見を踏まえて大統領が任命し上院が承認するという形を取ることになった．しかし，新組織の設立をめぐり1945年から5年近く議論が続いている間に，他の省庁は戦時中に開始された大学等の研究開発活動に対する助成やプログラムを継続，強化しており，これら活動の新設のNSFへ移管等は進まなかった．このため，NSFは，アメリカ全体の科学技術政策を担う連邦科学技術省という，当初の構想からかけ離れたものになった．NSFには主な責務として大学研究の支援が与えられたものの，この点でも1950年代は国防総省，60年代以降は保健福祉省の後塵を拝することになった．

（3）　ナショナル・イノベーション・システムの変化

　イノベーションの創出にとって，個人，企業の創造的な活動は重要であることに異論はない．しかし，それに負けず劣らず，企業家（entrepreneur）が活躍できる環境や制度的枠組みも重要である．イノベーションを促す政策や制度，規範，社会慣行のことを「ナショナル・イノベーション・システム（National Innovation System: NIS）」と呼ぶ．

　第2次世界大戦後から1960年代までのアメリカのNISは次のようなものであった．当時はアメリカと旧ソビエト連邦が冷戦状態にあったため，国防総省を中心に連邦政府により大学の基礎研究や企業の開発が支援されていた．特許保護は重視されておらず（アンチパテント政策），また，市場競争を制限しうるような大企業の行動に対しては厳しい姿勢が取られていた（反トラスト政策）．このため，連邦政府からの助成の下，大学や企業，あるいは国立研究所で研究に従事した研究者が，その研究成果を基に独立，起業した場合でも，特許侵害訴訟や大企業による妨害の懸念はほとんどなかった．これはアメリカの産業技術

力が突出しており，技術力のあるアメリカの企業だけが自国の研究成果を活用できるからこそ，可能な政策であった．この間，連邦政府が特定の産業の育成を支援すること（産業政策）はしないというアメリカ建国以来の政策は維持されていた．その一方で，半導体やコンピュータ，航空機については国防上の重要性が高いため，国防総省が大学や企業の研究開発を支援しただけではなく，開発された製品については自らがユーザーとなり大量に購入した（政府調達）．このような施策の結果，アメリカの情報通信産業や航空機産業の技術力，競争力は大きく向上した．すなわち，実質的には産業育成が行われていたのである．

1970年代，アメリカ産業の国際競争力にかげりが見え始めるようになった．1980年代に入ると状況はさらに悪化した．従来はアメリカ企業の後塵を拝していた外国企業がアメリカの研究成果を活用できるまでの技術力を身につけ，アメリカの企業と互角に競争，さらにはアメリカ企業を追い越すこともあるようになったのである．この状況は，アメリカ企業が自国の研究成果を十分に活用していないことと同時に，アメリカの技術優位性を前提に成り立っていたリニアモデルの終焉を示唆するものであった．アメリカにとっては国際競争力の強化が重要課題となり，この頃を境に経済政策として科学技術政策が進められるようになった．

具体的には，例えば，外国企業が制約なくアメリカの技術を模倣することが難しくなるよう，特許保護が重視されるようになった（プロパテント政策）．特許に関する裁判では，法律と技術の両方に関する専門的知識が必要とされるが，専門の人材が足りていたわけではない．そのため，特許侵害訴訟が起きたとしても，十分に審理することは難しく，裁判所によって方向性がまるで異なる判決が出て，結果として特許権を弱めてしまうこともありうる．そこで，地区ごとに管轄する通常の裁判所とは異なる裁判所として，1982年，アメリカ全土を対象に，特許に関する訴訟を専門的に扱う連邦巡回区控訴裁判所（Court of Appeals for the Federal Circuit: CAFC[6]）が設置された．

また，アメリカ企業が，連邦政府から支援を受けて大学や国立研究所で行われた研究の成果を積極的に活用できる（技術移転）ようにするために産学官連携推進の枠組みが整備された．1980年，スティーブンソン・ワイドラー法により国立研究所は企業への技術移転努力が義務付けられた．さらに同年，バイ・ドール法により，大学や中小企業は，連邦政府の助成の下で行った研究の成果を，自らのものとして特許出願，第三者に供与（技術ライセンス），さらに対価

として得たライセンス収入を自らの収入としてよいことになった．その結果，
大学は研究者の研究成果の実用化（特許化，ライセンス化）を重視するようになっ
た．

　第1章で述べたように，19世紀末に反トラスト政策が厳格化されたため，大
企業には買収や連携ではなく自社での研究開発により新技術を獲得する必要性
があった．しかし，外国における大企業に対する規制はアメリカと比べ厳しく
なく，アメリカの大企業は外国企業より不利な状況に置かれることになった．
そこで，反トラスト政策が緩和され，従来と比べ大企業が容易に合併，連携で
きるようになった．その結果大企業は再び，合併，連携を通して，積極的に新
事業に進出できるようになると同時に，その成果が十分なものでない場合，速
やかに合併した事業を売却したり，あるいは連携を解消したりすることができ
るようになった．また，1984年の国家共同研法法により，従来であれば反トラ
スト法において企業間の共謀（研究開発競争でのカルテル）とみなされ，訴訟が起
こされた場合は実際の損害を上回る損害賠償を求められる可能性もあった企業
間の共同研究開発が寛容に扱われるようになった．また，1986年，スティーブ
ンソン・ワイドラー法が改正され連邦技術移転法が成立した．同法により，国
立研究所の研究者と企業の研究者が，共同研究開発契約（Cooperative Research
and Development Agreement: CRADA）の下，共同研究開発を行うことが可能になっ
たばかりでなく，研究成果に基づき企業が特許を取得することが認められるよ
うになった．CRADA は，創薬，バイオテクノロジーのような，研究成果と製
品の間の関係が密接な技術分野について有効な枠組みであった．

　1990年代に入り，アメリカ企業は自社研究所を重視する姿勢から，外部組織
との連携を重視する姿勢へと変化した．その結果，社内での人材育成や暗黙知
の蓄積を重視する日本企業よりも，買収や産学官連携を通して研究開発を推進
するアメリカ企業の方が，迅速に新事業に進出できるようになった．その背景
として1980年代の一連の政策変更があるのである．

（4）　連邦政府と企業の関係の深化

　産学官連携推進に向けた一連の施策は，共和党と民主党の間の妥協の産物で
あるという一面も有している．1980年代から90年代にかけて，自動車，コン
ピュータ，半導体（集積回路）などの特定の産業については連邦政府が支援す
べきであるという産業政策の必要性が主張された．しかし，共和党の自由放任

主義を重視する姿勢が根強かったため，産業政策が支持されることはなく，代わりになるものとして産学官連携が推進されることになった．民主党は，連邦政府が企業の研究開発活動を助成するきっかけになりうるものであることから，産学官連携に賛成の姿勢であった．そして共和党は，産学官連携の研究開発に対する助成について，市場メカニズムへの介入として反対する一方，その研究成果を企業が自らの技術（財産）として保持することは支持したのである．

　両党間のイデオロギーの違いは産学官連携にとどまらず，1980年代から1990年代にかけて，連邦政府による企業の研究開発活動への助成を軸とする施策と，助成を伴わない両者間のパートナーシップ（協業）を重視する施策の両方が進められた．はじめに前者について確認する．

　アメリカのNISの特徴の1つとして，科学技術が実用化されつつある初期の段階におけるスタートアップ企業の役割が挙げられる．例えば，半導体（集積回路）では，1950年代から1960年代初期の黎明期，半導体の多くはAT&Tとその子会社により供給されていた．その後，関連産業からの既存企業が参入してきたが，これら既存企業に加え，AT&T，あるいは既存の半導体製造企業から独立した技術者が設立した新興企業が多数参入し，半導体産業の成長に貢献したばかりでなく，そのうちのいくつかは大企業になっている．しかし，新興企業や中小企業が連邦政府の助成を受けることは容易ではない．1982年の中小企業イノベーション開発法により開始された「中小企業イノベーション研究プログラム（Small Business Innovation Research Program: SBIR）」は，実用化に対する期待が高い技術を有する研究開発型中小企業・新興企業を支援することを目的とするプログラムである．SBIRに参加する省庁は，外部研究開発委託予算の0.2％を同プログラムに留保し，それぞれが直面している技術課題を解決するための研究開発をこれら企業に委託するという枠組みになっている．そして，SBIRに参加する企業は研究開発の最終段階では，これら省庁から政府調達という形で支援を受けることができるという仕組みになっている．SBIRは企業に対する連邦政府の助成であると同時に，企業は研究成果を自らの技術（私有財産）として保持することができるプログラムである．また，アメリカには企業家を尊敬する文化がある．そのため，イデオロギーの違いを超え広く支持されるプログラムとなっている．

　SBIRと同じように企業に対する連邦政府の助成であるプログラムとして，1988年に成立した包括通商・競争力法により設立された「先端技術プログラム

（Advanced Technology Program: ATP）」がある．ATPは，アメリカ企業による汎用技術（generic technology）の研究開発，および製造技術の向上を支援（研究開発費の一部を助成）することを目的としたプログラムであった．助成を希望する企業は同プログラムを所轄する商務省・国立標準技術研究所（National Institute of Standards and Technology: NIST）に申請書を提出，NISTは申請書に基づき助成の可否を審査するという仕組みである．ATPは，経済学の教科書をそのまま絵に描いたような，市場の失敗の是正を目的とするプログラムであった．ATPは共和党の姿勢に反するプログラムであるものの，ブッシュ・シニア（George H.W. Bush）政権（共和党）により1990年，小規模の試行プログラムとして開始された．その後，クリントン（William Clinton）政権（民主党）において重要施策と位置付けられ，規模が拡大されたものの，共和党からの強い抵抗を受け，2005年に中断した後，2007年に廃止された[8)9)]．

　一方，連邦政府と企業のパートナーシップを重視した政策について，前述した包括通商・競争力法では，ATPに加えNISTの下に「製造技術普及パートナーシップ（Manufacturing Extension Partnership: MEP）」が設立された．設立当時のMEPの目的は，NISTや国立研究所で開発された先端製造技術の中小企業への移転の支援であり，技術移転を支援するMEPセンターの運営経費は，支援を受けた中小企業からのライセンス収入によりまかなわれること，すなわち，連邦政府の財政負担はない，純粋なパートナーシップによる運用が想定されていた．しかし，中小企業の実際のニーズに対応する形で，技術，経営全般の支援にMEPの活動の軸足が移る一方，運営経費については，その半額を連邦政府が助成する形となっている．現在，アメリカ各地に約60のMEPセンターが設置，運営されている．

　このほか，クリントン政権では1993年，燃費の良いハイブリッド車の開発を目的とする「新世代自動車パートナーシップ（Partnership for a New Generation of Vehicles: PNGV）」が開始されている．PNGVは連邦政府と当時のアメリカの三大自動車メーカーを主とするパートナーシップであり，自動車メーカーが研究開発費を負担する一方，連邦政府については既存の研究プログラムから資金を同プログラムに充当する，すなわち，連邦政府にとって新たな財政負担は発生しない，というものであった．しかし，プロトタイプは開発したものの，生産には至らないまま，企業助成（cooperate welfare），恣意的な技術選択（picked winners）であるなどの批判のなか，2000年に中断した後，2002年に廃止さ

れた¹⁰⁾.

（5）　経済政策としての科学技術政策

　1990年代以降これまで，科学技術政策において，各政権の間で施策の方向性に変化があるものの，経済成長，国際競争力を重視する方向性は維持されてきている．例えば，経済不振に陥っていた1970年代，1980年代と対照的に，1990年代のアメリカは，情報通信技術の急速な発展を享受し，インフレのない経済成長を続けたが（いわゆる「ニュー・エコノミー」），クリントン政権は「技術が経済成長のエンジンである（Technology: The Engine of Economic Growth）¹¹⁾」であるとして，引き続き，経済成長，国際競争力の観点から科学技術政策を推進している．具体的には，冷戦終結（1991年）を踏まえ，連邦研究開発の軸を国防研究から民生研究に移すとともに，全般的にアメリカ企業の技術力向上のための施策（例，SBIR や ATP（前項参照））を強化，推進するだけでなく，連邦政府として注力が必要な技術分野については研究開発を強化している．情報通信産業の育成を目的とした「情報スーパーハイウェイ（Information Superhighway）」，バイオテクノロジーの研究開発を強化するための同分野予算（国立衛生研究所予算）の大幅拡充（倍増），そして画期的な材料開発と製品化の推進を目的とする「国家ナノテクノロジー・イニシアティブ（National Nanotechnology Initiative: NII）¹²⁾」がその代表的なものである．そして，経済政策としての科学技術政策という方向性はその後の政権にも引き継がれている．

２．国防研究の役割

（1）　国防研究の特徴

　特定の目標達成のために進められる研究開発のことを「ミッション志向研究開発」と呼ぶ．国防研究や宇宙開発がミッション志向研究開発の典型例である．第1節で連邦政府の科学技術支援は長らく限定的であったことを述べたが，これは国防においても同様であった．第1次世界大戦において，戦車や航空機などの近代兵器が使用され，そして欧州から工業製品・材料の輸入が途絶えるようになったため，海軍内に科学技術の国防への応用の可能性を検証する助言組織が設置され，大学や企業が連邦政府の研究開発プロジェクトに協力するようになった．しかし，第1次世界大戦が終結すると，国防のための大学，企業等

の戦時協力体制は解消された.

　アメリカ全体の研究開発費の総額は2018年で6061億ドルであり世界第1位の規模である. そのうち, 1296億ドル（21%）を連邦政府が負担している. 国防研究費は, その規模と連邦政府研究開発費に占める割合のいずれも高くなかったが（表2–1参照）, 第2次世界大戦で大きく増加した. 原子爆弾を開発した「マンハッタン・プロジェクト」（ミッション志向研究開発の一例である）の研究開発費に至っては, 国防総省を含む全省庁の研究開発費の合計を上回るものであった. 図2–1は連邦政府研究開発予算の中での国防と民生の比率の推移である. 1976年を境にデータ源が異なっており細かい数値は一致しないが, 趨勢は理解できる. 第2次世界大戦後, アメリカと旧ソビエト連邦は冷戦状態に入ったが, 両国の緊張関係を反映し, 連邦政府の研究開発予算に占める国防研究予算の割合は冷戦中の1950年代は, 概ね80%以上を維持していた. その割合は徐々に低下していき, 1970年代末には50%を下回る水準まで低下したものの, 1980年代にレーガン（Ronald Reagan）政権が推進した戦略的防衛構想（通称「スターウォーズ計画」）の下, 再び70%台まで上昇した. その後は, 冷戦の終結に従い低下したが, アメリカ同時多発テロ事件を受けて60%に近い水準まで上昇したのち再び低下した.

　オバマ（Barack Obama）政権は2008年の「リーマンショック」への対策として, 連邦政府による研究開発支出を増大させた（環境技術の研究開発を重視したので「グリーンニューディール」と呼ばれた）. これはこのグラフに含まれていないが, ほとんどが民生技術を対象としていたので, それを含めると2009年には国防が52%, 民生が48%と拮抗していた. トランプ（Donald Trump）政権下の2017年に国防と民生の逆転が起きたが, これは大規模な開発・実験・評価を研究開発とみなさなくなった定義の変更による. 国防総省の予算で該当するものが多かったので国防の比率が減少したのである. それでも, 国防関係が50%という水準は, 他国と比較して極めて高い水準である.[13]

　国防研究から派生した民生技術は少なくない. 身近な例では, 電子レンジは軍事用レーダーの研究開発中の発見が元になっている. その他, 半導体（集積回路）や電子計算機（コンピューター）, あるいは航空機に至っては, 一製品にとどまらず巨大な産業を生み出している. このように, 国防研究から生まれた技術（国防技術）が民生品にも利用されることを「スピンオフ（spinoff）」と呼ぶ. そして, 国防用途と民生用途の両方に利用可能な技術を「デュアルユース（dual use)」と呼ぶ．なお，デュアルユースには民生研究開発から生まれ，軍事目的に応用されるものも含まれる．そして，第1節で述べたように，政府調達はスピンオフを促進，産業を育成する役割を果たしうるものである．

（2）　国防総省と大学研究

　NSF設立の経緯（第1節）からもうかがえるように，冷戦中，大学と国防総省の関係は第2次世界大戦中同様に密接であり，大学研究（基礎研究）は国防総省により手厚く支援されていた．国防総省にとって大学研究は，国防に必要な技術を確保し，最先端の科学知識にアクセスするための重要な手段であった．

　しかし，大学が国防総省から研究助成を受けていることは，たとえ研究内容が国防と直接的な関係がなかったとしても，学術研究と教育を通じて広く社会経済に貢献するという大学の役割にそぐわない一面もある．また，研究成果は学術論文や学会発表を通して研究コミュニティーの間で共有されて然るべきとする大学の開放性は，国防研究に伴う機密保持と対極に位置するものである．そのため，機密性が必要な研究については大学敷地外の研究施設で実施されていた．

　両者の関係が大きく変化したのがベトナム戦争（1964〜73年）である．当時，アメリカでは反戦感情が高まっていた．各地の大学では反戦運動が起き，国防研究に従事していた大学，研究施設が批判の対象になった．連邦政府や議会か

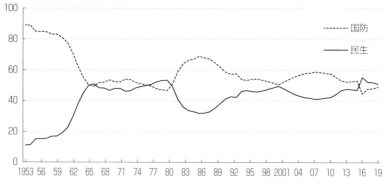

図2-1　連邦政府研究開発予算における国防と民生の比率（％）

出所：National Science Foundation (2000) *Sicence and Engineering Indicators 2000, Appendix Table 2-19*, American Association fro the Advancement of Science (2020) *Defense, Non-Defense, and Total R&D FY1976-2020* を基に筆者作成．

表 2 - 3　大学の工学各分野における研究費（連邦政府支出）に占める各省庁の割合（上位 3 省庁，2020年度）

工学分野	連邦政府支出	第 1 位	第 2 位	第 3 位
工学全体	81.2億ドル	国防総省 43.4%	全米科学財団 16.8%	保健福祉省 11.5%
航空・宇宙工学	9.6億ドル	国防総省 64.4%	航空宇宙局 19.5%	全米科学財団 4.0%
生命工学・医療工学	9.1億ドル	保健福祉省 64.3%	国防総省 17.5%	全米科学財団 10.0%
化学工学	5.2億ドル	全米科学財団 27.7%	エネルギー省 27.4%	国防総省 17.9%
土木工学	6.1億ドル	全米科学財団 24.5%	エネルギー省 12.9%	国防総省 11.3%
電気・電子・通信工学	21.4億ドル	国防総省 58.7%	全米科学財団 18.6%	エネルギー省 7.6%
生産・製造工学	3.8億ドル	国防総省 60.4%	全米科学財団 11.1%	エネルギー省 6.3%
機械工学	11.6億ドル	国防総省 49.5%	全米科学財団 17.3%	エネルギー省 13.0%
金属・材料工学	5.0億ドル	国防総省 41.5%	エネルギー省 22.7%	全米科学財団 20.2%
（参考）自然科学全体 （生命科学を除く）	367.8億ドル	全米科学財団 30.2%	国防総省 21.8%	保健福祉省 16.0%
（参考）生命科学	212.2億ドル	保健福祉省 84.70%	国防総省 5.10%	農務省 3.90%

出所：National Science Board（2021）Science and Engineering Indicators 2021. Arlington, VA: National Science Foundation（NSF-22-311）Table 13, "Federally financed higher education R&D expenditures, by federal agency and R&D field: FY 2020" を基に筆者作成.

らも，大学の研究（基礎研究）が国防に十分貢献していないという批判が高まり，1970年の国防授権法が成立したときに，国防目的であることが明確でない研究に対する国防総省の助成が禁じられた．1970年前後の数年間で国防総省の基礎研究への支出はほぼ半減した．その一方で NSF をはじめ他省庁からの大学研究への助成は拡充された．

　表 2 - 3 に工学の各分野別に，連邦政府支出の大学研究費に占める各省庁の

割合（上位3省庁）を示す．工学分野の大学研究に対する連邦政府支出43.4％が国防総省の助成であり，他省庁を大きく引き離している．分野別で確認すると，5分野で国防総省の助成が占める割合が大きく第1位となっている．ベトナム戦争を境に大学における国防総省の存在感は弱まったとはいえ，アメリカの大学研究（基礎研究），とくに工学分野における国防総省の役割は大きいのである．

3．ハイテク産業政策論争

（1）　ハイテク産業政策を巡る議論

　製品・サービスの開発にどの程度の研究開発が必要かは，産業により異なっている．研究開発の注力度は売上高に占める研究開発費の割合（研究開発集約度）により測られ，研究開発集約度の高い順に，各産業は，ハイテクノロジー産業（略称「ハイテク産業」），ミディアム・ハイテクノロジー産業，ミディアム・ローテクノロジー産業，そしてローテクノロジー産業に分類される（表2-4参照）．

　高付加価値なハイテク産業は，アメリカのような人件費の高い国（先進国）が発展途上国に対して比較優位を維持できる産業であり，国内の産業，雇用の確保という点で，その重要性は高い．そのため，政府としては，自国の産業の成長を国際競争の結果に委ねるのではなく，有望と思われるハイテク産業については積極的にその育成を図ること，すなわち，ハイテク産業政策が選択肢になる．

　ハイテク産業，とくに半導体のように様々な産業で広く使用される製品（汎用技術）を提供する産業からは，その製品を使用する産業，あるいはその先にいるユーザーが，間接的にその恩恵（利益）を受けることができるが，それは，ハイテク製品を製造する企業は，自らの研究開発から波及して発生する利益を全て獲得することができない，ということである．また，さらに多額の研究開発費が必ずしも製品・サービスに至る保証はない上に，市場投入した製品・サービスが，必ずしも商業的に成功する保証はない．結果として，企業は，社会的に最適な水準よりも過小な水準しか研究開発投資を行わないことになり（市場の失敗），政府による支援が必要ということになる．

　しかし，特定の産業を支援する場合，どの産業，企業，さらには技術が有望なのか，政府が判断する必要がある．また，支援する産業を特定したとしても今度は，どの段階で，あるいはどの程度支援すればよいのかの判断が求められ

表2-4　研究開発集約度による産業分類

分　　類	産業・技術の例
ハイテクノロジー産業	航空・宇宙，医薬品，情報通信，精密機械
ミディアムハイテクノロジー産業	電気機器，輸送機械，化学，機械
ミディアムローテクノロジー産業	造船，ゴム・プラスチック，石油製品，金属素材
ローテクノロジー産業	金属加工，衣料品，食品・飲料・タバコ，木材，印刷・出版

出所：OECD（2011）"ISIC Rev. 3 Technology intensity definition: Classification of manufacturing industries into nto categories based on R&D intensities".

る．発展途上国であれば，先進国を参考にすることができるが，アメリカのように科学技術の最先端に位置する先進国が，有望な産業や技術を適切に選択し支援することは難しい．また，特定の産業，あるいは企業の支援は，公平性や政治の観点からも難しい判断が求められる．アメリカにおいては，前節で述べたように，ハイテク産業政策に対し民主党は肯定的な姿勢である一方，自由放任主義である共和党は懐疑的な姿勢である．

(2)　アメリカのハイテク産業政策（半導体産業）

日本やヨーロッパ，あるいはその他の新興国は，アメリカと異なり半導体産業を積極的に支援していた．その結果，突出した技術力を背景に世界の半導体市場を圧倒していたアメリカ企業の市場占有率は，1970年代，50％を超えていたものの，外国の追い上げを受けて徐々に低下していった．とくに日本の半導体産業の成長は著しく，アメリカが安全保障の観点からも重要な半導体産業で低迷している状況は深刻に受けとめられ，自国半導体産業を支援する政策が進められた．

その1つが，アメリカ半導体工業会（Semiconductor Industry Association：SIA）の連邦政府への働きかけにより実現した，1986年の日米半導体協定である．同協定により日本の半導体市場を外国企業に開放することと，日本企業がアメリカ政府により設定された市場価格を下回る価格で半導体を販売すること（ダンピング）の禁止が求められた．同協定は1991年に更新され，日本の半導体市場における外国企業の市場占有率を20％以上にすることが求められるようになった．日米半導体協定の結果，1995年には日本の半導体市場におけるアメリカ企業の市場占有率は23％となった．

　もう1つが，1987年にアメリカの主要な半導体企業が参画した「セマテック（SEMATECH）」である．日本の半導体産業の飛躍的な成長には「超エル・エス・アイ技術研究組合」が寄与したといわれている．超エル・エス・アイ技術研究組合では，1976年から4年間，政府からの助成金を受け，工業技術院電子技術総合研究所（現産業技術総合研究所），日本電信電話公社（現NTT），そして日本の主要な電気機器企業5社により，共同で半導体製造技術の開発が進められた．セマテックでは，国防総省を中心とする連邦政府の助成を受け，半導体製造技術の共同研究開発が行われた．しかし，セマテックがアメリカ半導体産業の再興にどれだけ寄与したのかについては，意見が分かれている．

注
1）　陸海空軍の士官学校は国立の高等教育機関に相当する．
2）　州際事業とは必ずしも複数の州に支社・工場を持っている必要はなく，製品が複数の州で販売されていればよいので，定義はかなり緩い．
3）　近接信管は電波を発する対空砲火の砲弾に使用される．対戦相手の飛行機に最も接近したときに爆発し敵機に損傷を与える．
4）　実際には，ブッシュが提言をするために大統領から諮問を受ける形を取った．
5）　第2次世界大戦前の名門大学にとって非営利財団は重要な研究資金源であった．連邦政府からの補助金受入れに対する大学研究者の警戒心に配慮して「財団」という名称を使用した．
6）　アメリカでは判事が出張して開廷していたことがあり，その担当地域を巡回区（Circuit）と呼んでいたので，現在も連邦高等裁判所は7 th Circuit Court of Appealsなど12の巡回区控訴裁判所から構成される．CAFCは特許に関しては全国の訴訟を担当するので，「連邦」が担当巡回区という意味で，Federal Circuitと呼ばれる．
7）　その後，留保の割合は徐々に引き上げられ，現在は3.2％となっている．
8）　ATPに代わり「技術イノベーションプログラム（Technology Innovation Program: TIP）」が設立された．しかしTIPも，2012年度以降，予算が措置されず廃止されている．
9）　第3節で取り上げる「セマテック（Semiconductor Manufacturing Technology：SEMATECH）」もSBIR，ATPと同じく，連邦政府による企業の研究開発活動への助成という性質を有している．
10）　1990年代終盤，すでに日本の自動車メーカーがアメリカでハイブリッド車の販売を開始していた．
11）　1992年大統領選における科学技術政策の方向性を提示した際の文書名である．
12）　NIIについては，次代大統領のブッシュ・ジュニア（George W. Bush）大統領の下，「21世紀ナノテクノロジー研究開発法」が成立し，NIIの下で進められていた活動が法制化された．
13）　第2位は韓国であるが，政府研究開発費に占める国防研究費の割合は約16％に過ぎ

ない．なお，国防研究費に関し，国防支出が高い中国やロシアなど，一部の国については明らかにされていない点に留意する必要がある．

参考文献

太田泰彦（2021）『2030半導体の地政学——戦略物資を支配するのは誰か——』日本経済新聞出版社.

国立国会図書館　調査及び立法考査局（2017）『冷戦後の科学技術政策の変容』国立国会図書館.

————（2020）『ポスト2020の科学技術イノベーション政策』国立国会図書館.

宮田由紀夫（2019）『アメリカにおける国家安全保障と大学』関西学院大学出版会.

Foroohar, R.（2016）*Makers and Takers: How Wall Street Destroyed Main Street*, New York: Crown Business.

Mazzucato, M.（2015）*The Entrepreneurial State: Debunking Public vs. Private Sector Myths*, New York: Public Affairs（大村昭人訳（2015）『企業家としての国家』薬事日報社）.

Pielke, Jr. R. and Klein, R. A.（eds.）（2010）*Presidential Science Advisors: Perspectives and Reflections on Science, Policy and Politics*, Dordrecht, The Netherlands: Springer.

第 **3** 章
イノベーションと制度的競争環境

　アメリカ産業は，技術開発・イノベーションの世界のリーダーであるだけでなく，それと密接に関連する制度的な競争環境を構成する競争法・政策，知的財産権・制度（特に特許）そして技術標準（化）においても大きな影響力とリーダーシップをもつ．この事実は，イノベーション，競争政策（アメリカでは反トラスト政策［antitrust］と呼ばれる），知的財産権，標準などが相互に関連し合っていることを示唆している．

　アメリカは，技術開発において多くの革新的企業を輩出し，国内だけでなく世界の市場・ビジネスにも大きな影響をもってきた．その代表は IBM（International Business Machine），AT&T，マイクロソフト（Microsoft），GAFA（グーグル Google，アップル Apple，フェイスブック Facebook，アマゾン Amazon 各社の頭文字をとり GAFA と総称）であり，そしていずれも反トラスト法や知的財産権法などの公共政策に関連しても注目された．本章は，これら7社を対象に，アメリカ産業のイノベーションにおける反トラスト政策，特許，標準の役割・影響を考察する．[1]

1．アメリカの制度的競争環境
——反トラスト法，特許，標準——

（1）　反トラスト法
　上述の巨大企業7社に共通する発展の歴史は反トラスト政策との相克であり，特に反トラスト法による企業分割の提案と関連している．最も注目されるのは，これらの事例が制度的な環境を通して新産業の出現を促し，今日の産業構造（産業間構造．特にオンラインビジネスの発展）と各産業の市場構造（企業行動に影響を与える構造的特徴．特に GAFA の支配的地位）につながっていることである．

　アメリカの制度的競争環境は，第3代大統領ジェファーソン（Thomas Jefferson）と結びつく．なぜなら，彼は，アメリカの産業組織・競争とイノベーションに深くかかわる反独占思想と特許制度に大きく貢献したからである．

　まず，アメリカでは，移民・フロンティア開拓社会という建国・発展の経緯から規律システムとして伝統的に競争の重要性が強調されてきた．このことは，自由と平等を求める権利の保障を強調する「ジェファーソン流民主主義」と結び付けられ，私的権力の集中に対する本能的恐怖を反映すると言われる．特に経済活動の分野では，活発な企業間競争は価格引下げ（経済学では資源配分効率に該当）と費用上の効率（X 効率［X-efficiency］と言う）の改善を誘引し，そして技術開発・革新（技術進歩効率または動態的効率と言う）を刺激し，さらに経済的，社会的，政治的権力の不当な集中を防止し，民主主義社会の維持に役立ち，また富のより公正な分配の機会を提供すると考えられていた．

　こうした経済的，社会的，政治的風土・理念の中にあって，他方では電力・通信・交通網の整備，石油業の急成長などの産業革新に伴って，鉄鋼業をはじめ製造業に大規模な企業・産業が形成され，そして価格操作・共謀（特にカルテル）が頻繁に行われた．また，大規模な合併運動に見られるように，企業集中（トラスト）が著しく進行した．例えば，1960年代頃まで大企業ランキングに載る企業のほとんどが，多くの産業を高度寡占に導いた20世紀初め頃までの合併で成立した．こうした状況に対して，民主主義とアカウンタビリティ（説明責任）の保障を重視する国民の反感・反発が強まり，公益事業分野では民間企業に対する政府規制（公益企業規制），そしてまた，それ以外の分野では反トラスト政策が，実施されることになった[2]．

　かくして，上記の思想を投影する形で，他国では例を見ない厳しい競争政策が実施された．アメリカは，最も早く競争政策のための法制を整備した国の1つであり，カナダ（1889年）に次いで2番目に競争法を制定している．それは基本的に連邦レベルではシャーマン法（1890年），連邦取引委員会法（1914年），クレイトン法（1914年）の3つの法律（合わせて反トラスト法と呼ぶ）からなり，主に司法省（Department of Justice. 反トラスト局［Antitrust Division］）と連邦取引委員会（Federal Trade Commission）によって執行される[3]．他に，州レベル（特別区も含む）でも反トラスト州法が制定され，執行される．早く法整備された背景には，前述のジェファーソン流民主主義に基づく自由競争社会の哲学が指摘される．

　しかし，競争政策が施行あるいは強化されると，その裏をかくように反競争行為が頻発し，競争政策の必要性が認識されてきた．例えば，主要な競争法の制定（上記3法のほか1950年のセラーキーフォーバー法）があると，その後それに対

応するかの如く大規模な企業合併運動が起こったことも事実である．また，1920年頃から40年代にかけては，カルテルが横行した．これらの事実は，競争政策の内容・効果，企業の戦略的行動，競争の動態などを反映している．また，反トラスト政策はいつも活発に実施されているわけではなく，政策観，法制，裁判，政策資源などに依拠して変動している．

（2） 特許と標準

ジェファーソンは，また，アメリカの特許制度の生みの親であり，1793年に特許制度（当初特許期間は14年）を制定した．アメリカは建国時から知的財産を重視し，アメリカ合衆国憲法（1787年成立）に特許と著作権についての条文（第1章第8条第8項）をもつ．知識を今日で言う公共財（多くの者が同時に使用でき——非競合性——，しかも対価を支払わない者を排除できない——非排除性と言う性質をもつ財）と見立て，その「ただ乗り」（free ride）による発明・発見誘因の減殺を防ぐために，特許制度が必要であると考えたからである．すなわち，新たに発明された知識・技術を発明者以外の人でも自由に使用できるならば，発明者は発明努力から本来獲得できる利益を専有できず，知識を創造する誘因を失う可能性があるからである．なお，現行の特許制度は，期間が20年（出願時から）で，対象範囲はイノベーションを反映し拡大している．

以上のような競争法・政策と特許制度の下で，経済活動では，一般的に，生産者，需要者などが「支配的，標準的」と認知するものが成立し，経済秩序を形成する．それは通常標準（standard）と呼ばれ，「標準化された規格」として企業行動や企業成果に影響する．標準には，大きく，特許権を保持しながら競争が展開された結果，勝者の技術・規格が標準となるケース（［事実上の標準］（de fact standard）と言う），関係者が集まり協調して共通の規格を設定するケース（［自主合意標準］と言う），そして政府が定める規格（環境保全，健康，安全などに関する社会的規制であり，［社会的標準］と呼ばれる．性格上強制的合意標準と言える）の3タイプ（モード）がある．そのなかで，アメリカでは，例えばほとんど全企業が加入する日本のような業界団体が認められていないことに見られるように，企業間の協調に反トラスト法上厳しい目が向けられてきたため，事実上の標準が重視されてきた．以下で取り上げる巨大IT企業はいずれも，中枢技術について自社規格を事実上の標準に導き，そしてその結果，圧倒的シェア・支配的地位を獲得している．

　一方，アメリカは，今日，世界標準化の過程で欧州連合（European Union: EU）の影響力を無視できなくなっている．EU は，多数の国からなる連合体（2022年時点で28カ国）であるために，国ごとの規格は経済・政治統合の障害となりかねないことを懸念し，積極的に「欧州標準」の形成に乗り出した．こうした欧州の戦略は，技術やサービスの規格において世界標準を主導することになっている．なぜなら，世界標準の決定過程は欧州に有利な制度となっているからである．すなわち，世界標準が一国一票の投票で決定されるために，EU の提案する標準は，最初から EU 加盟国数の賛成票（28票）を基に多数の賛成票を獲得できるからである．したがって，アメリカも EU と協力しながら合意標準も重視している．なお，1つの製品あるいはサービス全体で見ると，標準は上記の3分類を同時に含むことが多いし，また1つの事実上の標準がその後合意標準となるなど，マルチモードの形態とることが多い．

　かくして，反トラスト法，知的財産権（特に特許），標準は，相互に関連しながら制度的環境を構成する．

2．アメリカ産業のリーダーとイノベーター
—— IBM，AT&T，マイクロソフト——

　まず，IBM，AT&T，マイクロソフトのイノベーションと支配的地位を，制度的環境に関連させながら概観しよう．これらの企業に対して企業分割を要求するような厳しい反トラスト政策は，その後巨大市場となるオンラインプラットフォームビジネス（online platform business. 本章注5）参照）の誕生と拡大——これはイノベーションの1つでもある——を生み出す素地を整えたと言ってよい．こうした関係を辿ろう（技術発展の経緯については第5章も参照のこと）．

（1）　IBM の発展——イノベーションと反トラスト政策

　IBM は，1911年に計量機，データ処理機のメーカーとして創業した．1960年代に，コンピュータメーカーの中で首位にあり，1964年に最初のメインフレーム（System/360. 汎用大型コンピュータ）の開発に成功し，その市場で圧倒的地位（ビッグブルー［big blue］と呼ばれた）を獲得した．これは当時，技術規格間競争を通して勝利した規格が事実上の標準となった事例である．

　しかし，ライバルは，IBM が独占を維持するためにとった行為によって締め出されたと批判した．例えば，IBM は1964年に，独占を維持するためにラ

イバルの機種（CDC6600）に対抗する機種（System/360 Model 91）の販売を発表するが，結局その対抗機種を発売しなかった．他社は，発表された IBM の新機種に対抗するために追加の開発・販売費を掛けざるをえなくなり，大きな費用負担を強いられ，競争上不利な立場に立つことを余儀なくされた．販売計画がないにも拘わらずライバルに対抗する製品や仕様変更の計画だけを発表する戦略は，ライバル排除を狙った RRC 戦略（raising rival's costs. ライバルの費用を押し上げ不利に追い込む戦略）に該当するものである．この戦略は今日も IT 分野で行われ，ベイパーウェア（vaporware）と呼ばれる．こうした行為は競争排他力と呼ばれ，価格支配力とともに市場支配力・競争制限を構成し，反トラスト政策の重要な対象である．

その後，IBM は司法省から反トラスト法（シャーマン法第 2 条）違反で提訴され（1969 年 1 月），分割を求められた．その訴訟は，1975 年に始まった裁判が1983 年まで続き，同社に大きな影響を与えた．この訴訟に対応するために巨額の裁判費用を支出し，併せていくつかの製品開発（例えば Future System）に失敗したことも絡んで，IBM は支配的地位の多くを失った．こうした過程で，多くの企業が関連分野で成長機会を得，競争的な市場が形成された．その結果，競争が費用低減と技術革新を誘引した．

この裁判の影響として 2 つの変化が注目される．まず，裁判の重圧は IBM の事業モデル・経営方針にも大きな影響を与えた．それはソフトウェアとハードウェアの分離である．これこそ最も注目される影響であったと言われる．従来，コンピュータ業界では，ソフトウェアとハードウェアを「バンドル」（bundle. 抱き合わせ）して販売するのが慣行であった．ソフトウェアはハードウェアの販売に応じて抱き合わされたサービスで，IBM のメインフレームの売買契約には，顧客のニーズに合わせ，プログラマーがソフトウェアをカスタマイズすることが含まれていた．その後，IBM がパッケージ済みソフトウェア製品を販売するようになると，コンピュータ業界は一変した．これによって，現在のコンピュータ業界が生み出されたと指摘されている．この「アンバンドリング」（unbundling. 分離）は，法的な強制によるものではないけれども，反トラスト法の潜在的な脅威を受けて行ったという意味で，間接的に反トラスト法による企業分割に準じるものと捉えられる．

裁判のもう 1 つの大きな影響は，パーソナルコンピュータ（パソコン）の開発である．この開発を目指して多くの研究者・企業家が参入し，パソコン市場

が確立・拡大した．その市場は競争的，流動的であり，そこで生き残った企業の1つがジョブズ（Steve Jobs）のアップルコンピュータ（Apple Computer. 現アップル）である．IBMも1981年に，パソコン市場に多くの部品やOSを外部から調達する形で参入した．特に注目されたのは，マイクロソフトのOS（MS-DOS）を，他社にも供給してよいという条件で採用したことである．

（2）　AT&Tの発展──通信規制と反トラスト政策

　AT&Tは，電話装置の特許（1876年）を取得したベル（Alexander Graham Bell）が興した電話会社アメリカンベルテレフォン（American Bell Telephone. 1899年にAmerican Telephone and Telegramに改称）を起源とする[4]．それは，世界最初の長距離電話会社として通信イノベーション（通信革命）を誘導してきた．事業内容は，研究開発（ベル電話研究所，ベル研），短距離（市内）通信，長距離通信，通信機材製造（ウェスタンエレクトリック，Western Electric: WE）を含み，総合通信企業（ベルシステム［Bell System］と呼ばれる）となった．すなわち，AT&Tは，広大な土地に散在し移動するあらゆる人々を結びつける通信インフラと優れた統合ネットワークや，多くのメジャーな発明・発見を生み出したベル研，優れた能力をもつ通信関連機器の製造を担うWEを擁していた．これは，主として合併を通して垂直統合，地域電話会社との統合，多角化を図ってきたことを反映している．

　さて，AT&Tは，政府規制，反トラスト政策との関係を大きな特徴の1つとする．それは，AT&Tの私企業としての要請を認めながら，公共的な政策目的を達成するための仕組みである．それゆえ，AT&Tは連邦政府ときわめて近い関係にあった．

　しかし，当時世界最大の巨大企業であるAT&Tは，政府規制を上回る存在であるという振る舞いを見せるに至り，1974年に入ると，政府はこれまでの関係を一変する方向を打ち出し，司法省は，同年11月AT&Tを反トラスト法で提訴し，企業分割を求めた．その要求は，ベルシステムからのWEの分離，AT&T長距離部門とベル系電話会社の分離，ベル研の分離を含む．

　訴訟は8年ほど続いたが，反トラスト法による判決は下されず，1984年に当事者の間で和解が成立し，AT&Tは同意判決（和解した内容を裁判所が改めて命じる）を受け入れ，企業分割の要求に応じた．その結果，電話会社AT&Tは長距離回線部門，WEおよびベル研を引き続き所有するが，8つの地域会社（ベビー

ベル［baby Bell］と呼ばれた）を分離し，しかもそれぞれの事業内容はいくつもの制約下に置かれた．例えば，地域電話会社は，AT&T の長距離回線部門だけでなくすべての長距離通信会社との接続を受け入れることが義務付けられ，またオンラインサービスやケーブル TV のような新規市場への参入を 7 年間禁止された．

　この訴訟は，いくつかの注目すべき影響をもった．まず，通信業界は規制産業（規制下の独占と呼ばれる）から自由競争市場に展開された．例えば通話料金が引き下げられ，そして長距離通信分野で，MCI，スプリント（Sprint）などの長距離通信会社が成長することになった（光ファイバーのイノベーションへの影響は第4 章を参照のこと）．

　次に，AT&T の分割は，その呪縛から解き放され新しい企業・産業の出現につながった可能性もある．例えば留守番電話が生み出された．また，アナログ信号とデジタル信号を変換するモデムが普及し，ネットワークを使って自宅のコンピュータから通信できるようになった．これがパソコン通信を手掛けるプロバイダー（AOL など）の出現を促し，さらにインターネットへの接続を可能にするインターネットサービスプロバイダーの誕生へとつながった可能性がある．

　かくして，AT&T の分割後は，携帯電話，インターネット，オンラインビジネスなど新たな巨大な技術やビジネスが登場・発展し，せいぜいプッシュホンや通話中着信などがイノベーションであった分割前と比べて著しく異なる．したがって，AT&T の企業分割（広くは反トラスト政策）は，産業活動，イノベーションに活力を吹き込んだと言える．ただし，事業分野の制限は，通信業界で費用上昇と一部のイノベーションの遅れを伴ったという指摘がある．

（3）　マイクロソフトの発展──ネットワーク外部性とライバル排除

　マイクロソフトは，1975年に，パソコン向けのプログラム言語を提供する企業として創業した．その発展史上，特に注目すべきは，同社が他社から OS（基本ソフト）を買い取り，それを改善して MS-DOS として商品化し，他社にライセンスを供与する権利を保持する代わりに IBM に基本ソフトウェアを譲渡したことである．この戦略を通して，IBM パソコンが普及すれば IBM 互換機も拡大し，また IBM 互換機を作る企業に対して OS をライセンスする権利を保有することから大きな影響をもつことができる．その深謀遠慮な狙いは，自社

の OS をパソコンや互換ソフトを開発する企業が利用する基盤，すなわち産業全体にわたる「プラットフォーム」（後述）にすることであった．その結果，マイクロソフトは1990年代半ばまでに，MS-DOS と後継の Windows の OS 市場で世界の70％以上のシェアを握った．換言すれば，マイクロソフトは，標準レースを通してデファクト標準と支配的地位を獲得した．

　こうした市場構造は，製品・サービスの供給者と利用者を「仲介する」（intervene）事業者（代理店モデルのマッチメーカー［match maker］）の両面市場（two-sided market）で見られる「ネットワーク効果」（network effect．ネットワーク外部性［network externality］とも呼ばれる），特に間接的ネットワーク効果（供給者側と利用者側の間で発生する正のフィードバック［feedback］効果の循環）に起因する[5]．なお，本章ではマッチメーカーをプラットフォームと呼ぶ．

　さらに，プラットフォームの価値を高めるために，自らソフトウェアアプリケーション（アプリ）事業，具体的には Word，Excel，Power Point，Office などの事業に参入・拡張した．そのために，MS-DOS，Windows 向けのアプリの開発に必要となるソフトウェア開発キットを無償で公開した．こうした戦略によって，マイクロソフトは，事業の成長経路において加速度的に成長し始めるクリティカルマス（critical mass）と呼ばれる臨界点を超えることとなった．このようにプラットフォーム事業や，それとアプリの垂直統合などを通して，同社は成長し難攻不落の帝国を築き上げた．

　こうしたマイクロソフトへの反トラスト法による規制は，1990年の連邦取引委員会の調査に始まり，1994年の同意判決，1998年の司法省の提訴，2000年の連邦地方裁判所による違法判決，2002年の同意判決，2011年の同意判決の失効へと続いた．この経緯は同社の競争制限的な行為を反映している．

　マイクロソフトは，1995年にインターネット機能を重視したパソコン OS，Windows 95を発売した[6]．それはインターネット時代が来ることに対応したもので，インターネットが同社のビジネス，特にコンピュータ業界での支配的地位を支えるアプリと OS に大きな影響を与える恐れを反映した戦略であった．なぜなら，インターネット時代の到来に伴って，アプリよりもウェブが重要となり，そしてまた OS よりもウェブサーバーに接続するブラウザが重要となる可能性があったからである．その可能性は，ネットスケープ（Netscape）のウェブブラウザやサンマイクロシステムズ（Sun Microsystems）の JAVA プログラミング言語のような補完市場（ミドルウェア）の新製品によってもたらされる脅威

であった．なぜなら，それらは，Windows のソフトがライバルの OS 上で走ることを可能にし，ライバルの OS が Windows を侵食する可能性があるからである．

1990年代後半，マイクロソフトはウェブブラウザ Internet Explorer（2022年停止．後継は Edge）を投入し，Navigator で先行するネットスケープに対抗した．そのさい同社は，例えば，OS と抱き合わせて無料で Internet Explorer を提供し，そしてまた，Navigator には互換性に問題があるという FUD（fear, uncertainty, doubt. 恐怖・不確実・疑念）戦術（Navigator をインストールするとパソコンの機能が損なわれるとユーザーに警告）を展開した．その結果がネットスケープの衰退である．すなわち，同社は，インターネットアクセスプロバイダーとの専属協定，自社のブラウザと Windows との統合を通して，ネットスケープが投入や顧客にアクセスするのを制限（排除）した．また，サンマイクロシステムズに対しても同様に，マイクロソフトは市場から「排除」する戦術を取った．そのほか，本節（１）の IBM と同様に，ベイパーウェア戦術を使ってライバルを不利に陥れ，市場からライバルを排除することを図った．

以上のような「排除」行為は，シャーマン法第２条による「独占化行為」（monopolization. 日本の独占禁止法では［私的独占］に相当）に該当し，支配的地位の濫用として反トラスト法違反であると，1998年５月司法省から提訴された．この訴訟では，2000年に連邦地方裁判所でマイクロソフトが敗訴したが，2001年６月に連邦高等裁判所が判決を差し戻した．同年の11月に司法省との和解が模索され，2002年に和解が成立した．その和解案に盛り込まれていた条項に基づき，両者は共同報告書を連邦地方裁判所に定期的に提出していたが，2011年５月に終局判決が満了し，この訴訟事件は終結した[7]．

なお，この訴訟の過程で，反トラスト政策と特許の関係が問題となったこともある．例えば，特許が事実上の参入障壁となり競争を制限する可能性がある．政策当局は，マイクロソフトの独占を抑制するために，その特許の保護期間を制限する提案を行った．先の AT&T の場合でも，当局は1956年に，パテントプールを形成して同社の特許に他社がアクセスできるように指導したこともある．こうした特許，競争，イノベーションの関係が注目される．

この訴訟は，過去30年間で最も重要な反トラスト判決である．いままた，それと並ぶ反トラスト裁判が進行している．それが次に論及する巨大 IT 企業を対象とするものである．

3．アメリカ産業のデジタルイノベーター
―― GAFA と反トラスト法――

インターネットの普及に伴い，今日，財・サービスの供給者と利用者の両方に対峙し，両者間を仲介するマッチメーカー（プラットフォーム）型ビジネスが拡大している．それはビジネスモデルイノベーションの1つであり，コミュニケーションや，情報，財・サービスの交換のためのインフラストラクチャーとして重要な役割を果たしているが，こうした状況はコロナパンデミック（コロナ禍）によって加速・拡大しているが，他方で，それを担う IT 企業，特に巨大な GAFA に対する規制について大きな議論が展開されている．

（1）　反トラスト政策の変化

今日，「反トラスト政策がもどってきた」と言われる．従来から反トラスト政策の重要性と必要性を強調してきた経済学者のみならず，市場の力や自己修正機能を重視し反トラスト政策に懐疑的，消極的であった研究者（代表的にシカゴ学派）でさえ，2017年頃より競争制限を懸念し反トラスト政策の強化を主張している．それは，GAFA と総称される巨大 IT 企業の産業組織――市場構造，市場行動（企業行動），市場成果（企業行動の結果）――と密接に関係している．これらの企業は，上述の通り1990年代以降の IT 革命の中心に位置していると言ってよい．GAFA は，前節で論及した AT&T，IBM，マイクロソフトに対する反トラスト訴訟の影響を反映していると同時に，それらへの訴訟が提起された時代に比べて技術的にも経済的にも複雑な世界で活動している．ここでは，1998年のマイクロソフト訴訟以来，最も重要な反トラスト活動である GAFA 規制について，政府の対応を辿ろう．

1990年代，特に Windows 95が発売された1995年以降，インターネットが普及し，新たな時代が予想された．それに対応して，参入障壁も低くなり，新しいビジネスが誕生し，多くのスタートアップ企業が登場した．そしてまた，企業の参入のみならず退出も起こり，市場構造は流動的となった．例えば，AOL（インターネット接続サービス），ネットスケープ，マイスペース（Myspace. SNS），ヤフー（Yahoo. 検索エンジン）などは，先行者として当初大きなシェアを握り「事実上の標準」となっていたが，やがて縮小したり退出したりした．こうした企業は，持続的，加速度的に拡大できるクリティカルマスを超えられず

失速した．なぜなら，両面市場のプラットフォームビジネスでは，間接的ネットワーク効果を実現するためには，充分に多数のプラットフォーム参加者（財・サービスの供給者と利用者）を獲得し，しかも供給者と利用者をバランスよく拡大することが不可欠であるが，これらの企業はその要請に失敗したからである．この状況は，イノベーション論で言われる「死の谷」（death valley. 新アイディアを事業化できないこと）に該当し，当該企業が「鶏が先か卵が先か」という問題（chicken-and-egg problem）を解決できなかったことを意味する．

　他方で，限られた企業は生き残り，巨大企業となり多くの分野で支配的地位を築き，そしていろいろな分野に進出して事業を拡張していった．その代表がGAFA（創業年は，アップル1977年，アマゾン 1994年，グーグル1998年，フェイスブック2004年）である．これらの企業は，需要上の特性（ネットワーク効果, 特に間接的ネットワーク効果, そして垂直統合・多角化によるワンストップショッピング効果），費用上の特性（低い限界費用, 規模の経済性, スイッチングコスト），情報・データの自己増強的優位（ビッグデータの経済性）などを考慮して規模拡大を図ってきた（内部成長と呼ばれる）．これらの企業は，また，多数のスタートアップ企業を買収して成長してきたこと（外部成長と呼ばれる）も大きな特徴の1つである．こうした結果が支配的地位である．加えて，GAFA（M）が他のオンラインビジネスのための基盤的プラットフォームとなっていることにも注目すべきである．[8]

　「総取り」，「一人勝ち」などと呼ばれる市場構造の動向にあって，反トラスト政策当局は，支配的地位の濫用と考えられる略奪的な行為や競争制限的な合併を当初問題視しなかった．例えば，連邦取引委員会は，フェイスブックによるインスタグラム（Instagram）買収（2012年）しか調査していない．当局がプラットフォームビジネスに寛容であったのは，ビジネスモデルに対応できなかったからである．すなわち，反トラスト法は伝統的に価格支配力（市場支配力）を想定しているが，プラットフォームビジネスでは，しばしばサービスは無料である一方，利用者の情報・データを取得し，広告で利益を得るビジネスモデルなど，従来の想定を超えることがある．

　しかしやがて，政府・議会は，GAFAの支配的地位の濫用に目を向け始め，特に2016年の大統領選挙以降，ソーシャルメディアによる世論操作の露見やプライバシーの侵害などから批判が拡大したことを考慮して，プラットフォーム事業者に対して厳しい目を向けるようになった．具体的に，各社首脳の出席する議会での公聴会開催，企業分割を求める調査報告書の公表，反トラスト法違

反訴訟などが行われた．特に，2020年の下院報告書（US Congress（2020））は，GAFAについて詳細な分析と政策提案を行い，大きなインパクトをもった．また，司法省は2020年10月に，アメリカの検索市場で90％強のシェアをもつグーグルに対して反トラスト法違反で提訴した．これはGAFAに初めて切り込む歴史的訴訟であり，マイクロソフト訴訟以来の注目される事件である．さらに，2020年12月に，連邦取引委員会（州・特別区政府も）は，SNS市場で世界の76％（インスタグラム含む）を占めるフェイスブックを反トラスト法違反で提訴した．

　かくして，アメリカは欧州（EU）に比べて対応が遅れたが，その後活発に対応し始めると，2019年のG20（主要20か国首脳会議．於大阪）でも取り上げられたように，巨大IT企業への規制が国際的な共通課題となった．

（2）　GAFAと反トラスト政策の展開

　反トラスト法の視点からGAFAの行動が注目された[9]．問題となっている主な行為は以下の通りである．

1）アルファベット（Alphabet．グーグルの持株会社）について，今後イノベーションが自己の牙城を侵食し重大な潜在的脅威となりうるユーチューブ（YouTube．SNS）を買収し（2006年），競争を阻害している（殺人型買収［killer acquisition］と呼ばれる）．また，グーグルは，アメリカの検索エンジンで独占的地位にあり，いろいろな反競争的な行為を行う．具体的に，アプリ販売やアプリを介したサービスにおいて，アプリ配信サービスのGoogle Play上で外部の決済手段の利用を禁止しグーグルの決済システムのみの利用を要求し，課金から最大3割という高い手数料を徴収する（2022年，競争政策からの圧力を受けて，ゲームソフトを除く分野で外部の決済手段を容認し，また手数料を若干引下げた）．

2）アマゾンについて，自社のマーケットプレイス（Amazon Marketplace）で取引される第三者の製品・サービスの販売データを利用して，それと競合する自社ブランド製品を立ち上げ販売している（垂直統合）．そのさい，その第三者の製品・サービスを模倣することも指摘されている．また，アマゾンは，第三者の出店者に，競合サイトや出店者自らのサイトでアマゾン上の価格よりも安く売ったり，よりよい条件で提供したりすることを禁じた（価格パリティ条項，最恵国条項，同等性条件と呼ばれる）．

3）メタ（Meta Platforms．フェイスブック［現在ブランド名］から社名変更）について，

将来脅威となりうるインスタグラム（写真投稿アプリ）の買収（2012年），ワッツアップ（WhatsApp. メッセージアプリ）の買収（2014年）で競争を阻害している．こうした買収は，潜在的なライバルを「買収するか葬るか」（buy or bury）という戦略の下で行われた．また，自社と競合するサービスを提供するアプリ開発業者に対して，フェイスブックの機能を使えるようにするためのプログラムの共有を制限した．

4）アップルについて，App Store の有料課金で3割の手数料を課している．また，そこで取引される第三者の製品・サービスの分野にも進出し（例えば音楽配信の Apple Music），この垂直統合の有利性を利用して競争上優位な事業展開を行っている．こうした点をめぐり，それを事業基盤として利用するいくつかの配信サービス事業者と対立している．

これらの行為を反競争的として，議会が取り上げ，また反トラスト政策当局（連邦政府，州政府）が違法の提訴（2022年8月時点ではグーグルとフェイスブックに対して）を行った．こうした支配的地位・市場支配力はイノベーションの結果ではあるが，他方巨大 IT 企業は市場支配力を維持・強化するために反競争的な行為をとり，ひいてはイノベーションを阻害していることが強調される．

しかし，こうした政策についての意見は異なる．例えば，グーグルやフェイスブックに対する訴訟はマイクロソフト事件と類似していると捉えるものや，逆に，既に示唆したように，マイクロソフト訴訟が提起された時代に比べて，GAFA が技術的にも経済的にも複雑な世界で活動していることは事実であるために，これまでと同じような対応は困難であるという議論もある．今後続くであろう政策当局の議論や裁判所の判断が注目される．また，それらの議論や政策を支える経済分析も注目される．なぜなら，近年の反トラスト政策は，経済分析に基づくことが強調されるからである．

また，デジタル市場で競争を回復させる方法も注目される．前頁の下院報告書は，GAFA の市場構造（支配的地位）と市場行動（反競争的な行為）を精査したうえで，いくつかの政策メニューを整理する．GAFA に対して，1）企業分割，近隣分野への進出禁止，2）消費者を他社（第三者の供給者）から自社製品・サービスのほうに誘導する自社優先戦術のような差別的行為の制限，3）企業間の技術的互換性とデータポータビリティ（data portability. プラットフォーム参加者のデータ・情報の移行）の確保，4）合併・買収の制限，5）優越的交渉力濫用の禁止などが議論されている．加えて，反トラスト法の内容とその執行の強化に

ついても論及している．したがって，GAFA 規制の論議は，反トラスト法制
と執行のあり方に大きな影響を及ぼすかもしれない．

　これらの政策には，過去の反トラスト政策の経験を含意しているかもしれな
い．例えば，企業分割，差別化行為の禁止，多角化の禁止の提案は，市場支配
力の源泉が合併と多角化（垂直統合も含む）であることを考慮して行われている
が，前節でふれた AT & T 訴訟における分割と非差別化の経験が影響してい
るかもしれない．この訴訟では，企業分割の補完的機能として，すべての長距
離電話会社が同じ条件でベビーベルの回線を利用できることが求められた．

（3）　プラットフォームガバナンス——公共政策と自主規制

　競争政策，公的規制，消費者保護などの公共政策は，一般に「市場の失敗」（市
場メカニズムで解決できない問題．競争制限，負の外部性，情報の非対称性など）を補正
するために行われる．巨大 IT 企業が属するプラットフォームビジネスでは，
間接的ネットワーク効果が働くために，正のフィードバック効果のみならず，
それとは逆の売上高・シェアの持続的，加速度的な減少を誘引する「負のフィー
ドバック効果」も起こる可能性がある．後者の効果が起こるのを避けるために，
企業は市場の失敗を引き起こす「悪行」——1）混雑，騒音，ごみ，治安悪化
など，外部に負の影響を与える「負の外部性」，2）「情報の非対称性」のある
場合，品質への不安を懸念する買い控え，逆選択（良品ではなく不良品の選択），3）
「不確実性」が見られる場合，モラルハザード（不公正な行為）など——を自主
的に排除する誘因をもつかもしれない．製品・サービスの供給者や利用者の意
思決定において，製品・サービスの品質，社会的価値（持続可能な社会やライフス
タイル），そしてそれらに関連して情報の透明性が重視されるからである．こう
した行為は「自主規制」として，プラットフォーム参加者（以下，参加者）の制限・
選抜，参加者による評価，取引される製品・サービスの品質管理，プラットフォー
ム事業者（以下，事業者）によるレコメンデーション，事業者自らが製品・サー
ビスを供給し品質のモデルを供給者に示す垂直統合などを含む．したがって，
自主規制は情報の提供・共有，垂直拘束，垂直統合などの側面をもつ．

　これらのネットワークの品質管理はキュレーション（curation）と呼ばれ，ビ
ジネスモデルイノベーションに該当するプラットフォームビジネスの特徴の 1
つである．こうした行動は「責任ある行動」あるいは「責任あるイノベーショ
ン」と呼ばれ，事業者から強調されることもある．むしろ，事業者は，積極的

に正のネットワーク効果の一層の利益を享受するために，キュレーションないし自主規制を行うかもしれない．

　かくして，事業者は，自主規制として，公共政策と同様に，市場の失敗を補正ないし軽減する誘因をもつ．そのため，公共政策の必要性を認めながらも，その代替的な機能としての自主規制の有効性を評価する意見もある．確かに，事業者は，日々の事業活動を通して規制当局よりも問題行為を綿密に監視でき，そして迅速にその行為に対処することができるかもしれない．

　しかし，自主規制の下で，そうした失敗補正メカニズムが充分に機能するかどうかは明らかではない．例えば，それは需要に正の影響（市場拡大）を与え，効率を高めることができる一方，事業者は，充分なキュレーションを行う誘因をもたず，また自ら悪行を行うことも可能である．加えて，競争政策で言う垂直的取引拘束により，新規参入者やライバルを排除するように競争制限を図るために自主規制を利用することも考えられる．

　確かに，市場の力や自主規制は参加者による悪行をある程度制御することができるが，しかし社会が要求する程度にまで事業者が悪行を阻止する誘因と能力には限界があるであろう．すると，公共政策と自主規制をどのようにバランスさせるかが重要な課題となる．例えば，事業上の制約やブランド毀損などに繋がる恐れがある政府介入を受ける脅威が，自主規制を行う誘因を作りだすかもしれない．もしそうならば，競争政策，政府規制，消費者保護のような公共政策は，自主規制に対して決して代替的機能ではなく補完的な関係を有し，最も重要な制度的環境となる．今日，欧州で注目されるのが共同規制(co-regulation)で，それは政府規制と企業の自主規制の両方を統合的に行う官民共同の規制である．通常，政策当局よりも事業者の方が関連情報を量的にも質的にも圧倒的に多くもつために，それはより迅速かつ有効にキュレーションを実施できるかもしれない．共同規制に対するアメリカの対応が注目される．

　かくして，GAFA のようなプラットフォームビジネスでは，政策当局は，自主規制の機能を考慮しながら，反トラスト政策，政府規制，消費者保護，自主規制の最適なミックスを考慮しなければならない．こうした問題が今後の反トラスト政策などの制度的環境にどのような影響を与えるかが注目される．

4．アメリカ産業における制度的競争環境の役割

　以上のことから，アメリカのイノベーションは，反トラスト政策，特許，標準と深く関連しながら進展してきた．それから導き出される主な含意を要約しよう．

　第1に，ここで取り上げた企業に対する政府介入を時間の流れ沿って捉えると，これまで指摘したように，それぞれの反トラスト政策（特に企業分割）は，その後のイノベーション，関連分野の競争そしてまた産業構造に大きな影響を与えた．具体的には，反トラスト政策は新たなオンラインビジネス（特にマッチメーカー型）の登場・拡大に少なからず影響を及ぼした．

　第2に，オンラインビジネスの市場構造に注目すると，特許権を保持したまま標準化レースが展開され，事実上の標準が形成された．その結果が支配的地位の確立と市場支配力であり，反トラスト政策の問題を提起した．換言すれば，イノベーションが市場支配力を生み出し，競争制限的な行為を可能にし，その結果，逆にさらなるイノベーションを阻害することになっている．

　第3に，交通混雑，騒音，ゴミなどの負の外部性，情報の非対称性に伴う買い控えや逆選択，およびモラルハザードのような弊害（悪行）も注目される．その結果，間接的ネットワーク効果（特に負のフィードバック効果）を考慮して，プラットフォームビジネスの負の側面——市場の失敗——をプラットフォーム事業者が自主的に補正する誘因をもつ可能性が生まれ，事実，そうしたネットワークの品質管理（キュレーション）が自主規制として行われている．

　最後に，上記の事例は，イノベーションにおける競争ならびに競争政策，政府規制，消費者保護の重要性を示唆すると同時に，現行の反トラスト法と政策のもつ課題を提起する．例えば，ネットワークにおけるプラットフォーム事業者による支配的地位の濫用に対して，現行の公共政策は有効かどうかという問題である．具体的に，価格設定・マッチングのアルゴリズム（オンライン上の計算・処理の手順），ビッグデータなどは新たな競争政策上の問題を提起する．また，第4のガバナンスとしての自主規制を考慮しながら公共政策を議論しなければならない．

　今進行中のGAFA（M）のような巨大IT企業への規制の議論が現行の制度的環境とその変化に関連し，今後のアメリカの技術開発・イノベーション（例

えばメタバース［仮想空間］，ブロックチェーン［分散型台帳］など），そして競争・産業組織や産業構造にどのように影響するかが注目される[10]．

注
1） 反トラスト政策は Wu（2020），特許と標準は土井・宮田（2015）参照．
2） アメリカの反トラスト政策は，経済分析（産業組織論）の展開と密接に関連し，欧州や日本など，他国の競争政策に大きな影響を与えてきた．
3） シャーマン法はカルテルなどの取引制限，独占化行為を禁止し，その違反行為に対する差止め，罰則等を規定する．クレイトン法はシャーマン法違反の予防的規制を目的とし，価格差別の禁止，不当な排他条件付取引の禁止，合併の規制等を規定する．連邦取引委員会法は，不公正な競争方法，不公正で欺瞞的な行為・慣行の禁止，また連邦取引委員会の権限，手続き等を規定する．
4） AT&T の分割後の歴史はやや複雑であるが，それは反トラスト政策と密接に関連する．初期の会社アメリカンテレフォン＆テレグラム（American Telephone & Telegram Company. 略称 AT&T）は，かつて反トラスト訴訟で AT&T から分離されたベビーベルの1つ，サウスウェスタンベル（Southwestern Bell. その後 SBC コミュニケーションズ（SBC Communications）に改称）に2005年に買収され，その後 SBC コミュニケーションズは伝統的な AT&T の名称のブランド力を考慮して AT&T Inc（持株会社）に改称し今日に至る．その意味で，現在の AT&T Inc. は分割前の AT&T と継続性をもつ．
5） 一般にオンラインビジネスは，大きくマーケットメーカー（財・サービスを供給者から買い取り，それから利用者に販売する卸売型），マッチメーカー（供給者と利用者の取引を仲介する代理店型），そしてその両方が供給者にもなる垂直統合企業の3タイプを含む．プラットフォームの確定した定義はないが，マッチメーカーを言う場合が多い．巨大 IT 企業は複数のタイプの事業を営む．
　　マッチメーカーは，供給者側と利用者側の両面に対峙するために両面市場と呼ばれ，ネットワーク効果を大きな特徴とする．それは，1）供給者側と利用者側のそれぞれのグループ内で，参加者の数が増えれば同じ側の別の参加者の得る価値と数も増える，2）相互依存する供給者と利用者の間で，一方側の数が増えれば，他方側の得る価値が高まりその数も増え，しかもこの関係が螺旋的に続く（その結果，プラットフォームの価値も上昇する），という2つの関係を含む．前者は直接的ネットワーク効果，後者は間接的ネットワーク効果と呼ばれる．
6） 1995年は IT 革命が本格化し始めた年として注目されるが，また WTO（世界貿易機関）が発足し経済のグローバル化が本格化し始めたことも併せて注目すべきであろう．2つの動向は相互に絡んで進展した．
7） マイクロソフトはコンピュータ OS の覇者であり，かつて大きな影響力をもっていたが，やがて GAFA に押され気味となった．その後プラットフォームビジネス（特にクラウド［cloud］サービス）で復活し，巨大 IT 企業の一角を占める．今日，マイクロソフトを GAFA に加えて GAFAM と呼ぶことがある．今また，マイクロソフトは反トラスト政策で注目を集めている．それは，FTC がマイクロソフトによる大手ゲー

ムソフト会社（アクティビジョン・ブリザード）買収をめぐり差し止めを求めて提訴したことである（2022年12月）．すでに，EUも競争法による調査に入ることを発表している（2022年11月）．

8）　GAFAMはマッチメーカーであり，そしてまたマッチメーカーがビジネスを行うために利用する基盤的なプラットフォーム（プラットフォームのためのプラットフォームと呼ばれる）でもある．その例として，クラウドサービス（アマゾンのAWS），ライドシェアリングビジネスで利用されるアプリ（Google Map）などがあげられる．

9）　US Congress（2020）は，GAFAについて最も詳細に調査し，そして反トラスト政策上の課題を整理する．この調査の取りまとめを主導したカーン（Lina Khan）は，バイデン（Joe Biden）政権の下で連邦取引委員会委員長に就任している．また，巨大IT企業に対して反トラスト政策強化を従来から強調してきたウー（Tim Wu，参考文献参照）も，政権の技術・反トラスト政策担当の特別補佐官，国家経済会議メンバーに就いている．

10）　巨大IT企業を規制する法律として「イノベーション・選択オンライン法」，「開かれたアプリ市場法」，「プラットフォーム・競争機会法」が議論されている．

参考文献

土井教之・宮田由紀夫編（2015）『イノベーション論入門』中央経済社．

Ferguson, C. H. and C. R. Morris（1993）*Computer Wars:How the West can Win in a Post-IBM World*, Times Books（藪曉彦訳（1993）『コンピューター・ウォーズ，21世紀の覇者』同文書院インターナショナル）．

US Congress, Subcommittee on Antitrust, Commercial and Administrative Law of the Committee on The Judiciary（2020）*Investigation of Competition in Digital Markets:Majority Staff Report and Recommendations*.

Tunstall, W. B.（1985）*Disconnecting Parties*, McGraw-Hill（野中郁次郎監修（1986）『経営ドキュメント　ATT分割「企業変革の教訓」』プレジデント社）．

Wu, T.（2020）*The Curse of Bigness: How Corporate Giants Came to Rule the World*, Atlantic Books（秋山勝訳（2021）『巨大企業の呪い──ビッグテックは世界をどう支配してきたか──』朝日新聞出版）．

第4章
素材産業のイノベーション

　イノベーションの担い手はベンチャー企業か既存大企業かという「シュムペーターの仮説」をめぐる論争において，実証分析の結果は産業ごとに異なるということに落ち着いた．アメリカではエレクトロニクス企業は製品イノベーションで競うので，ベンチャー企業が画期的な新製品を出して，既存製品の陳腐化を嫌いイノベーションに消極的な大企業に取って代わることが起るが，素材産業は製法イノベーションで競うので，わずかなコスト削減でも大きな利益が生まれ，既存大企業がイノベーションを積極的に行う．

　しかし，本章で見るようにアメリカの素材メーカーは製品イノベーションも積極的に行っている．付加価値の高い製品を出すことで大企業が地位を保ってきたのである．もちろん，コスト・品質を向上させる製法イノベーションとは補完関係にある．

1．デュポンの合成繊維

（1）　自社基礎研究の成果
　デュポンは，著名な化学者ながらフランス革命で処刑されたラボアジェ（Antonine-Laurent Lavoisier）の弟子（Eleuthere du Pont）がアメリカに亡命し1802年に水源豊かなデラウェア州ウィルミントンに黒色火薬工場を設立したことに始まる．南北戦争で成長し，第1次世界大戦全期間で連合軍の使った火薬の40％を生産した．しかし，20世紀初頭の1902年にすでに火薬事業への依存を減らすべく多角化を経営方針としていた．そのため1902年には，火薬部門のイースタン研究所が設立されるとともに，1903年には本社に中央研究所が設立された．長期的基礎研究を行う中央研究所と短期的応用研究志向の事業部の研究部門との棲み分けと連携は，その後もデュポンにとっての課題となった．実際，1913年に収入の90％は火薬部門だったが，その比率は1939年に10％になり多角化が達成された．

　1926年に化学部長のスタイン（Charles Stine）は基礎研究の重視を提言した．その時は取締役会には受け入れられなかったが，翌年に再び提言すると認められた．1920年代はアメリカ経済も好調でデュポンも繁栄していた．また，デュポンは1914年から司法省に命じられて売却する1961年まで花形企業のジェネラル・モーターズ（GM）の大株主（最大事には33％）であった[1]．その配当もあり財務状況はきわめて健全だったので，基礎研究に資金を出すことにためらいはなかった．

　スタインは優秀な化学者をスカウトしようとした．イリノイ大学のアダムス（Roger Adams）教授は，大学の化学科は企業に人材を送り込むことに意義があると考え，卒業生の多くをデュポンに就職させるとともに自身もデュポンのコンサルタントになっていた．スタインはアダムスに来てほしかったが，アダムスは，弟子でハーバード大学の講師だったカロザース（Wallace Carothers）を推薦した．彼はデュポンで基礎研究を行うことができることを確認してから1928年に移籍してきたが，もともと，人前で話すことが得意でなかったので，大学教員よりも企業の研究者の方が向いていた．

　当時，高分子化合物に関しては，そのようなものは存在せず低分子化合物がゆるく結合しコロイド状に集まっているだけだという説と，高分子化合物は実際に存在し低分子化合物が強固に結合しており，結合を繰り返すことでさらなる高分子化合物できるという説とがあった．1926年にドイツのシュタウディンガー（Hermann Staudinger）が後者を主張していたが，論争が続いていた．

　カロザースはシュタウディンガーの説を支持していた．カロザースは構造が既知の低分子を基本的な有機反応を使って結びつけていけば長い鎖状の分子が得られると考えていた．彼が分子量の大きなポリエステルの合成に成功したことによってシュタウディンガーの説が証明された．

　1930年6月には化学部長はボルトン（E. K. Bolton）に代わったが，カロザースの基礎研究への支援は継続された．従来の蒸留法でなく真空度の高い状態で蒸留することで，生成反応物である水がすぐに蒸発し，高分子化合物はさらに重合が進む方向に平衡が移動した．彼は1930年4月16日にスーパーポリマーの合成に成功した．さらに，研究者（Julian Hill）が溶融状態のスーパーポリマーはそれがついた攪拌棒を引き上げると糸のように伸びることを偶然発見したので，合成繊維としての利用が期待されることになった．

　カロザースは可能な化合物の組み合わせとして91種類がある中，（ここでは理

論よりも試行錯誤で）すべてを調べて5種類が有望だという結論に達した．最終的にはボルトンが，強靭性，融点（低すぎると繊維には使えない），原料の価格などを総合的に判断して，6-6化合物を選んだ．[2)]

　酢酸を加えることで化学反応は停まるので，希望のレベルの高分子化合物が得られるようになった．また，糸状にするためには，溶融して蜂蜜状になった化合物を穴の開いた金属板に通した．その際，気泡が溶融体内部に溶け込むと強度が劣化するのだが,高圧をかけることでこの問題を解決することができた．生産方法の開発では，アンモニア事業部の高圧触媒技術やレーヨン事業部の紡糸技術が貢献した．

　ナイロンは1930年には発見されていたが，1935年の最終候補となる化合物の選定を経て1939年に商品化された．9年間で430万ドル（2020年実質ドルで7874万ドル）を費やした．1939年におけるデュポンの総資産は8億5000万ドルだったので，この程度の研究開発費はそれほどの負担ではなく，また絹に代わる強くて美しい繊維の開発に成功すれば商業的成功が期待できるので支援した．しかし，大量生産技術を確立するのは容易ではなかったのである．スタインは量産設備は単に実験装置を大きくしたものではないことを理解し，化学工学（Chemical Engineering）の役割を重視した．化学工学は化学と機械工学とが融合したもので，マサチューセッツ工科大学で発展し，化学装置の生み出す化学反応を予想できる理論的基礎を与えてくれた．

　ナイロンは1939年に女性用ストッキングとして販売され大人気になった．第2次世界大戦にアメリカが参戦すると日本からの絹糸の輸入が途絶えた．ナイロンの民需利用は禁止されたがパラシュート，タイヤ繊維などの軍需に回され大きな受注となった．戦後は再び女性用下着・ストッキングで大きな売り上げを得た．1951年に政府からケミストランドへのライセンスを命じられるまで，ナイロン生産はデュポンが独占できた．

（2）　リニアモデルと戦後の戦略

　デュポンの基礎研究の成果を量産態勢に仕上げる能力は原子爆弾を開発する「マンハッタン・プロジェクト」でも発揮された．デュポンは第1次世界大戦のときに政府に協力し火薬を大量生産したが,大きな利益を上げたことから「死の商人」と呼ばれ企業イメージが下がったため，第2次世界大戦では軍事協力に消極的であった．また，政府資金で行ったプロジェクトは,成果が国有になっ

たり，他社へのライセンスを強制されたりする可能性があったことも，消極的になった理由である．しかし，強く請われて参加したデュポンは，シカゴ大学で行われた研究成果を基に，ワシントン州ハンフォードでプルトニウム生成プラントを製作した．ここから作られたプルトニウムが長崎に投下された原子爆弾に使用された[3]．

　「マンハッタン・プロジェクト」を含めて，第2次世界大戦ではアメリカの技術力，生産力の貢献が大きかったのだが，科学の力による勝利というイメージが広がった．基礎研究を充実させればイノベーションが生まれるという「リニアモデル」は，戦後の科学技術政策の基本となるのだが，企業戦略にも影響力があった．ナイロンは基礎研究を行っている過程の偶然から発見されたので，この成功体験から，デュポンでは中央研究所での基礎研究が重視された．ナイロンほどではないが合成繊維では基礎研究の結果としての商品化の成功もあったので，「リニアモデル」が支持され続けた．しかし，1970年代以降，第2のナイロンのような大ヒットが生まれてこないことへの不満が大きくなってきた．技術力のある競争相手が多くなり，新製品を出しても似たような機能の製品で参入してくるため，ナイロンのときのような独占利潤を得にくくなった．

　デュポンの伝統的なポリシーは，廉価な材料を技術によって高付加価値な材料にしてメーカーに販売することである．原材料の市場や最終消費財の生産には参入することを避けていた．しかし，1970年代の石油危機の経験から，安定した原料調達をめざして，1981年にアメリカの大手石油会社コノコを68億ドル（2020年実質ドルでは193億ドル）で買収した．しかし，低収益な石油精製業への進出は失敗に終わり，1999年には売却して再び高収益な事業を目指すことになった．基本的には，自社での研究開発で新規事業の開拓に目途が立つと，低収益の成熟産業の事業部を売却した．21世紀に入るとデュポン社自身も化学にとらわれず，「化学企業」でなく「科学企業」を標榜するようになった．また，1980年代以降，反トラスト政策が緩和されたので，19世紀のように企業買収や企業間連携によって新しい技術を獲得し新分野に参入する，うまくいかなければ事業部を売却したり提携を解消する，という戦略も積極的に行われるようになった．2004年にはナイロンの伝統のある繊維部門を売却，2012年にはGMとともに繁栄した自動車用塗料部門も売却し，2015年には他の化学部門でも分社化を行った．代わって高機能の化学製品やバイオテクノロジー・農業の分野では積極的であった．2015年2月にデュポンは同規模の化学企業のダウと合併

し，互いに事業部を再編して2年間で3つの企業に分かれると発表した．当初の予定では，素材メーカーとしてのダウ，特殊化学製品とアグリビジネスのデュポンという棲み分けであった．2017年に統合が行われ，ダウ・デュポンとなり，2019年にダウ，デュポン，コルテバの3社に分離した．アグリビジネスを担う企業はデュポンの名前を冠す予定であったが，「コルテバ」となった．デュポンは第2次世界大戦後の多角化の中で，医薬品産業への進出はうまくいかなかったが，農業・肥料分野では事業基盤を築いており，そこにバイオテクノロジーの要素を加えようとしていた．それをコルテバが担うことになる．

2．コーニングと光ファイバー

（1） 特殊ガラスメーカーとしてのコーニング

コーニングの創業者のホートン家のアモリー（Amroy Houghton, Sr.）はボストンで事業家として成功したが，ボストンやニューヨークでガラスメーカーを買収していた．1868年にニューヨーク州北部の町コーニングに移転した際に，町の名前を会社名にした．ライバルであるピッツバーグのガラスメーカーは低価格な量産品である瓶・窓ガラスなど向けのソーダ石灰ガラスを生産していたので，コーニングは鉛を入れた高品位クリスタルガラスを生産して差別化を図った．1904年に社内に研究所を設立したが，デュポンと同様に反トラスト法が施行され，買収・提携が難しくなったので自社の研究開発を本格化させていったのである．

コーニングの技術力は高く評価されていたため，エジソンからGEの白熱電球のガラスの生産を依頼された．コーニングは当初は量産品に関わりたくなったので渋っていたが，1880年に受注した．戦後の大きな市場はRCAからのテレビ用ブラウン管であった．これら大口ユーザーからの受注は大きな収益源であったが，GEやRCAが内製を始めることになった時には大きな痛手にもなった．最終的にはコーニングは製法イノベーションによってそれを克服できた．

（2） AT&T との関係

光を使った通信は電話の発明者のベルも考案していた．しかし，太陽光を大気中に送信するやり方では光が減衰してしまい実用化できなかった．その後は，ラジオや無線の発達により電波による伝送が主流になり，戦後は人工衛星

の利用が有望視されたので光通信は注目されなくなった.

　1960年代初め，マサチューセッツ州のアメリカン・オプティカルのスニッツアー（Elias Snitzer）や，イギリスのITT（International Telephone and Telegraph）のスタンダードテレコミュニケーション研究所のカオ（Charles Kao）とホックマン（G. A. Hockman）が，光ファイバーによる光の伝送を考案した.電話の音声を光に変換して光ファイバーの中を伝送し受信側が音声に再び変換するのである.デジタルの信号変換（0と1の変換）は光の方が電気よりも早いので大量高速通信が期待できた.

　光ファイバーは図4−1のように屈折率の高い中心部のコアとそれを覆う屈折率の低いクラッドから成り光を反射させて伝達する.反射させて進むのでファイバーは曲がっていてもよい.しかし，長距離の伝送のためには透明度の高いファイバーを作る必要があった[4].本来は図4−2のシングルモード（Single Mode, SM）型のように非常に細いコアにして1つの反射角のみの光を入射するのが好ましいが，細いコアに光を入射するのは難しい.図4−2のマルティモード（MM）型ではコアが太いので複数の経路で光が進む.何回もクラッドで反射する経路Aの方が経路Bより進む距離が長くなるので時間がかかり，これが情報全体の伝達速度を遅くしてしまう.そこで，1964年に日本の東北大学によって開発されたグレーデッド・インデックス型マルティモード（Graded Index Multimode, GIM）は，セカンドベスト（次善の策）であり，コアの屈折率を一律の n_1 にせず，中心部は屈折率を高くクラッドに近づくほど屈折率を低くした.屈折率が高いと光の伝達速度は遅くなる.経路Bのように距離が短い経路では中心部を遅く進み，経路Aのような距離の長い経路では端を速く進むので伝送が同期化された.

　1966年，British Post Office（郵便だけでなく電信・電話も扱う）はカオらの光ファ

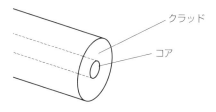

図4−1　光ファイバーの構造
出所：筆者作成.

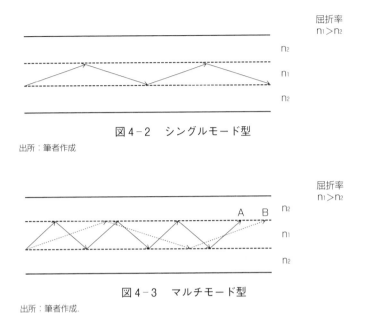

図4-2　シングルモード型

出所：筆者作成

図4-3　マルチモード型

出所：筆者作成.

イバーのアイディアに関心を持っていた．しかし，British Post Office は製造部門を持っていなかったので，光ファイバーを作ってくれるメーカーを探していた．自社製品ガラスの売り込みのために渡英していたコーニングのシェイヤー（William Shayer）が話を聞き，ファイバーガラスによる伝送のニーズがあることを本社の研究担当のアーミステッド（Bill Armistead）に伝えた．同社はマウラー（Robert Maurer）らのチームに開発を任せた．不純物のないガラスは光を良く通すので，コーニングは30年培った技術である溶融石英ガラス（Fused Silica）の純度を高めた．しかし，屈折率が極めて低いので，これをコアに使うなら，クラッドはより低い屈折率の物質にしなければならないのだが候補がなかった．また，SM 型ファイバーでは細いコアに光を入射するのが難しいことが壁になっていた．

　アメリカの電話通信の独占企業だった AT&T は実用化に近い GIM 型ファイバーを採用することにした．コーニングはコアの細い SM 型を目指していたが，光ファイバーの普及を促進することが重要と考え AT&T と提携した．こうして AT&T が GIM 型ファイバーのアトランタやシカゴでの実装実験と実用化を進めていった．しかし，コーニングは SM 型の研究を継続した．コーニ

ングが1930年代に開発した溶融石英ガラス製造法では，四塩化ケイ素は融点が低いので，その液体を酸水素ガスに吹きかけて，さらに不純物のないものが抽出されていた（火炎加水分解法）．当時，溶融石英ガラスは熱膨張が小さいことが利点と見なされていたので，コーニングでは研究開発が続けられていた．

　酸化タイタニウムを加えると，熱膨張が低くなるだけでなく，屈折率が高くなることもわかったので，光ファイバーのコアには酸化タイタニウムを加えたガラス，クラッドには加えないガラスを使えばよいことがわかった．また，ファイバーの生産方法として，クラッドの管を作ってその内部にコアを蒸着させていく内部蒸着法を開発した．こうして，コーニングは光ファイバー通信実用化の目安だとカオが予想した20dB/km を達成した[5]．この光ファーバーは脆いので曲げにくいというのが欠点だったが，これはタイタニウムでなくゲルマニウムを加えることで解決し，4 dB/km を達成した．さらにはコーニングは GIM 型ファイバーに利用できる技術（外部蒸着法）も開発した．

　ガラス産業は製法技術で競ってきた．特許で発明を完全には保護できないので，コーニング含めガラスメーカーは，特許よりも営業秘密（従業員に守秘義務を課す）を重視していた．しかし，コーニングは光ファイバーについては特許を申請し1973年に取得した．ITT，Valtec（フィリップスに買収されていた），さらに日本の住友電工を相手どって積極的に特許侵害訴訟を起こし，和解に持ち込みライセンスを受けさせた．

　AT&T はベル研で，中空のパイプの中に何枚もの凸レンズを配置して光が内壁に当たって減衰することなく伝送するようにしたり，レンズの代わりに屈折率の異なる気体を充満させるなど，独自の光通信の方法を開発していたので，イギリスでの光ファイバーの研究に関心を示さなかった．自社の研究開発成果しか実用化への関心を示さない「NIH（Not Invented Here）シンドローム」に陥っていたとも考えられる．また，アメリカの電話線ネットワークを支配していたので，光ファイバーを普及させるかどうかは AT&T の判断次第であった．無理に画期的な SM 型の開発を目指さず，GIM 型ができたらそれを採用した．皮肉なことに AT&T は自社も貢献した半導体レーザーの発達が SM 型ファイバーを可能にしてしまった．

　コーニングは光ファイバーのメーカーだが電話会社ではなかったので，電話会社に購入してもらうしかなかった．第 3 章で述べたように1982年の反トラスト法訴訟の和解の結果，1984年から AT&T は 7 つの地域電話会社（ベビー・ベル）

に分割されることになった．AT&T はベル研と（機器製造部門の）ウェスタンエレクトリック（WE）は保持できることになったが，地域分割されたベビー・ベルは AT&T 以外の長距離電話会社との接続を拒否できなくなったので，長距離電話市場の競争が激化した．それまでマイクロ波での伝送に関心を持っていた MCI は，既存の光ファイバー網を持っておらず新規に投資することになったので，コーニングの画期的な SM 型を採用した．こうしてコーニングの技術は実装されイノベーションになったのである（AT&T もコーニングに追随し技術的には世界トップレベルの光ファイバーを達成した）．

　光ファイバーは1990年代のインターネットの普及と表裏一体であった．インターネットの利点は通常の電話線にプラグインすることで使えることだったが，電話線が光ファイバー化することで大容量を廉価に送信することが可能になりビジネスのグローバル化が加速した．

３．イノベーション文化の醸成
—— ３M ——

（１）　イノベーション重視の伝統

　スリーエム（３M）は元々は Minnesota Mining and Manufacturing という社名の略で，2002年に正式名称を３M とした．1977年に「売り上げの25％以上を５年以内に商品化された製品が占めるようにする」を目標にしてきた，イノベーションに積極的な企業である．この目標は1980年代には「30％以上」に引き上げられたが1990年に達成され，その後，「４年以内」に改められこれも2000年に達成している．

　元々は，ミネソタでコランダムという硬度の高い鉱石を採掘する会社として1902年に設立された．しかし，購入した鉱床から採掘されたのは硬度のない斜長石であることがわかり，鉱山業でなく研磨布（サンドペーパー，商品名：スリーエム・ナイト）の生産を行うようになった．これは鉱石の粒を布に接着したもので，この接着の技術ならびに表面加工して付加価値を高める技術がのちの３M を支えることになる．

　しかし，すでに先発企業が国内の鉱石の供給源を押さえてしまっていたので，３M はスペイン産ガーネットを使うことになった．ところが，サンドペーパーからガーネットの粒が落ちるという事件が発生した．調査すると，船で輸送中に積荷のオリーブオイルがこぼれてガーネットが油まみれになっていたこ

とが理由だとわかり，ガーネットを熱処理して解決した．これをきっかけにマックナイト（William McKnight のちの社長）が品質管理重視の方針を打ち出し，1921年に採用した大卒のカールトン（Richard Carlton）が，試行錯誤でなく実験と科学的理論に基づく研究開発を行うようになった．

　インク製造業を営んでいたオーキー（Francis Okie）は研磨剤のサンプルを探していたが，3Mのみが応じた．3M側がなぜ研磨剤を欲しがっているのか尋ねたところ，オーキーの隣のガラス工房では研磨の際に発生する削りかすに困っていたので，オーキーが耐水サンドペーパーを発想しているとわかった．1921年にオーキーに入社してもらい，ウェットオアドライ・サンドペーパーとして販売すると，大ヒット商品となった．

　3社は技術開発を重視しつつもユーザーのニーズにも敏感で，のちに「煙突の煙をたどれ」がモットーとなった．これは「営業担当者は工場に行って困っていることはないか訊け」という意味である．それも受付で話をするのでなく工場の現場で工員と話をすることを勧めた．1925年，ドルー（Richard Drew）は自動車メーカーの工員が塗装の色分けに困っていることに気付き，塗りたくない部分を覆うテープ（スコッチマスキングテープ）を開発した．好評であったが自動車のボディーの曲面にうまく貼り付かないことが欠点であった．マックナイトは不充分な製品を売ることに不満だったので開発中止を命じたが，ドルーは秘かに開発を継続しマックナイトも黙認していた．こうして柔軟性のあるテープができた．さらにこの技術を生かして1930年には文房具としてのスコッチ・セロファンテープが商品化された．

　マックナイトとカールトンは，1937年に3Mの研究重視路線を改めて表明した．失敗の寛容を訴えるとともに，内職を奨励し，技術者は，勤務時間の15％は与えられた業務と関係のない好きなテーマで研究してよいことになった．15％というのは昼食と2回のコーヒーブレイクの時間という目安である．内職としての研究であっても，助けを求められればそれに応じることが社内で確認された．ボランティア的に開発チームを作ることが認められていたのである．

　3Mはニーズに応えようと努める一方で，ニーズが明らかでない分野の研究も行う．同社によれば「答が問題より先に明らかになる」，「われわれがイノベーションがどこに進むのか決めるのでなく，イノベーションがどこに行くかわれわれに示してくれる」のである．

　３Ｍは1944年に, ペンシルベニア州立大学のシモンズ (Joseph Simons) からフッ素加工技術の特許を購入した. 特定の応用目的は不明だったが, 不活性な材料は何かに使えると期待していた. 1953年, 研究者のミューリン (Joan Mullin) がフッ素化合物を誤ってテニスシューズにかけてしまうとなかなか汚れが落ちなかった. これをヒントに1956年に水や油から繊維を保護するスコッチガードとして商品化された. さらに1990年代に分子レベルでの操作ができるようになり, フラットパネルの強誘電性液晶やプリント基板の洗浄剤であるハイドロフルオロエーテル（オゾン層破壊で問題になったフロンガスであるクロロフルオロカーボンの代替）に活かされるようになった.

　1930年代末, ボーシー (Al Boese) が１年間, 繊維について研究したのち不織布を開発したが応用目的はなかった. 1940年代には経営陣が２度にわたり開発中止を命じたが, ボーシーは無視した. ３度目の勧告で３カ月以内に答えを出すよう求められたので, 彼は1950年にプレゼント包装用デコレーションリボンとして商品化した. 不織布はのちに製造機械を改良して, 防毒マスクにも利用されている.

（２）　最終消費財生産

　素材産業は製品メーカーによって最終消費財に加工されなければ消費者には届かない. イノベーションは新製品が実用化され普及されることであるから, 新素材も消費者に広く利用されなければ意味がない. これを素材メーカーが自分で行うか, 他者に任せる（加工メーカーに販売する）か, は重要な経営判断である. 最終消費財はしばしば大量生産で価格競争に巻き込まれ利益があがらない. デュポンはナイロンを作っても自分で衣服を作ることはしなかった. コーニングの光ファイバーは電話会社に採用してもらわなければ実用化できないわけで, ＡＴ＆ＴやＭＣＩとの関係が重要であった. 一方, 次の第４節で述べるアルコアは積極的に川下の電線や調理器具の生産に進出して成功した.

　３Ｍはスコッチテープ（セロファンテープ）や後述のポスト・イットなどの文房具では最終消費財市場に参入していたが, 基本的には素材を加工メーカーに提供するとともに工場でプロが使う製品を販売している. 実際, 最終消費財では苦杯をなめている.

　録音・録画テープでは３Ｍは先駆者であったが, 普及するにつれて日本メーカーとの価格競争になったので撤退した. 1948年には複写機（サーモファックス）

を開発したが，３Ｍの表面加工技術を利用した特殊な紙を使用することによっ
て，機械は安く消耗品で稼ぐビジネスモデルを採用した．ライバルのゼロック
スは機械は高価で紙は普通紙だったが，結局，普通紙を使える有利さからゼロッ
クスが優位になった．

　1962年に開発されたオーバーヘッドプロジェクターでは消耗品の透明シート
に３Ｍが強みであった．ここでも３Ｍは学校に機械を寄付して使ってもらい，
透明シートの販売で収益をあげるビジネスモデルであった．1980年代には多く
の教育機関で使われたが，パソコンとプロジェクターによって代替された．た
だし，ノートパソコンのディスプレイには３Ｍの素材が使われている．

　一般消費者向けの成功例がポスト・イット（着脱可能な付箋）である．ポスト・
イットは３Ｍのコアコンピテンスである接着技術の伝統から生まれた．1968
年にシルバー（Spence Silver）は，はがしやすい接着剤を開発したが，「はがし
やすさ」は「付きが悪い」ということで，接着剤としては評価されていなかっ
た．一方で，やはり技術者のフライ（Art Fry）は教会の聖歌隊に参加していた
際に賛美歌から栞が落ちることに苛立っていた．そこで社内のプレゼンテー
ションで聴いたシルバーの発明を思い出し，開発が始まった．社内での研究者
同士の情報共有が活かされたのである．フライは「15％ルール」を使って試作
品を開発したが，社内のエンジニアから量産のための製造機械を作るのは難し
いと言われたので，自宅で完成させた．マーケティング部からは需要は見込め
ないという評価だったので，まず社内の秘書に使ってもらったところ好評で
あった．さらに，アメリカの大手企業の秘書にも送ったところ，これも大好評
であった．こうして，ポスト・イット1980年に商品化され大ヒットとなった．

（3）　企業統治とイノベーション

　企業統治（コーポレートガバナンス）とは企業の所有者がいかに経営者を自分た
ちの利益のために働かせるかということである．企業規模が大きくなると「所
有と経営の分離」が起こり，多くの株主から資金を集め，雇われ社長が経営を
行うようになる．株主は利潤の極大化を求めるが，社長は名声・権力の極大化
を目指すかもしれない．豪華な社屋や社長室を設けたり，業界でのシェアを高
める（シェアは利益でなく売り上げの数量や金額で決まる）ため過大な広告宣伝費を
費やすかもしれない．アメリカ型のコーポレートガバナンスでは，株主は株価
重視の経営を社長に求める．株価が低迷すれば株主総会で社長は解任される．

　また，株価が低迷している企業は買収されやすい．買収されれば新しい所有者によって社長は解任される．いずれの場合も社長は地位を守るために利潤を極大化するようになり，これは株主の利益と一致する．

　株価は，理論的には企業の将来の予想利益の割引現在価値である．バイオテクノロジーのベンチャー企業は薬ができていなくても，将来性が期待されれば上場でき高値の株価がつく．しかし，株価重視の経営は短期志向になりやすいことが懸念される．研究開発投資の利益は長期的にしか現れず，短期的には費用ばかり計上されるので，帳簿上の利益は小さくなり，投資家が将来の利益の可能性を評価してくれないならば株価に悪影響を及ぼす．このため株価を重視する経営者は各４半期の利益さえ高ければよいと考え，研究開発のような長期的な投資に消極的になる恐れがある[7]．

　1970年代のアメリカでは，退職積立金の株式投資への規制緩和によって，基金の資金を運用して株式に投資する機関投資家の役割が強まった．彼らはある程度の量の株を取得しているので，売却すれば株価が下がり他の株主の利益を損ねる．そこで，売却先が確定してない限り株を売れない．個人株主は経営に不満があるときには株を売却するのが意思表示なのだが，機関投資家はそれが簡単にはできないので，経営陣に直接意見を言うようになった．いわゆる「物言う株主」である．企業は株価重視の経営を余儀なくされた．このような時代の中で，1990年代には３Ｍの利益率すなわち株価が低迷していることが問題視されるようになった．生え抜きでなく社外から招いた初めてのCEOとして，GE の副社長だったマックナーニー（James McNerney）が2001年に就任した．そして，シックスシグマが導入された．シックスシグマはデータを重視し，R&D の早い段階で市場を見極め有望なテーマに集中する．目標を明確化して達成度をシステマティックにチェックし，社員の評価も業績主義として，エリート幹部を早い段階で選別して育てていくものである．シックスシグマはモトローラが嚆矢となり GE でもウェルチ（Jack Welch）会長の下で成功裏に導入された．それを経験したマックナーニーが３Ｍにも導入を目指したのである．シックスシグマは人事制度にも組み込まれ，この研修を受けることが昇進につながった．

　しかし，これらは失敗を許容する３Ｍの文化とは必ずしも相容れるものではなかった．また，３Ｍは "Make a little, sell a little" といって研究開発の初期段階では絞り込みをせず様子を見ながら拡大していくのが伝統であった．

　工場現場は1990年代半ばからすでにデータ重視の品質管理を行っていたので，シックスシグマの導入への抵抗感は小さかったが，販売・マーケティングや研究開発の部門では抵抗があった．たしかに，コスト削減は達成され株価も2001年から2004年で2倍になったので，不平は表面化しなかった．しかし，2004年あたりからシックスシグマが自己目的化され，シックスシグマのプロジェクトをいくつ行ったが評価されるようになった．3Mの伝統的活力が失われ，短期志向になり，イノベーションが生まれていないとの批判が社内から出てきた．新製品が売り上げに占める比率は2001年には35％あったのが20％近くにまで低下してきて，マックナーニーもシックスシグマを全社的に導入するのに無理を感じ始めた（むしろ彼の周りの管理職の方がシックスシグマに固執していたともいわれる）．マックナーニーは2005年6月にボーイングの社長に転出した．後任のバックレー（George Buckley）も生え抜きではなくボートメーカーのブランズウィック出身だが，シックスシグマについては工場では継続したが，研究所での運用を中止した．

　社風に合わない経営手法は軋轢も生んだが，無視できない影響力を社風に及ぼしもした．上からの強制がなくなっても，研究プロジェクトの成否予想を客観的・数量的に行い，リスク評価や達成度の測定を行うということは，社員が自発的に行うようになった．

4．アルコアとアルミ合金

（1）アルミニウム精錬技術

　アルミニウムは地殻の8％を占めるので決して稀少な資源ではない．しかし，アルミナ（酸化アルミニウム：Al_2O_3）の形で存在している．アルミナを含む鉱石は最初に発見されたフランスの地名（Les Baux）からボーキサイトと呼ぶが，純粋なアルミニウムはこれを還元して抽出しなければならない．したがって，アルミニウムは金や銀なみの希少な金属であり，装飾品以外の用途はなかった．

　1886年にアメリカのホール（Charles Hall）とフランスのエルー（Paul Héroult）がそれぞれが独自に，炭素を電極にしてアルミナを電気分解すると陽極には酸素が集まり炭素と結合して一酸化炭素や二酸化炭素が発生し，陰極には金属のアルミニウムが集まるという方式を開発した．1888年にオーストリアのバイヤー（Karl Bayer）がボーキサイトを加熱・加圧・ろ過して残ったアルミン酸ナ

トリウムを冷却し沈殿物としての水酸化ナトリウムを取り出してそれを加熱することでアルミナを取り出すことに成功した.

　ホールは自分の技術を売り込んでいたが，コーウェルという会社ではうまくいかず，同社のコールス（Romaine Coles）の紹介でピッツバーグに来て，1888年にハント（Alfred Hunt）らとともに会社（Pittsburgh Reduction Company）の設立に参加した．この会社が1907年に「アルコア」（Aluminum Company of America：Alcoa）と改称した．ホールは1886年に特許申請した．エルーも特許申請したが書類不備もあり，1889年にホールの特許だけが認められた．アルコアは，バイヤー法以外のアルミナ生成の技術を開発したがうまくいかず特許切れ寸前だったが，バイヤー特許のライセンス契約を結んだ．ホールの特許は1909年に切れたが，アルコアのフープス（William Hoopes）が1919年に，できあがったアルミニウムの純度を高める技術を開発した．こうして，アルコアは特許に保護される状態を早くに確立した.

（2）　独占力の形成と競争政策

　アルコアは川上（原材料）と川下（製品）に積極的に進出し垂直統合型企業となった．電解法は大量の電力を必要とするので，水力発電が活発なナイアガラに工場を立てナイアガラ電力会社から電力を安定的に提供してもらった．さらにボーキサイトの産地であるイースト・セントルイス（イリノイ州）に工場を建て，その後も国内外のボーキサイトに産地の事業所を作ったり，採掘業者を買収していった.

　一方，川下ユーザーである食器・調理器具のメーカーは技術力が低くて，アルミニウムを使いこなせなかったのでアルコアが自ら進出した．1912年にはアルミ製調理器具の75％をアルコアが生産した．また，銅に代わってアルミニウムの電線を作ることが考えられたが，電線メーカーは新しい素材を使用することに消極的だったので，アルコア自らが生産した．導電性は同じだがアルミウムの方が軽いので，電柱の数を少なくできる．アルコアは耐久性を向上させるためスチールの芯を6本のアルミの線で巻く電線の特許を1907年に申請した．銅の線より57％強くて80％の重さだったので商業的に成功した[8]．

　連邦政府はアルコアを1911年に反トラスト法違反で提訴した．1912年の和解でアルコアは海外子会社も含めて国際カルテルに参加しないこととなった．1937年に再び政府が提訴したが，連邦ニューヨーク南地裁のカフェイ（Francis

Caffey）判事は，アルコアの市場支配は企業努力の結果だとして1942年3月に無罪判決を下した．しかし，1945年3月の控訴審判決では，ハンド（Learned Hand）判事はシャーマン法第2条違反（独占化の試みの禁止）として有罪と判断した．反トラスト政策が厳しく運用された時代を象徴する判決である．第2次世界大戦中，アルミニウムは航空機の材料として不可欠であったので政府はアルミウムの生産ではアルコアに頼りつつ，裁判では争っていたのである．政府との契約（Defense Plant Corporation: DPC）で，アルコアはアルミニウム精錬所を建設し操業した．1943年にはアルコアは全米で19の自社工場と22のDPC施設を持っていた．また，アルコアは低品質のボーキサイトを使える技術も開発した．

　アルコアは有罪となったが，独占を解消する方法は決まっていなかった．1944年にWar Surplus Property Boardが設立され，政府施設の戦後の民間企業への払い下げが検討されていた．その裏づけとなるSurplus Property Actの審議において下院は入札の高い企業に迅速に払い下げる方針だったが，上院は競争環境を作り出すように払い下げるべきだと主張し，上院案が通った．その結果，政府の施設（DPC）をアルコアには一切払い下げず，レイノルズとカイザーとに払い下げることになった．DPCで働くアルコアの社員も一緒に移籍することでノウハウも移転された．こうして独占が崩れ，3社による寡占体制が築かれた．アルコアに対してはその後も司法省による行動監視が続いた．最終的には1957年に司法省からの行動監視期間の延長を裁判所が拒否したことで，アルコアはようやく反トラスト訴訟から自由になった．アルコアは操業のノウハウが強みだったが，終戦時にはできるだけ多くの技術・ノウハウを特許化していた．特許は株主の私有財産なので政府が接収することはないと考えていたからだが，実際には，すべての特許は無償または適切な料金ですべてのアルミニウムメーカーに利用させることになってしまった．寡占になると，アルコアの研究は基礎研究重視を修正し短期志向になった．基礎研究重視となった戦後のデュポンとは対象的で，1980年代の分割後のAT&Tのベル研究所と似ている．また，特許は政府によって公開させられるので秘匿に走ることになった．さらに，政府との関係が悪かったので戦後の他の産業（とくに航空・電子産業）とは異なり連邦政府からの研究資金の受け取りにも慎重だった．この点では，デュポンもコーニングも，特許が政府のものになってしまうのを恐れて同じ態度であった．

（3）　缶・航空機の材料としてのアルミニウム

　素材産業メーカーはその素材の生産において独占的地位を築いても，素材そのものが他の素材と競合していれば価格をつり上げることは難しい．アルコアは前述のように電線や調理器での銅との競争に勝利しなければならなかった．第2次世界大戦後にはアルミニウムは缶の素材としてスチール（錫をめっきした鋼板であるブリキ）と競争した．1958年の時点ではすべての飲料の缶はブリキ製であった．レイノルズがアルミのジュース缶で先行したので，アルコアは冷凍ジュースと自動車オイル缶で参入した．アルコアは1962年にブリキのビール缶の底の部分をアルミニウム製にした．プルトップになって道具なしでも開けられるようになった．1963年にはビール缶の40％がアルミニウムの底部を持っていたが，1968年には80％になった．

　底部だけでなくすべてアルミニウム製のビール缶を目指してアルミシート（Rigid Container Sheet: RCS）の開発競争が行われた．先行したレイノルズとカイザーは缶そのものも作ったが，アルコアは1940年代に垂直統合が反トラスト法訴訟で批判されたので缶を作ることはせずシートの生産を行った．1965年から70年でRCSにおけるアルコアのシェアは25％から58％に上昇した．上下面はアルミニウムとマグネシウムの合金，胴の部分はアルミニウムとマンガンの合金という製品イノベーションを達成するとともに，製法イノベーションも重要であった．アルコアはコーティング，潤滑表面加工，焼き戻し等の技術で強かった．ビール缶が大口需要だったが，アルコアは缶は生産しないので，ビールメーカーにアルミニウム缶を作ってもらわなければならない．そこでアルコアの販売部門が，アルミニウム缶は電解腐食が起こらないのでビールの賞味期限が長くなり，冷えやすく，塗装しやすく，軽いので輸送しやすいなどの利点を強調し，ビールメーカーを説得した．こうして1970年代になると飲料の缶はアルミニウム製が中心になった．また，アルコアはアルミニウム缶のリサイクル技術でも先駆的であった．

　軽くて強いアルミニウムは航空機（当初は飛行船）の材料として注目された．1906年，ドイツではヴィルム（Alfred Wilm）がアルミニウムに銅とマグネシウムを少量混ぜたジュラルミンという合金を開発した．ドイツの大型飛行船ツェッペリンに衝撃を受けたアメリカ海軍は1916年，アルコアに同様の合金の開発を依頼した．アメリカが第1次世界大戦に参戦すると，ドイツの特許は接収され公開された（自由に使えるようになった）が，ジュラルミンの製法はわから

なかった．国立標準局のバーゲス（George Burgess）が試行錯誤に頼らず科学理論に基づいて製法を解明してくれた．こうしてアルコアが17S合金を開発し，国立標準局がドイツの合金を上回る性能と評価した．

　航空機材料としてのアルミニウムの地位を確立したのは，リンドバーグ（Charles Lindbergh）による単独大西洋横断飛行の成功であった．彼の飛行機もエンジンもアルコア製アルミニウムでできていた．アルコアはその後も成分を改善してマグネシウムを増やした2024合金を開発し，これが1935年にダグラスの大ヒット作である旅客機 DC 3 に使われた．

　第 2 次世界大戦中からアルミ合金では応力腐食割れ（Stress-Corrosion-Cracking: SCC）という経年劣化が問題になり，アルコアの75Sや76S合金はそれを克服できたため戦後の主流になっていた．しかし，航空機の構造も変化し，それまでの骨組みに金属板を貼る形から，厚い素材を削ったり押出成型で直接加工するようになると，再びSCCが問題になった．厚い材料だと亀裂が金属粒界を超えて最短経路で伝搬してしまう．そこで，亀裂が生じたらそれを大きくしない特性としての靱性（toughness）に優れた材料が必要になった．アルコアはジュラルミンの流れをくむ銅系アルミニウム合金に加え，マグネシウム・シリコン系，亜鉛系など，多彩な添加物の含有量を変えることで求められる機能を達成し，ボーイングのB777やエアバスのA380など大型旅客機のニーズにも対応した．

　しかし，1976年に NASA のラングレー研究所のヘルデンフェルズ（Richard Heldenfels）が21世紀になるころには複合材料が航空機の材料の50〜60％を占めるだろうと発言した．実際に表 4 − 1 が示すように21世紀になると B787やA350において，予想通り多くの複合材料が使用されるようになった．複合材料は炭素繊維をプラスチックの母材の中に組み込んだもので，軽量で強度と靱性にも優れている．ただ，オートクレーブという窯に入れて加熱するので大きな部材は大きな窯を作るためのコストがかかることもあり，また生産にも時間がかかる．窯に入れず，なおかつ自動化された生産方法を開発することが課題になっている．合金の方が加工のしやすさでは優れているし，アルミ合金は複合材料よりもリサイクルの面でも進歩している（ただし，Al-Li合金のリチウムは発火しやすくリサイクルしにくい）．一方，合金は腐食の可能性があるので客室の湿度を低く保つ必要があったが，複合材料では湿度を低くする必要がないので乗客には好評である．

表4-1　航空機の構造材料の構成比（重量比％）

機　種	初飛行年	アルミ合金	鉄　鋼	チタン合金	複合材料	その他
B747	1969年	81	13	4	1	1
B767	1981年	79	15	2	3	1
A320	1987年	68	9	6	15	2
A340	1991年	67	7	6	18	2
B777	1994年	70	11	7	11	1
A380	2005年	61	5	5	22	7
B787	2009年	20	10	15	50	5
A350	2013年	20	7	14	52	7

出所：中沢隆吉・伊原木幹成（2014）「航空期におけるアルミニウム合金の利用の概況と今後」*JEA*, No.45, pp. 17-27.

　また，使用割合が増えているのがチタン合金である．チタン合金の方がアルミ合金よりも熱膨張などで複合材料との相性がよい．したがって，複合材料はアルミ合金を代替するが，チタン合金の重要性は増すことが考えられる．アルコアにとっては新たな試練に直面することになったが，2015年にチタンメーカーのRTIインターナショナルメタルズを15億ドルで買収した．

　素材企業はコアコンピタンスとなる技術を持っている．デュポンの有機化学，コーニングの高品質ガラス，3Mの接着・表面加工技術，アルコアのアルミ合金精錬技術である．これらにより時代とともに新しいニーズに対応してきたので，成功してきたのである．

注
1 ）　GM の技術者ミジリー（Thomas Midgley）との共同研究で，鉛を入れてエンストしにくいガソリンを開発した．さらにデュポンはコーネル大学に移ったミジリーとフェロン冷却剤を開発した．ミリジーは悪意を持って開発したわけではないが，有鉛ガソリンの有毒性とフェロンガスのオゾン層破壊は20世紀後半には深刻な問題となった．
2 ）　ヘキサメチレンジアミン（$C_6H_{16}N_2$）とアジピン酸（$C_6H_{10}O_4$）が連なったもので，炭素数から 6 - 6 化合物と呼ばれる． 6 - 6 化合物はカロサーズのグループのバーチェット（Gerard Berchet）が1935年 2 月に合成に成功したので，ナイロンの発明を1930年でなく1935年とする解釈もある．
3 ）　広島に投下されたものはウラン235を分離して作った．科学者はこれには自信があったので実験は行わずに広島に投下した．長崎型は起爆メカニズムが複雑なので 7 月16

日にニューメキシコ州の砂漠で実験が行われた．デュポンは広島型の開発にも参加し，ウラン235を238から分離するため，六フッ化ウランのガスを壁にあいた穴に通す「ガス拡散法」において，腐食に強い壁を開発した．この技術は元々はミジリーとの冷却剤の開発で培われたものだが，のちにテフロンとしてフライパンに利用された．

4）　胃カメラ・内視鏡は短くてよいので，光が減衰しても使用可能だが，柔軟なファイバーになって患者負担は軽減した．

5）　ファイバーグラスの光の透過率は dB ＝ －10log（出力する光の量／入力する光の量）で表される．20dB/km ならば1キロ先で20＝－10（出力／入力）となり，出力＝入力・10^{-2}なので，出力は入力の100の1（1％）となる．

6）　機械本体と消耗品を抱き合わせて販売するのは，消費者に払ってもよいと考える上限価格まで払ってもらう第1種価格差別の実行方法である（宮田・玉井，2022：77-78）．機械が高価な場合，売れた月と売れない月とでは収入が安定しないので，ゼロックスは販売でなくリースにしたが，これは IBM も採用していた戦略である．

7）　第2次世界大戦後の日本のコーポレートガバナンスは，銀行の融資団が企業に貸し付けて融資団の中の1つの銀行がメインバンクとして借手企業の行動をモニタリングするものである．銀行はすぐに資金を回収しようとしないので，日本企業は長期的戦略を取れると評価されたこともあった．しかし，実際にはモニタリングは杜撰であり，銀行は担保価値に応じて融資を行ってきた．これでは特許以外の資産を持たないベンチャー企業は資金を調達できない．また，1990年代にバブル景気が崩壊すると不動産価格が下落して担保価値が融資額を下回るようになったため，銀行が不良債権を抱えることになった．

8）　ワイヤーや調理器具の市場は銅がライバルだったので価格に敏感だったが，航空機産業は競合する素材がなく価格に敏感ではなかった．そこで，アルコアは航空機メーカーには高く，ワイヤー・調理器具メーカーには安く，アルミニウムを販売するという（第3種）価格差別を行ったが，後者が前者に転売していたため，うまくいかなかった．アルコアがワイヤー・調理器具の生産に自ら参入したのは，自ら生産することで転売を防ぐためとも考えられる（宮田・玉井，2022：79-80）．

参考文献

井上尚之（2006）『ナイロン発明の衝撃——ナイロンが日本に与えた影響——』関西学院大学出版会．

河合篤男・伊藤博之・山路直人（2017）『100年成長企業のマネジメント——3Mに学ぶ戦略動力の経営——』日本経済新聞出版社．

清水啓（2002）『アルミニウム外史（上下巻）』カロス出版．

宮田由紀夫・玉井敬人（2022）『アメリカ経済論入門（第3版）』晃洋書房．

第5章
コンピュータ・IT産業

　コンピュータ発展の歴史は，大きく3つの局面に分けることができる．まず機械としてのコンピュータすなわちハードウェアの発達，次にコンピュータの応用技術としてのソフトウェアの発達，そしてインターネットにより大きく変革したコンピュータ利用形態としてのサービスの発達である．本章では，コンピュータ発展の歴史そのものである，アメリカのコンピュータ産業の歴史を，この3つの局面に分けて解説する．

1．ハードウェアの発展

（1）　コンピュータの黎明期——ビッグブルーの台頭

　デスクトップPC，ノートPC，ワークステーション，スーパーコンピュータ，サーバなど，2020年代の現在，様々な形態のコンピュータが存在する．現代のスマートフォンやタブレット，携帯ゲーム機も，先に挙げたコンピュータと使い方が少し違うだけで，全く同じ仕組みで動いている．このように様々な形態に派生しているコンピュータの始祖と呼ばれるコンピュータはENIAC（Electronic Numerical Integrator and Computer: エニアック）とされている．

　ENIAC（図5-1）は第2次世界大戦中に弾道計算を目的としてペンシルベニア大学で開発が開始され，大戦後の1946年に完成した．当時は今日のように半導体はまだなく，1万8800本の真空管と1500個のリレー，7万個の抵抗器，1万個のコンデンサ等で構成されている．床面積は100㎡，重量30トン，消費電力は150kWと大掛かりなものであった．その性能は，毎秒5000回の加減算，毎秒385回の乗算，毎秒40回の除算，毎秒3回の平方根計算が可能と，当時としては画期的なものであったが，約80年を経た現在では100円均一ショップで購入できる電卓よりも遥かに劣るものである．

　ENIACから始まった真空管を使用したコンピュータを第1世代コンピュータと呼ぶが，この真空管は非常に使い勝手が悪かった．毎日数本の真空管が壊

図5-1　ENIAC

出所：Shutterstockより.

れ，修理に毎回30分ほどかかったという（のちに2日に1本の故障，修理時間は15分
までには改善した）．また，非常に消費電力が多く，ENIACの電源を入れるとフィ
ラデルフィア中の明かりが一瞬暗くなったという噂が生まれたほどである．第
2世代では真空管からトランジスタに移行し，トランジスタにより高速化，小
規模化，省電力化が進んだ．

　第2世代にあたる1960年代前半までのコンピュータのほとんどは，技術計算
専用あるいは商業計算専用といった用途別に開発されていた．世界初の商用コ
ンピュータであるUNIVAC I（ユニバック・ワン）は，真空管コンピュータ（第
1世代）であるが，1台で技術計算も商業計算もこなす「汎用機（general-purpose
machineまたはall-purpose machine）」として世に出た．汎用機のことをメインフレー
ム（main frame）ともいい，メインフレームを製造するメーカーのことをメイ
ンフレーマという．第2世代と続く第3世代はメインフレームの世代である．

　IBM（International Business Machines）が1964年に発表したメインフレームであ
るSystem/360は，IC（Integrated Circuit, 集積回路）で作られた第3世代コンピュー
タであるが，現在のコンピュータの原型を作ったといわれるような画期的なコ
ンピュータでもある．アーキテクチャ（設計思想）の概念を導入して中央処理
装置（Central Processing Unit：CPU）の命令セットや入出力（チャネル）仕様など
を標準化し，System/360ファミリーと呼ばれる．最下位モデルから最上位モ

デルまで互換性のある製品群を構築した．また，外部記憶としてディスク装置を採用したり，OS（Operating System: 基本ソフトウェア）によりソフトウェアの互換性を確保するなど，今日のコンピュータでは当たり前となっている機能が（全てがSystem/360が初めてというわけではないが）ふんだんに盛り込まれている．

多くの企業が自社システムにSystem/360を採用し，IBMをメインフレームの巨大メーカーへと伸し上げた．いわゆる「ビッグブルー」とも「コンピュータの巨人」とも呼ばれる巨大コンピュータメーカーの台頭である．IBMの勢いは，次節で述べるダウンサイジングの流れが決定的となる1980年代末まで続くことになる．

（2）　論理素子の発展──ダウンサイジング

これまで述べた第1世代から第3世代までのコンピュータの特徴をみてわかるとおり，コンピュータの歴史は真空管からトランジスタ，ICへと高速な計算を実現する論理素子の開発の歴史でもある．真空管からトランジスタへの移行は主に信頼性の向上がその目的であるが，論理素子の発展とともにコンピュータの小型化（ダウンサイジング）が進展してくことになる．

第3世代コンピュータで使用されているICとは，電子回路の一種で，トランジスタ，ダイオード，抵抗，コンデンサなど，多くの素子を1つの基盤上，または基盤中に集積し，これらの素子間を基板表面に接した配線で接続して高密度回路構造としたものである．このICの発明により，論理回路の高集積化が進み，コンピュータの小型化，低価格化とともに高速化が加速していった．さらに次に起こる1チップ・マイクロプロセッサの発明によりコンピュータは第4世代を迎え[1]，ダウンサイジングがさらに加速していった．そして，破壊的イノベーションであるパーソナルコンピュータ（PC）の登場を迎えることになる．

（3）　マイクロプロセッサの誕生

1960年代後半から1970年代前半の日本において，「電卓戦争」と呼ばれる電卓の販売競争が起こった．これがきっかけとなり，世界初の1チップ・マイクロプロセッサが生まれた．Intel 4004である．これはコンピュータに応用され，PCが生まれるきっかけとなる．

世界初の電卓は，1963年にイギリスで開発された真空管式の電卓「ANITA

Mark VIII」といわれている．そのサイズは37.6×45×25.5cm，重量13.9kgと机の上に置く大きさだった．日本においては，1964年に早くも早川電気（現シャープ）が世界初のトランジスタ式電卓「コンペット CS-10A」を発売すると，同年にはキヤノンから同じくトランジスタ式電卓「キャノーラ130」が発売された．CS-10A はサイズ55×52×38cm，重量17.5kg，価格53.5万円，キャノーラ130はサイズ35.5×46.7×22.5cm，重量15kg，価格39.5万円とまだまだ大きく高価なものであった．しかし，これを発端として日本に電卓という新たな市場が生まれ，ソニー，カシオなど多くのメーカーが電卓市場に参入していった．そして，ピーク時には50社が入り乱れて開発競争が繰り広げられた．メーカー各社は部品の点数を減らすことで小型化，低価格化を進めていったのである．

　電卓戦争の真っ只中の1971年，画期的な電卓が日本のビジコンより発売された．初のストアード・プログラミング方式（プログラム内蔵方式）電卓「141-PF」である．ストアード・プログラミング方式とは，半導体チップの機能を基本的なものに限定して数を減らし，その限定した機能を組み合わせて様々の機能を実現するプログラムを内蔵することで，電卓に多くの機能を実装できるようにした．従来方式では，実装したい電卓機能の数だけ半導体チップの回路に実装することになり，機能が増えるたびに回路が複雑になるという問題があった．ストアード・プログラミング方式は，それを解決するものであった．

　この新しい電卓に乗せる半導体チップの開発にあたり，ビジコンがパートナーとして選んだのが当時の新興企業であったインテル（Intel）である．この新しいチップの開発はビジコンの嶋正利とインテルのファジン（Federico Faggin）が中心となって進められた．嶋が論理設計を担当し，ファジンが物理設計（回路設計，マスク・レイアウト）を担当した．これにより完成したのが，世界初の1チップ・マイクロプロセッサ，のちの Intel 4004である．このチップの将来性に気づいたインテルは，元々の契約がビジコンへの専売となっていたところを，契約金の一部をビジコンに払い戻すことでチップの他社への販売権を獲得した．熾烈な電卓の価格競争のさなか，資金繰りが厳しかったビジコンはインテルの申し出を受け入れた．そして，1971年，Intel 4004として出荷が開始された．今日の「CPUの雄」インテルが生まれた瞬間である．これによりコンピュータは新たなステージである第4世代を迎えることになる．

（4）　パーソナルコンピュータ（PC）の誕生

世界初の PC は1972年に MITS（Micro Instrumentation and Telemetry Systems）が開発した Altair 8800（図5-2）と言われている．しかし MITS は量産技術に乏しく，出荷する製品のほとんどに不良があったという．また納期の遅れも多発して購入者とのトラブルが絶えなかった．そのため，MITS は Altair 8800 によって新しい市場を立ち上げるまでには至らなかった．

ジョブズ（Steve Jobs），ウォズニアク（Steve Wozniak），ウェイン（Ronald Wayne）の3名によって1975年に設立されたアップルコンピュータ（Apple Computer）はその翌年に初めての製品 Apple I を販売した．この Apple I はキーボードもモニターも筐体（ケース）も電源すらもないボード・コンピュータで，拡張スロットに入出力装置のインターフェース・ボードを挿して使用するものであった．しかし，一部のマニアには高い評価を得た．ウォズニアクは Apple I に改良を加えて，1978年 Apple II（図5-3）を完成させた．Apple II は電源やキーボードなども1つの筐体に収められており，ユーザはテレビにつなぎ，電源を入れるだけで使い始めることができた．また，外部記憶装置としてカセットテープあるいは Disk II（フロッピーディスク装置）からソフトウェアを読み込むことで，簡単に使用することができた．さらには，Apple I と同様に拡張スロットにより機能を拡張することも可能だった．Apple II は市場に受け入れら

図5-2　Altair 8800
出所：Creative Commons より．

図5-3　Apple II

出所：Shutterstock より。

れたが，一方で製品仕様の公開により安価な Apple II クローン製品（模造品）が多数出現することにもなった．これに懲りたジョブズは Apple III，Lisa，Macintosh といった，以降発表する製品仕様を全て非公開にして，クローズドなアーキテクチャにしてしまった．これ以降，1990年代後半の Macintosh 互換機の販売を認めた数年間を除き，現在に至るまでアップルコンピュータ（現アップル）は独自路線を進んでいる．

（5）　IBM PC の登場——そして主役の交代

　もともと IBM の PC に対する期待は大きくなく，与えられた開発期間は約1年と非常に短いものだった．この開発期間の短さから否応なしに各部品を外部調達することになった．IBM の製品開発は元来多くのノーベル賞受賞者を輩出する IBM 中央研究所で行うことが常であり，ほとんど全ての技術を外部から調達することは大変異例なことであった．これは，図らずもオープンイノベーションを体現することになる．

　IBM PC（図5-4）の開発にあたっては，Apple II と同様に，機能を拡張するための拡張スロットによるモジュール化を行うとともに，拡張スロットの仕様（バス・アーキテクチャ[2]）を公開した．さらには，PC が電源投入されてから起動する手続きやハードウェアの入出力を司るソフトウェアである BIOS（Basic Input/Output System）のソースコードも公開した．当時，IBM は，ソースコー

図 5 - 4　IBM PC

出所：Shutterstock より.

ドを公開することで著作権により保護されるため，BIOS のクローン（模造品）
が作られることを抑制できると考えた．すなわち，公開したソースコードを回
避してクローンを作るのは不可能であると考えたのである．しかしながら，こ
の IBM の楽観的な思惑に反して，Phoenix Technologies により合法的なクロー
ン BIOS が開発されてしまった．コンパック（Compaq）を始めとする多くの企
業はこのクローン BIOS を採用して IBM PC 互換機を製造し，PC 市場に参入
していった.

　当初の IBM PC は，インテルの CPU 8086（発売時は8088）を用いた16ビットアー
キテクチャであった．1985年にインテルの32ビット CPU 80386の発表により，
IBM や，IBM PC 互換機メーカーは，32ビット版 IBM PC のための新しいバス・
アーキテクチャ策定を開始する.

　IBM は MCA（Micro Channel Architecture）と呼ばれるバス・アーキテクチャ
を策定した．MCA は，従来の16ビット版バス・アーキテクチャである ISA
（Industry Standard Architecture：アイサ）の問題点を解決するもので技術的にも優
れていた．16ビット IBM PC をオープン・アーキテクチャとしたことで互換
機メーカーにシェアを奪われた IBM は，MCA では技術情報を非公開として，
互換機メーカーが MCA を使用する際はライセンス料金を支払うものとした.

　しかし，MCA において IBM は致命的な戦略ミスを犯してしまう．MCA は ISA と互換性がなかったのである．

　1987年，当時のアメリカの PC 市場においてのちに "Gang of Nine" と呼ばれる有力な互換機メーカー 9 社[3]が集結して，MCA に対抗すべく新しい32ビット PC 用バス・アーキテクチャを策定した．EISA (Extended ISA: イーアイサ) と呼ばれている．EISA は従来の ISA を拡張したバス・アーキテクチャであり，MCA と異なり ISA と互換性があることが大きな特徴である．MCA は EISA より技術的に優れていたが，EISA はライセンス料が不要であるだけではなく，ISA との互換性により MCA に比べて低コストで32ビット機へ製品移行できた．そのため，ほとんどの互換機メーカーが EISA を採用した．結果的に，市場も安価な EISA を用いた PC を受け入れることになる．多くの PC ユーザにとっては，技術的な優位性よりも低価格の方が魅力が大きかったのである．これをきっかけとして，IBM は PC 業界の主導的な地位を失っていった．

　PC 黎明期の1981年，IBM が自社製 PC を開発して PC 市場に新規参入することを発表した際，当時 PC シェアトップであったアップルコンピュータは "Welcome, IBM. Seriously" という新聞広告を掲載した．「コンピュータの巨人」IBM の PC 市場参入に皮肉を交えて歓迎を表したのである．しかし，アップルコンピュータにとっては，IBM の参入よりもそれに遅れてやってくる IBM PC 互換機メーカー参入の方が「シリアス」であった．IBM PC は特にビジネス向けに受け入れられシェアを伸ばしていったが，IBM PC 互換機を擁して売上を急速に伸ばしていった互換機メーカーが PC 市場を席巻することになる．アップルコンピュータを猛追し PC シェア 1 位をもぎ取ることができた IBM であったが，その IBM も自らの戦略的判断のミスから IBM PC 互換機メーカーによりシェアを奪われていった．そして，ついに2004年，IBM は自社の PC 事業を中国最大の互換機メーカーであったレノボ (Lenovo) に売却して，PC 市場から撤退することになる．

2．ソフトウェアの発展

（1）　オペレーティング・システム（OS）の誕生

　OS とは，コンピュータのシステム全体を管理し，種々のアプリケーションソフトに共通する利用環境を提供する基本的なソフトウェアのことである．

OSには，複数のアプリケーションを同時に実行してCPUを有効利用するためのマルチタスク機能や，メモリー管理機能，入出力管理機能などが備わっている．OSがなかった頃は，入出力装置（キーボードやプリンタなど）や主記憶装置（メモリー），外部記憶装置（ディスクなど）をアプリケーションが直接制御する必要があった．そのため，対応するハードウェアが増えるとアプリケーションに直接機能を追加しなければならなかった．OSによって，これらハードウェアを制御するソフトウェア（ドライバ）をアプリケーションから切り離し，あらゆるソフトウェアから共通で利用できるようになった．さらには今日では，ユーザインターフェイスを実現するための機能などもOSの機能として提供されている．

　世界初の商用OSはIBM OS/360といわれている．前述の通りOS/360は汎用機System/360ファミリーのために開発されたOSである．OS/360で開発されたアプリケーションは，System/360ファミリーの最下位機から最上位機まで互換性がある．これはOS/360があって初めて実現したものである．ちなみに，「ハードウェア」や「ソフトウェア」，「バグ」といった今日も使われているコンピュータ用語の多くがSystem/360やOS/360の開発時に生まれている．

（2）　PC用OSのあゆみ── Windows 95の登場

　PC初期のOSには，CP/MやOS/ 9，MS-DOS（PC-DOS）などが挙げられる．特にMS-DOSは，現在のPCのベースとなるIBM PCおよびその互換機の標準OSであり，歴史的にも存在意義は小さくない．しかし，DOSは"Disk Operating System"の略であり，フロッピー・ディスクやハード・ディスクの制御が主な機能であり，前述のようなOSとしての基本的な機能を備えていたわけではなかった．一般ユーザにも認知された本格的なPC用OSはマイクロソフト（Microsoft）のWindowsであろう．特に1995年に発売されたWindows 95は初めて商業的に大成功を収めたPC用OSである．[4]

　Windows 95は，前述したOSの基本的な機能を有しており，[5]マルチタスク機能やメモリ管理，入出力管理などが搭載され，標準化されたドライバによりアプリケーションとハードウェア制御は完全に分離されていた．しかし，これだけでは一般ユーザにまで浸透することはおそらくなかっただろう．Windows 95の最大の貢献は，グラフィック・ディスプレイとマウスによってコンピュータの操作性を飛躍的に高めたGUI（Graphical User Interface）と，今やライフラ

インの 1 つといえるインターネット接続の普及である．ともに Windows 95 が史上初というわけではないが，発売日のフィーバーぶりをニュースなどで見聞きして購入した一般ユーザ層が Windows 95 を通して初めて手にしたのである．

　GUI の考え方は，アメリカの計算機科学者であるケイ（Alan Kay）によって考案された．ケイが大学院生の頃，現在のノート PC に近い個人が所有できる未来のコンピュータのあり方を構想していた．そして1972年，ケイによって構想されたパーソナルコンピュータの原型と言われる "DynaBook（のちにDynabook）[6]" で初めて GUI のアイデアが提示された．そして，ケイ自身も所属していた，ゼロックス（Xerox）パロアルト研究所によって，DynaBook を（完全ではないが）具現化した斬新的なコンピュータ Alto が開発された．Alto にはグラフィックディスプレイとマウスが搭載され，GUI が世界で初めて実装されていた．

　アップルコンピュータのジョブズらは，ゼロックスからの増資を受け入れる見返りとしてパロアルト研究所を訪れた際，Alto の GUI に PC の将来像を見出した．アップルコンピュータは早速，当時進めていた次期製品 Lisa（リサ）の設計を凍結して，GUI を全面に押し出したものに大幅変更した．1983年に発売したが，動作が遅く9995ドルと高価で商業的には成功しなかった．続く1984年に発表した Macintosh（マッキントッシュ）は，2495ドルと比較的安価で動作も問題なく市場に受け入れられた．現在も製品名を Mac と改め同社の主要製品の 1 つとなっている．なお，ゼロックスは Lisa に先んじて1981年にGUI を搭載した Star（スター）を発売したが，Lisa と同様，動作が遅く 1 万6595ドルと高価であったため 3 万台しか売れなかった．また，1989年にはアップルコンピュータに対して GUI に関する知的財産権侵害訴訟を行ったが敗訴している．

　GUI の一般化に並んでもう 1 つの Windows 95 の大きな貢献が，一般ユーザにインターネットの門戸を開放したことである．GUI と同様にネットワーク接続機能自体も Windows 95 が史上初というわけではないが，従来の OS に比べてネットワークへの接続が格段に容易になった．また，1990年代初頭にインターネットの私的利用や商用利用が解禁されており，インターネットに対する期待が高まっているさなかの発売は，実に絶妙のタイミングだったといえよう．

（3）　時代はハード主導からソフト主導へ——主役の交代

　IBM が PC 市場の主導的地位から陥落することになった要因として，前述の通り，IBM PC がオープン・アーキテクチャであったことと，クローンBIOS の開発を許してしまったことが挙げられる．さらには，OS の開発をマイクロソフトに委ねたことも，結果的には IBM にとって判断ミスであったかもしれない．

　IBM PC の標準 OS はマイクロソフトが開発した MS-DOS であり，IBM だけではなくマイクロソフトからも販売されていた．MS-DOS を IBM PC 互換機にインストールすれば，MS-DOS 用に開発されたソフトウェアを動かすことが可能であり，安価な互換機メーカーにシェアを奪われる要因の1つとなった．

　IBM は，1980年代後期に PC 用次期 OS として OS/2 をマイクロソフトと共同開発していた．PC 用 OS での中心的地位の一角につくことを目指していたのであろう．しかし，マイクロソフトは早々に OS/2 開発から撤退し，自社OS である Windows の開発に注力することになる．OS/2 は発売当初，IBMとマイクロソフトの2社から販売されていたが，マイクロソフトは自社 OS である Windows の開発も並行して進めていたのである．マイクロソフトのOS/2 開発撤退後は，「マイクロソフトの Windows」対「IBM の OS/2」のマッチレースの様相となったが，1995年マイクロソフトはついに Windows 95 を発売することになる．Windows 95 は大々的に市場に受け入れられて大ベストセラーとなった．そして，これから始まるインターネット社会の扉を開く大きな役割を果たすことになる．

　このように新 OS の開発競争はマイクロソフト側に軍配が上がり，PC 製品に関する主導的な役割は完全にマイクロソフトに移った．一方の IBM は数ある PC メーカーの中の1社という立場になってしまったのである．

（4）　ソフトウェア製品の台頭——ソフトウェアの産業化

　OS の登場により，アプリケーションという概念が登場したことは前述の通りである．アプリケーションの開発者は，OS の基本的な機能については開発する必要はなくなり，コンピュータの応用（すなわちアプリケーション）に関するアイデアを実装することに注力できるようになった．そこから，アプリケーションの開発・販売を専門とする企業が台頭してきた．パッケージ・ソフトウェア

（ソフトウェア製品）の登場である.

　パッケージ・ソフトウェアには, コンピュータ利用における古典的なアプリ
ケーション（技術計算を行うソフトウェアや, 財務会計, 給与計算といった業務を担うソ
フトウェア）はもちろんのこと, 特定の業種, 特定の業務における生産性の向
上を目指したパッケージ・ソフトウェアや, オラクル（Oracle）の RDB（Relational
Database）のようなシステム基盤を構築するためのソフトウェア, ドイツ SAP
の R/ 3 を代表とする企業全体の業務システムを統合・最適化するための ERP
（Enterprise Resource Planning）などがある. このような多種多彩なパッケージ・
ソフトウェアを開発し販売するソフトウェア企業が次々に生まれ, 一大産業に
成長していった.

（5）　PC におけるソフトウェア産業── VisiCalc の登場からオフィス製品へ

　PC 黎明期においては, PC の主たるユーザがホビーユーザあるいはマニア
であり, PC はあくまでもホビー用途で仕事では使えないという認識が一般的
であった. 1979年, その認識を覆す画期的なパッケージ・ソフトウェアが登場
した. ビジカルク（VisiCalc）という, パーソナル・ソフトウェア（Personal
Software, 後にビジコープ（VisiCorp）と改称）から Apple II 向けに開発された表計
算ソフトである. 表計算ソフト自体は, すでにメインフレームでは存在してい
たが, ハーバード・ビジネス・スクールの学生だったブリックリン（Daniel
Bricklin）が PC 向けにこの表計算ソフトを開発し発売したところ, 市場に広く
受け入れられた.

　ブリックリンは, 大学の講義中, 黒板に書く金融モデルの誤りを修正する教
授を見て,「電子式表計算」を発想したという. 1978年ブリックリンはフラン
クストン（Robert Frankston）とともに Software Arts を設立し, 開発を開始した.
1979年 Apple II で稼働する VisiCalc を販売することになる. アメリカでは一
般サラリーマンも確定申告が必要であり, 複雑な計算を簡単に行える VisiCalc
は市場に受け入れられるとともに, PC がビジネス用途でも有用であるとみな
されるようになった. VisiCalc の登場は, PC について全く視野に入れていな
かった IBM が PC 市場への参入を決める要因の 1 つとなったといわれている.

　ブルックリンらは「電子式表計算」の特許は取得できないと考え, 特許申請
を行っていなかった. そのため, ソーシム（Sorcim）の SuperCalc（1980年）, マ
イクロソフトの Multiplan（1982年）, ロータス（Lotus）の 1 - 2 - 3（1983年）など,

VisiCalc の機能を上回る表計算ソフトが多数出てきた．特許を取得していれば
また違った歴史となったかもしれないが，VisiCalc の機能向上や IBM PC への
対応が遅れたパーソナル・ソフトウェアは，表計算ソフトの市場を失い1985年
にロータスに買収されることになる．そして現在は，Microsoft Office の表計
算ソフト Excel が市場を席巻している．

　今日幅広く使用されているパッケージ・ソフトウェアの１つにマイクロソフ
トの Office が挙げられるだろう．この Office をはじめとする，ワープロ，表
計算，プレゼンテーションソフトなどのソフトウェアを統合化したパッケージ・
ソフトウェアをオフィス・スイート（オフィス製品）という．オフィス製品では，
今では当たり前となった，ワープロソフトや表計算ソフト，プレゼンテーショ
ンソフトなどで作成したデータを相互のソフトウェアに簡単に取り込んで表示
したり編集することができるようになったのが画期的であった．

　Office は，1989年に Mac 用，1990年に Windows 用が発売され，初めてのオ
フィス製品とされている．その対抗馬として1993年にロータスから発売された
のが SmartSuite（日本での製品名 SuperOffice）である．SmartSuite は，表計算ソ
フト 1−2−3 と，ワープロソフト WordPro，プレゼンテーションソフト
Freelance などを統合した製品である．1−2−3は当時のベストセラー表計算
ソフトであり，しばらくの間 SmartSuite は好調だった．しかし，1995年ロー
タスの IBM による買収の後，Windows 95のヒットも相まって，徐々に Office
にシェアを奪われていった．2002年に発売した製品が最後のバージョンとな
り，現在は販売並びにサポートは終了している[8]．そして，2020年代に至るまで
Office がほぼ独占している状態となっている．

3．サービスの発展

（1）　インターネットの登場

　インターネットの起源は，ARPANET（Advanced Research Projects Agency
NETwork: アーパネット）と呼ばれる，パケット通信コンピュータネットワーク
である．アメリカ国防総省の高等研究計画局（ARPA，後に DARPA（Defense
Advanced Research Projects Agency）に改称）が資金提供して，いくつかの大学と
研究機関によって開発された．電話のような従来の通信では，送信側と受信側
を交換機を経由して接続した通信回線を占有してデータの送受信をしている．

一方，ARPANET で実現したパケット通信では，ネットワーク通信制御に特化したコンピュータである IMP（Interface Message Processor; 今日のルータに相当）を網目のように接続したコンピュータ・ネットワークを構築して，送信データをパケットという細かい単位に分割してデータ通信を行っている．これにより送信側と受信側の間の通信回線を占有することなく複数のコンピュータ間でデータの送受信ができるようになった．これは画期的な技術であった．IMP は，このために開発されたルーティング（経路制御）・アルゴリズムにより，次に送るべき IMP を最適に決めることができ，また，ある IMP 間の回線に障害があったとしても自動的に迂回路を決めることも可能なのである．

1970年，ARPANET は 6 台の IMP を用いて，カリフォルニア大学ロサンゼルス校（UCLA），スタンフォード研究所オーグメンテイション研究センター，カリフォルニア大学サンタバーバラ校（UCSB），ユタ大学の 4 拠点を接続するところから始まった．当時，IMP 間はモデムを介して専用線で接続されており，通信速度は50kbps であった．ARPANET は，IMP を増やしつつ拠点を着実に広げていき，1973年にはノルウェーの NORSAR（Norwegian Seismic Array）と人工衛星回線を用いて接続するに至った．これはアメリカ以外で初の ARPANET 接続となる．ちなみに日本については，1981年に東北大学がハワイの ALOHAnet を経由して ARPANET へ接続したのが最初である．

1975年，ARPANET は稼働状態にあると宣言するとともに，ARPA は当初の目的である新しい通信ネットワーク開発の終了に従い運営から離れ，アメリカ国防情報システム局に運営が移管された．1983年には軍関連部門を ARPANET から分離し，1990年にはアメリカ政府が軍関連部門以外の運営から離れるとともに ARPANET は終了することとなる．

ARPANET はアメリカ政府が運用しており，政府関連の仕事に直接関係しない目的での使用を制限していた．そこで，1981年に全米科学財団（National Science Foundation：NSF）は，学術利用を目的として CSNET（Computer Science NETwork）を構築した．1986年には CSNET を再構築して NSFNET として運用を開始し，ARPANET の役割は徐々に NSFNET に移行していった．そして，全米の基幹ネットワーク（バックボーン）として利用されるようになる．

1989年，世界初の商用インターネット接続サービス提供事業者（Internet Service Provider: ISP）である PSINet が設立された．以降，バックボーンの役割は NSPNET から PSINet をはじめとする商用 ISP に移っていき，ネットワー

クの一般利用が進んでいった.

（2） ウェブブラウザの発明──ブラウザ戦争

　Windows 95 の発売がインターネットの一般化に拍車をかけたのは前述の通りである. しかし, ホームページなどを表示するソフトウェア, すなわちウェブブラウザ（以下, ブラウザと表す）が存在しなければ, 現在のように一般ユーザまでが利用することはなかっただろう.

　WWW（World Wide Web）と呼ばれる, ハイパーリンクによってリンクされたウェブページを公開する仕組みは, イギリスの計算機科学者バーナーズ＝リー（Tim Berners-Lee）とベルギーの計算機科学者カイリュー（Robert Cailliau）によって考案された. そして, WWW の主要技術である URL（Uniform Resource Locator）, HTTP（Hyper Text Transfer Protocol）, HTML（Hyper Text Markup Language）が開発された.

　最初のブラウザは文字だけしか表示できなかったが, 現在のブラウザのようにマルチメディアに対応した初めてのブラウザは, 1992年にアメリカの国立スーパーコンピュータ応用研究所（National Center for Supercomputing Applications：NCSA）が開発した Mozaic（モザイク）である. ついで1994年, Mozaic の開発者の１人であるアンドリーセン（Mark Andreessen）がモザイクコミュニケーション（のちにネットスケープコミュニケーションに改称）を設立し, ネットスケープナビゲータ（Netscape Navigator：NN）を開発した. ブラウザの黎明期には NN が広く使われていた.

　マイクロソフトは Mozaic のライセンスを NCSA より取得し Internet Explorer（インターネットエクスプローラー, IE）を開発, Windows 95発売と同時に発売を開始した. 以降, NN と IE の間で覇権が争われることになる. 第１次ブラウザ戦争とも呼ばれている. マイクロソフトは, Windows 98で IE と統合するなど攻勢を深めていく. 一方で, NN は HTML の追加仕様や CSS（Cascading Style Sheets）などの新しい技術や機能の実装が遅れるなどした. 結果的には IE が一気に NN のシェアを奪い, IE の勝利で第１次ブラウザ戦争は終結した.

　2000年代初頭, ほぼ市場を独占していた IE であったが, ウィルスなどのマルウェアによってセキュリティホールが攻撃され, マイクロソフトはその対応が遅れるなどの問題を抱えるようになった. IE のセキュリティー問題を回避するものとして, Google Chrome や Mozilla Firefox, Opera, Safari など新しい

ブラウザが登場してきて，ブラウザの覇権争いは新たな局面を迎えることになる．第2次ブラウザ戦争である．IEは独自機能を積極的に組み込んだことで互換性の問題も抱えるようになり，その勢いに翳りが見られるようになってくる．代わってChromeの人気が高まってきた．そして2014年，Chromeのシェアが50％になり，Chromeの勝利で終結を迎えることになる．

　2020年代，ブラウザ戦争の主戦場がPCからスマートフォン（スマホ）に移り，さらに新しいブラウザが登場するようになった．第3次ブラウザ戦争と呼ばれている．しかしながら，マイクロソフトはいろいろと問題の多かったIEから新ブラウザEdgeに切り替えるにあたりChromeのエンジンであるChromium（クロミウム）を採用したのをはじめ，他の多くのブラウザでもChromiumを採用しており，実質的なChrome優位の状況に変化は見られないのが実情である．

（3）　**コンピュータ資源のサービス化**──クラウドサービス

　インターネットはもちろんコンピュータ産業のあり方にも影響を与えている．ソフトウェアは形がないものといわれるが，インターネット以前は磁気テープ，フロッピーディスク，CD-ROMといったソフトウェアを記録したメディアをパッケージに梱包して，形あるものとして流通させていた．それがインターネットを経由したダウンロードの形をとるようになると，物理的にメディアを流通させる必要がなく，在庫の概念がなくなり流通コストが下がっていった．しかしながら，ソフトウェアがダウンロードによって流通するようになっても，最終的にはユーザの端末にインストールする必要はあった．

　SaaS（Software as a Service，サースまたはサーズ）の登場により，ソフトウェアの実行環境はインターネット上のサーバ（クラウドサーバ）に予め作られており，ユーザはブラウザからユーザ登録や必要に応じて支払処理をしさえすれば簡単に動作環境を得ることができるようになった．また，購入の際に自分の端末がそのソフトウェアが要求するスペックを満たしているかを確認する作業や煩わしいバージョンアップ作業からも解放された．クラウドサービスの登場である．SaaSの例としては，グーグルのオフィスソフトやDropboxのようなネットドライブなどが挙げられる．

　クラウドサービス化はソフトウェアに留まらず，プラットフォームやハードウェアにも及ぶことになる．PaaS（Platform as a Service：パース）やIaaS（Infrastructure as a Service：イアースまたはアイアース）である．PaaSはOSの実行

環境を提供するもので，AWS（Amazon Web Service）などが挙げられる．IaaS
はハードウェア環境を提供するもので，Amazon Elastic Compute Cloud（EC 2）
などが挙げられる．

（4） GAFA の台頭——プラットフォーマの躍進

　コンピュータ資源のクラウド化が進み，そのプラットフォーム関連に莫大な
研究開発費を投入して，途方もない時価総額を得ている IT 関連企業がある．
グーグル（持株会社はアルファベット），アップル（アップルコンピュータから改称），フェ
イスブック（現メタ・プラットフォームズ），アマゾン・ドット・コム（アマゾン）
の 4 社である．頭文字をとって GAFA と呼ばれている．

　GAFA 4 社は世界の時価総額ランキングの上位を占め，2021年 8 月には 4 社
の時価総額の合計が日本企業の時価総額の合計を上回るに至った．このような
高成長の背景の 1 つとして無配当政策が挙げられる（アップルは配当しているが，
その額は低く抑えている）．本来なら配当に回されるべき最終利益を研究開発に再
投資することで，成長し続けているのである．なお，株主に対しては，企業価
値を上げ株価を上げ続けることによってキャピタルゲインで還元している．

　第 3 章では，GAFA の成長に影響を及ぼす制度的環境について経済学の観
点から説明しているが，以下では，この 4 社が如何にして大きくなったかをプ
ロダクトに注目しながら創業年順に考察する．

アップル

　アップルは 4 社中最も時価総額が高く，2022年 1 月には一時的に史上初の 3
兆ドルに到達している．1990年代にはいつ倒産しても不思議ではないと言われ
ていた同じ企業とは，にわかには信じられないであろう．1990年代までの主力
製品は Macintosh のみであったが，現在アップルは事業領域を iPhone, iPad,
Mac, Services, Other Products としている．最も売上が高いのは iPhone である．
2 位は長らく主力製品を続けている Mac に代わり，2017年より Services が浮
上した．Services には，iTunes Store による音楽配信や App Store のアプリ
販売，Apple TV+ の動画配信などが含まれる．

　iPhone の売上は依然として高い状態が続くものの，世界的にスマホ需要は
一巡し当初のような高い伸び率は期待できないであろう．そのため，アップル
は Services やヘルスケア，Apple Car などの新しいプラットフォーム開発に

力を注いでいるようである.

アマゾン

1994年，アマゾンはベゾス（Jeff Bezos）によって設立された．当初は，オンライン書店としてサービスを開始した．今では取扱商品を書籍だけではなくあらゆるものに広げ，音楽や動画の配信，AWS（Amazon Web Services）とよぶクラウドサービスに渡っている．アマゾンの売上は，北米オンライン販売（North America）の売上が全体の約6割を占めているが，営業利益はAWSが全体の7割強（North Americaの2.5倍）となっており，営業利益の伸び率もAWSの方が高くなっている．AWSからの利益の比重は今後も高くなるであろう.

アマゾンがオンライン販売で使用しているサーバは，2000年に刷新した際，最も売上がありサーバの負荷が高くなる11月と12月にサーバの規模を合わせていた．つまり，この2カ月以外はサーバをフルには使っていないのである．その余っているサーバを他社に貸し出したらどうだろうという発想からAWSの事業が始まったという[11]．余剰サーバの有効利用が発展して，今やアマゾン最大の利益の源泉となっているのは興味深い.

グーグル

グーグルは,1998年,スタンフォード大学博士課程の学生だったペイジ（Larry Page）とブリン（Sergey Brin）によって設立された．ロボット型検索エンジンの開発と公開から事業が始まった.「ロボット型」とは，クローラと呼ばれるシステムがウェブページを巡回して自動でインデックス(データベース)を構築し，検索の際にはこのインデックスを用いる方式である．ロボット型検索エンジンとしては後発であったが，グーグルは「ページランク」と呼ばれる独自のアルゴリズムを開発し，検索結果の精度が既存検索サービスに比べて高く，広く使われるようになった．さらにGmailやYouTubeなどの買収によるサービスの拡大を図るとともに,アドセンス(AdSence)といった広告プラットフォームや，スマホ用OSアンドロイド（Android）とそのアプリ配信プラットフォームGoogle Playなどによるサービスを充足している.

グーグルは検索エンジンやYouTubeなどの広告事業を中心に今も成長を続けている．しかし，2010年に95％を超えていた全収益に占める広告収益が，2021年には80％程度になっている．Google Playストアでのアプリやコンテン

ツ販売やクラウドサービス，ハードウェア販売による売上の伸びが堅調で，非広告収益が伸びてきている結果である．

フェイスブック

　フェイスブックは，2004年，ハーバード大学の学生であったザッカーバーグ（Mark Zuckerberg）によって設立された．SNS（Social Networking Service）であるフェイスブック（Facebook）と写真共有サービスであるインスタグラム（Instagram），メッセージングアプリであるメッセンジャー（Messenger）とワッツアップ（WhatsApp）を提供している．フェイスブックの月間アクティブユーザ数（Monthly Active User; MAU）は約29億人（2021年12月）と世界のSNSで1位であり，実名登録が原則となっていることが最大の特徴となっている．

　フェイスブックの収益のほぼ全てが広告から得られている．ユーザーが原則実名登録であることを活用した，精度の高いターゲティング広告が強みとなっている．その広告収益の伸び率は30％以上を維持し続けている．新しい試みとして，2014年にVR（バーチャルリアリティ）企業であるオキュラス（Oculus）を買収し，VR事業に積極的に取り組み始めているという．

（5）　GAFAの今後

　第3章で述べた通り，コンピュータ，情報・通信産業ではこれまでも独占的企業が生まれ，政府がIBMやマイクロソフトを独占禁止法（反トラスト法）違反で提訴してきた．今日の新たな独占企業がGAFAであり，今後の政府の対応を注視する必要がある．

注
1）　論理素子の違いで世代を定義すると，第3世代をIC，第4世代をLSI（Large Scale Integration，大規模集積回路）とする方が説明に一貫性がある．しかし，ICとLSIの違いは単位面積あたりの素子数（集積度）であるが，これらを明確に分類する集積度の定義はない．本章では具体的なわかりやすさを示すため，第4世代をマイクロプロセッサとした．
2）　バス（bus）とは，コンピュータ内部で各回路（CPUやDRAM, I/Oデバイスなど）がデータをやりとりするするための伝送路のことであり，バス・アーキテクチャ（bus architecture）とは，バスに関わる仕様のことをいう．
3）　Compaq, AST Research, Seiko Epson, Hewlett-Packard, NEC, Olivetti, Tandy Radio Shack, Wyse, Zenith Data Systems の9社．

4) 1990年代までは，Windows 3.1や Windows 95など一般ユーザー向け OS と，Windows NT や Windows 2000といった企業向け OS の 2 つの Windows 製品があった．2001年に発表された Windows xp により 2 つの Windows 製品は 1 つに統合された．

5) 一般ユーザー向け Windows には Windows 95以前にもいくつかのバージョンがあるが，それらは MS-DOS 上で動くソフトウェアという位置付けであるともいえ，MS-DOS の制約を受けており，OS の基本的な機能を有しているとは言い難かった．

6) 東芝のノートＰＣブランドである Dynabook とは全く関係はない．東芝から Dynabook が発表された際は，ケイからは特にコメントはなかった．

7) マイクロソフトからは MS-DOS，IBM からは PC-DOS という製品名で，それぞれ同じものが販売されていた．

8) 日本では2004年以降現在においても "Lotus SuperOffice" として，他社により販売を継続している．

9) かつては ARPANET 開発の目的を「アメリカの主要拠点が核攻撃を受けても全体が停止しない堅牢な分散型通信ネットワークの構築」と説明されることが多かったが，後に核攻撃のくだりは関係者の証言で否定されている．

10) 近年マイクロソフトの時価総額がアップルに迫るに至り，マイクロソフトを追加して GAFAM（ガファム）とも呼ばれている．

11) 元アマゾン・デジタルメディア部門のディレクタ Dan Rose（@DanRose999）の2021年 1 月 9 日付ツイッターによる証言（2022年 7 月 5 日アクセス）．

参考文献

Cringely, R. X.（1990）*Accidental Empires*, Addison-Wesley Publishing Company（薮晩彦訳（1991）『コンピュータ帝国の存亡──覇者たちの神話と内幕（上）』アスキー）.

Hiltzik, M.（2000）*Dealers of Lightning: Xerox Parc and the Dawn of the Computer Age*, Harper Business（鴨澤眞夫訳（2001）『未来をつくった人々　ゼロックス・パロアルト研究所とコンピュータエイジの黎明』毎日コミュニケーションズ）.

Isaacson, W.（2011）Steve Jobs I, Simon & Schuster（井口耕二訳（2011）『スティーブジョブズ I』講談社）.

Kay, A. C.（1972）A Personal Computer for Children of All Ages, *Proceedings of the ACM Annual Conference*, Vol. 1 〈https://di.acm.org/doi/10.1145/800193.1971922〉，2022年 5 月30日取得.

Randall, N.（1997）*The Soul of the Internet:Net Gods, Netizens and the Wiring of the World*, Thomson Learning（田中りゅう・村上佳代子共訳（1999）『インターネットヒストリー オープンソース革命の起源』オライリー・ジャパン）.

相田洋（1996）『電子立国　日本の自叙伝 5 』日本放送出版協会.

嶋正利『世界初の CPU「4004」開発回顧録（ 9 ）』〈https://xtech.nikkei.com/dm/atcl/feature/15/112100152/00025/〉，2022年 7 月19日取得.

能澤徹（2003）『コンピュータの発明──エンジニアリングの軌跡──』テクノレヴュー社.

郵政省編（1999）『平成11年版通信白書』ぎょうせい.

第6章
生 産 技 術

　今日の社会経済は様々な機械や電子機器に支えられている．それら機械や機器で使用される部品を作り出すことから，工作機械は「マザーマシン (mother machine)」とも呼ばれ，その重要性は高い．また，今日，あらゆる機械や機器で使用されている半導体 (集積回路) は，社会経済において欠かせない存在であることから「産業のコメ」と呼ばれている．

　本章ではこの両者を取り上げ，アメリカの工作機械産業と半導体産業の技術発展と政策 (政府の役割) の関わりについて確認する．

1．工作機械産業の発展と衰退

（1） アメリカ式製造方式

　イギリスが発端となった第1次産業革命 (18世紀後半～19世紀前半) では，綿業等の軽工業の労働者が手動の機械——代表的なものが織機である——で行っていた織物等の生産が，蒸気機関を動力として機械による生産に置き換えられていった．続く第2次産業革命 (19世紀後半～20世紀前半) では，アメリカ，ドイツが先導する形で，蒸気機関が内燃機関や電力により置き換えられながら，軽工業から重工業への移行が起きた．

　「アメリカ式製造方式 (American systemf of manufactures)」は，産業革命を背景に19世紀のアメリカで普及した生産方式であり，20世紀初頭に確立したフォード生産システム[1]の先駆にあたるものである．ヨーロッパと異なり，同生産方式は，既存の手工業との間の軋轢を生じることなく誕生した．そして，当時，科学技術の先端にあったヨーロッパからの技術——ヨーロッパから輸入した機械，あるいは移住してきた熟練工を含む——に依存しつつも，20世紀初頭にはアメリカの工業生産をイギリスの水準まで押し上げる役割を果たした．その後，徐々にフォード生産システムに代表される大量生産方式に置き換えられつつもその多くは第2次世界大戦の頃まで存続した[2]．

　アメリカ式製造方式の特徴は「交換可能な部品（interchangable parts）」と「生産工程の機械化（mechanization of production）」である．交換可能な部品という概念は以前からあったが，19世紀初頭にホイットニー（Eli Whitney）が，マスケット銃の製造に際し，交換可能な部品を組み立てるという生産方式を採用したことが，同概念が広く普及するきっかけとなった（第1章を参照のこと）．それまでは職人が手作業で銃を製造していたため，製造に時間を要するばかりでなく，熟練した職人でないと製造できないことから生産量は限定され，また，破損したときの部品の交換も容易ではなかった．やがて交換可能な部品という概念が普及し，スキルを有していない労働者による部品の組み立てによる大量かつ低コストな製品の生産が可能となる発端となった．

（2）　生産工程の機械化

　しかし，労働者が手作業で交換可能な部品を生産することは容易なことではなく，実際には，組み立てにおいて部品が互いに組み合わさって機能するよう，調整や手直しが必要となることも少なくなかった．調整を必要としない本当に交換可能な部品の実現には，生産工程（機械加工）の機械化が必要であった．

　ホイットニーによるマスケット銃の生産に先立つ形で，18世紀末，マサチューセッツ州のスプリングフィールドと今日のウェスト・ヴァージニア州のハーパース・フェリーに工廠（軍隊所属の軍需工場）が造られた．これら工廠や関連工場では，工作機械（machine tools）が導入され（生産工程の機械化），交換可能な銃の部品の製造が行われるようになり，これをもってアメリカ式製造方式が確立された．なお，同生産方式は，工廠で確立されたことから「工廠方式」（armory practice）と呼ばれることもある．

（3）　工作機械産業の誕生

　アメリカ式製造方式は19世紀中盤にかけて工廠の周辺の，様々な機械を生産する民間企業の工場に徐々に普及していったものの，普及のペースは緩やかであった．銃の製造については，先に述べたように交換可能な部品による製造方法は確立していたものの，生産を支える組織の運営が難しかったため，その製造はもっぱら軍内部に留まっていた．そのため，当時の旧陸軍省は工作機械に高い関心を寄せるようになった．国防分野では，高性能な製品（兵器）の調達が最優先とされ，その調達に必要なコストが二の次とされることがある．銃を

始めとする高性能な兵器の安定的な調達（生産）のために旧陸軍省は工作機械の開発に注力した．一方，19世紀末から20世紀初めにかけて，アメリカの民間企業も競うように大量生産方式を導入するようになり，結果としてアメリカの工作機械の市場が飛躍的に成長した．

（4）　数値制御工作機械の登場

第2次世界大戦後，数値制御技術が確立され，工作機械の性能が飛躍的に向上するきっかけとなった．数値制御技術を工作機械に適用すれば，従来，手動で行っていた工作機械の操作を数値制御により自動化，高精度化することが可能になり，従来よりも高い水準で高性能な製品を大量生産できるようになる．そのため，1949〜59年，空軍は数値制御工作機械（NC 工作機械[4]）の開発のために，資金と政府調達の両面から大学や企業を支援した．その一環として支援したマサチューセッツ工科大学（MIT）のサーボ機構研究所（Servomechanisms Laboratory[5]）の研究開発プロジェクトでは，加工部品の形状データに基づいてNC 工作機械の工具の運動を制御するプログラム・コードの作成を支援する，自動プログラミングツール APT（automatically programmed tools）が開発された．様々な企業が APT を派生させた同様なツールを開発したこともあり，APTは広く使用されるようになった．

NC 工作機械全体の市場は大きかったが，空軍が NC 工作機械に要求する技術の水準は，民間市場で求められる技術水準を上回るものであったため，空軍およびその関連企業向けの NC 工作機械に限れば，もっぱら航空宇宙産業を対象とする限定的な市場であった．各国の工作機械企業が NC 工作機械を製造，販売していたが，なかでも日本企業の NC 工作機械は，技術的には空軍向けにアメリカ企業が開発したものに劣るものの，民間市場の製品として十分な性能を有すると同時に，低価格で使い勝手が良い製品であった．アメリカ企業は，日本企業と競争できる製品——必ずしも性能は高くないものの低価格で使い勝手が良い NC 工作機械——の開発ができず，1980年代までには，日本企業のNC 工作機械がアメリカ市場を席巻するようになった．

イノベーションは，革新的な製品を創造し市場に提供するプロダクト・イノベーションと，製品の生産工程で革新的な手法を開発，導入するプロセス・イノベーションに分類できる．工作機械は後者の典型的な例である．今日，製造現場では広く NC 工作機械が使用され，そのおかげで高品質な製品が安定して

生産されていることからも明らかなように，NC工作機械が社会経済にもたらしている波及効果は極めて大きい．しかし，第2章で述べた軍事技術のスピンオフの観点からは，NC工作機械はアメリカの国防研究が民生市場に結びつかなかった事例であると考えることができる．

2．半導体産業の変遷

（1） プレーナー工法の確立

微細加工とは，文字通り微細な形状を作り出す技術のことであるが，どの程度の微小な寸法の加工を微細加工とみなすのか，産業や技術，あるいは加工対象によって異なっている．おおよそマイクロメートル（μm）からナノメートル（nm）レベルの微細形状を作り出す技術であると考えてよい．微細加工技術の代表的な例として，半導体集積回路（Integrated Circuit: IC）の製造技術が挙げられる．ICは半導体基板の上に，トランジスタやダイオード，抵抗，コンデンサなどの機能を持つ素子を多数作った上で，それらを配線した電子部品である．ICの製造方法としては，原版に描かれた回路図を半導体基板に縮小投影することによって製造するプレーナー工法（planar process）が主流であり，今日のICでは回路の線幅数nmというレベルまで微細化が進んでいる．

プレーナー工法は，本書の「はじめに」で述べたリニアモデルが想定しているような大学での基礎研究ではなく，企業の，しかも大企業の研究所ではない，スタートアップ企業における研究から誕生した技術である．今日，シリコンバレー（Silicon Vallley）と呼ばれるカリフォルニア州のサンフランシスコ・ベイエリアの南部で，1957年に技術者が企業家からの投資を受けて，創業したフェアチャイルド・セミコンダクター（Fairchild Semiconductor International, Inc.）により1959年に確立された．このプレーナー工法により安定的にICを大量生産することが可能になった．なお，フェアチャイルド・セミコンダクター社の設立に前後して，ソ連は人類初の無人人工衛星スプートニクを打ち上げ，アメリカを驚愕させた（いわゆる，スプートニク・ショック）．スプートニク打ち上げをきっかけにアメリカとソ連の間で宇宙開発競争が始まり，半導体素子（半導体）の需要が飛躍的に増加しようとするタイミングで，プレーナー工法が確立されたのである．

（2） 半導体産業の発展におけるユーザーの役割

　半導体産業の発展において，半導体ユーザーの需要の影響力は大きい．1960
年代初めまで，アメリカで販売された半導体の全量が政府向けであった．一般
に未成熟な技術は，たとえ高性能であったとしてもコストが高いため，既存の
成熟技術との競争において必ずしも有利でないことも少なくない．しかし，半
導体産業の揺籃期において，価格よりも性能を重視する国防目的の調達（軍需）
が，企業にとって確実な市場としての役割を果たした（第2章参照）．もちろん，
国防総省を主としてアメリカ政府は，調達に限らず，助成や研究開発プロジェ
クトを通して大学や企業の研究開発を支援している．しかし，その効果は，調
達と比べて限定的だったと考えられている．国防総省（初期ユーザー）が求める
技術的要求水準を満たす製品を提供することができた，当時のスタートアップ
企業からの調達を優先するという現実的な施策がアメリカ半導体産業を育成し
たのである．

　やがてコンピュータを初めとする民需が成長し，1970年代には半導体の需要
の大半が民需によるものとなった．コンピュータと半導体は元々，個別に誕生
した技術であるが，技術が進歩するにつれ対となって発展するようになった技
術である[10]．それゆえ，コンピュータは本章の対象ではないものの，ここで簡潔
にコンピュータ黎明期の様子を確認する．まず，コンピュータは，企業の研究
開発から誕生した半導体と異なり，第2次世界大戦中に，政府の助成を受けて
大学で進められた国防研究がその発端となっている．戦後，コンピュータが社
会に与えうる影響について認識されておらず，コンピュータの民間市場はほと
んど存在していなかった．コンピュータの研究開発はもっぱら国防研究あるい
は政府調達により支援されていたのである．一方，政府プロジェクトを通して
大学の研究環境は整備されるようになり，大学は新しい技術と人材（卒業生）
の供給源として重要な役割を果たすようになっていた．アメリカの大学におい
て，初め（1950年代後半）は他学部の一部として，やがて（1960年代後半）独立し
た学部・学科として「コンピュータ科学（computer science）」の地位が確立され
た．

　軍需に支えられて半導体の製造技術が向上するとともに，その価格は急速に
下落した．その結果，半導体を使用するコンピュータの価格も下落し，広くコ
ンピュータが使用されるようになるとともに，様々な電子機器でも半導体が使
用されるようになった．その結果，半導体に対する需要がさらに拡大し，その

結果，さらにコンピュータの価格が下落しコンピュータ市場が拡大する，という状況が生まれた[11]．しかし，民需が半導体の需要の大半を占めるようになった1970年代以降，アメリカ企業は外国企業の後塵を拝するようになった．とくにDRAM[12]において極めて厳しい状況であった．これを問題視した政府は，1980～90年代初めにかけ，日米半導体協定の締結や，アメリカ企業による半導体製造技術を共同研究開発する枠組み「セマテック（SEMATECH）」への助成を通して，自国半導体産業を支援した．

（3）　半導体産業のセグメント化

　ここまで「半導体」と一括りにしてきたが，半導体は技術や用途・役割によって様々な種類のものに分類される．プレナー工法の発明 (1959) に続き，1960年代，半導体の多くがその一種である TTL[13] に移行するとともに，数多くの企業が新製品を携えて半導体産業に参入し，様々な種類の TTL が販売されるようになった[14]．

　1971年にインテル (Intel) が世界初の中央演算装置「Intel 4004」[15]を発表するまで，専ら汎用の半導体が販売されていた．しかし，Intel 4004の発表が発端となり，特定用途の半導体の生産販売に特化した企業が現れるようになった．その後，半導体が広く様々な電子機器で使用されるようになり，半導体産業のセグメント化が進んだ．その結果，今日，世界の半導体産業はおおよそ，**表6－1**に示す4種類（分野）に大別されるとともに，各分野にはそれぞれ，有力な企業が存在するという構造になっている．

　1980年代末からアメリカ半導体産業は徐々に息を吹き返していった．それには，アメリカ政府による自国半導体産業の支援や，製品の品質および生産プロセスの改善といった企業努力をはじめ，様々な要因が可能性として指摘されている．その中でも，企業戦略として外国企業間の競争が厳しい DRAM からの撤退，および競争が少なく高付加価値な中央演算装置・ロジック半導体への注力が，アメリカ半導体産業の再興に果たした役割は大きかったことが指摘されている．その点で，半導体産業のセグメント化は，アメリカ半導体産業の凋落 (1970〜80年代) と再興 (1990年代以降) を反映しているといえる．前節でプロセス・イノベーションの典型例である NC 工作機械では，アメリカの国防研究が民生市場に結びつかなかったことに言及した．半導体では，アメリカ半導体産業の凋落 (1970〜80年代) は DRAM 生産における問題 (製品の品質や生産プロセス)

表6-1　半導体の種類

種　類	中央演算装置・ロジック半導体	半導体メモリ	アナログ半導体	光半導体，センサー，個別半導体
概　要	コンピュータや様々な電子機器においてデータの処理を行う．	コンピュータ等においてデータを一時的に保存したり（例．DRAM），あるいはデータを保存したり（例．USBメモリ・スティック）する．	外部から入力されたアナログ信号（例．光，音）をデジタル信号に変換する．	光を発光あるいは受光する光半導体（例．LED，太陽電池）や，個々の回路素子（例．抵抗，トランジスタ）として機能する半導体．
主な企業	インテル（米），アップル（米）．	サムソン（韓），SKハイニクス（韓），マイクロン・テクノロジー（米）．	テキサス・インスツルメンツ（米），アナログ・デバイセズ（米）	ソニー（日），シャープ（日本），インフィニオン・テクノロジー（欧）

出所：種類と概要は CRS より，主な企業は IC Insights 発表レポートを基に筆者作成.
　　　種類と概要は Congressional Research Service (2020) "Semiconductors: U.S. Industry, Global Competition, and Federal Policy," *CRS Report*, R4651RS より，主な企業は IC Insights 発表レポートを基に，それぞれ筆者作成.

――プロセス・イノベーションの問題――に起因するものであった一方，その再興（1990年代以降）は，アメリカが優位にあるコンピュータに刺激されて技術が進んだ中央演算装置――プロダクト・イノベーション――等によりもたらされたのである．

（4）　半導体産業の分業化

　1980年頃まで半導体企業（Integrated Device Manufactures: IDM）は半導体の設計から生産までの一連の工程を自社内で手がけていた[16]．しかし，常に各企業の半導体の販売量と生産能力が均衡を保っているわけではない．市況が悪化し生産能力に余剰が生じたり，あるいは設備投資が遅れ生産が販売に追いつかない場合も生じる．そこで，半導体企業の間では，生産の一部を他社に委託したり，あるいは余剰設備を活用するために他企業から生産を受託するようなことが行われていた．

　また，従来の半導体（IC）は専ら汎用目的の製品だけであり，企業は汎用品を組み合わせて使用していた．しかし，自社製品・用途のために必要な機能だけを組み合わせて設計したオリジナルのIC ―― ASIC（Application Specific Integrated Circuit）――に対するニーズが高まり，1980年代に入り ASIC を使用したい顧客企業からの依頼を受けてＩＣを設計，供給する企業（スタートアップ

企業）が現れるようになった．これら企業の一部だけが，IC の設計から生産ま
でを全て自社内で手がけており，大半の企業は IC の設計に特化し，余剰設備
を活用したい他の企業に生産を外注するというビジネスモデルを採用してい
た．このような IC の設計のみを行う企業を「ファブレス（fabless）」と呼ぶ．
当時，ASIC を扱うスタートアップ企業の大半が，ファブレスというビジネス
モデルを採用したのは合理的な判断であった．なぜなら，半導体製造工場の建[17]
設には巨額な設備投資が必要であり，スタートアップ企業の体力をはるかに超
えるものだったからである．

　ファブレスの誕生に続き，1980年代後半，ファブレスを始め他企業から受託
する形で専ら IC の製造を行うというビジネスモデルを採用した「ファウンド
リ（foundry）」が誕生した．[18] TSMC（Taiwan Semiconductor Manufacturing Comapny）は，
1987年に設立された最初のファウンドリである．ファウンドリは，IDM に代
表される半導体生産方式を大きく変えるものである．ファウンドリが誕生する
まで，ファブレスが IC を販売するためには，余剰設備を有する IDM と交渉し，
IC 生産を外注する必要があった．このことは，例えば IC の市況が好転すれば
IDM が IC 生産受託を解消し，ファブレスが IC を販売できなくなる可能性が
あることを意味している．その点で，ファブレスはリスクを有するビジネスモ
デルであった．しかし，ファウンドリの登場によってこのようなリスクは解消
された．ファブレスはファウンドリに IC 生産を外注すればよくなったのであ
る．その結果，1990年代に入るとファブレス・スタートアップ企業が多数現れ
るようになった．

（5）　ムーアの法則

　半導体（IC）の製造におけるプレーナー工法の確立は，IC の発明と同等，あ
るいはそれ以上に画期的なものである．プレーナー工法により，各 IC に極め
て多数の回路素子を実装し，大量の情報を保存，または様々な機能を実装する
ことが可能になるとともに，IC，および IC を使用する電子機器の低価格化が
進んだ．そして今日に至るまで，プレーナー工法を構成する露光技術や材料を
始め，様々な技術の向上により，各 IC に実装される回路素子の数は増加して
きている．この現象は，インテルの共同創業者の一人，ムーア（Gordon Moore）
が半導体産業黎明期の1965年に提唱した経験則に倣い，「IC の集積度は 1 年半
〜 2 年半で 2 倍になる」という「ムーアの法則（Moore's law）」として広く知ら

れている（図6-1）.

　集積度の上昇とは，すなわち，回路素子の極小化と回路素子をつなぐ配線の極細線化である．近年，原子の大きさにまで極小化が進んできており，これ以上の技術発展は物理学の観点からも難しいこと，すなわち，ムーアの法則の限界について指摘されるようになってきている．しかし，無数の技術改良の積み重ねの結果,回路の線幅数 nm というレベルまで微細化が進んできており,ムーアの法則は限界を迎えることなく,今日まで半導体製造技術のロードマップ（道標）としての役割を果たしてきている．

　今日の水準まで半導体（IC）の集積度が上がった理由として，高集積化により，個々の IC は小さくなるため材料が少なくて済み原材料費が削減される，従来は別の部品として接続されていた回路も 1 つの IC に内蔵できるようになる，高速化，省電力化が進む，といった利点が挙げられる．しかし，その一方で IC の集積度が高まるにつれ，半導体製造工場の建設にますます巨額な設備投資が必要になった．IC を構成する回路素子や配線は微小であるため，製造過程で目視できないような塵などが浮遊，あるいは IC に付着すると，配線の断線や短絡，あるいは回路素子の機能不良といった欠陥を生じ，製品として使用できなくなることがある（歩留まりの低下）．そのため，塵などが浮遊していない清浄環境，すなわちクリーンルームで IC は製造されている．回路や配線

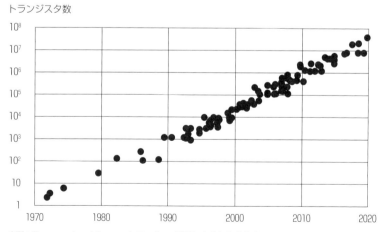

出所：Congressional Research Service（2020）を基に筆者作成.

図6-1　ムーアの法則

の微小化が進むに伴い，従来よりも微小な塵などが除去されているクリーンルームが必要となるが，除去が必要な塵などの大きさが小さくなるほどクリーンルームの設置に必要な費用が増加することが，設備投資の巨額化の主な要因である[19]．

　回路素子や配線の微小化が途上であった1980年代までは，半導体企業がクリーンルームを設置し，自社でICを製造することも可能であった．しかし，1990年代以降，回路素子や配線の微小化が進むにつれ，大企業といえども，IC製造ライン設置に必要な設備投資が困難になった．今日，半導体製造工場の建設には，70〜200億ドルの設備投資が必要であるといわれている．しかも，このような巨額な設備投資が必要であるにもかかわらず，半導体技術の進展は速いため，最先端の設備を導入したとしても5〜6年後には生産設備が旧式になってしまう可能性もある．ファウンドリが登場した背景にはこのような事情があり，その登場により，ICの設計から生産までの一連の工程を自社内で手がけていた半導体企業（IDM）の，ICの設計会社（ファブレス）と製造会社（ファウンドリ）への分社化も進んだ．1980年代まで垂直統合型であった半導体産業は，今日，水平分業化が進んでおり，IDM，ファブレス，あるいはファウンドリといった，異なるビジネスモデルの半導体企業が混在する状況になっている．

　ここで一旦，1971年から10年毎の世界の半導体企業（売上上位10社）の推移を確認する（表6-2）．半導体産業の揺籃期ともいえる1971年，半導体売上上位10社は全てアメリカ企業であった．しかし，その10年後の1981年にアメリカ企業は5社だけが残る状況となっている．日本の半導体産業は1970〜80年代を通して急速に成長し，1981年には売上上位10社のうち4社を，世界シェアの半数（50.3%）を占めピークとなった1989年の2年後にあたる1991年には同6社を日本企業が占めるまでとなった．今日まで世界シェアを失い続けている日本の半導体産業と入れ替わる形で韓国・台湾，さらに近年は中国の半導体産業が成長しているが，そのことは表6-2に示されている2001〜2011年の売上上位10社の顔ぶれからうかがえる．1990年代後半以降は，継続してアメリカの半導体産業が世界シェアの約半分（50%）を占めているばかりでなく，2021年にはアメリカ企業が売上上位10社のうち6社を占めており（表6-2），アメリカの半導体産業が復調したことがうかがえる．

表6－2　半導体企業（売上上位10社）の推移

順位	1971年		1981年		1991年		2001年		2011年		2021年	
1	TI	(米)	TI	(米)	日本電気	(日)	Intel	(米)	Intel	(米)	サムスン	(韓)
2	Motorola	(米)	Motorola	(米)	東芝	(日)	東芝	(日)	サムスン	(韓)	Intel	(米)
3	Fairchild †	(米)	日本電気	(日)	Intel	(米)	ST	(欧)	TSMC*	(台)	TSMC*	(台)
4	IR †	(米)	Philips	(欧)	Motorola	(米)	サムスン	(韓)	TI	(米)	SKハイニックス	(韓)
5	NS †	(米)	日立製作所	(日)	日立製作所	(日)	日本電気	(日)	東芝	(日)	Micron	(米)
6	Signetics †	(米)	東芝	(日)	TI	(米)	TI	(米)	ルネサスエレクトロニクス	(日)	Qualcomm**	(米)
7	AMI †	(米)	NS †	(米)	富士通	(日)	Motorola	(米)	Qualcomm**	(米)	Nvidia**	(米)
8	Unitrode †	(米)	Intel	(米)	三菱電機	(日)	日立製作所	(日)	ST	(欧)	Broadcom Inc.**	(米)
9	VARO †	(米)	松下電子工業	(日)	松下電子工業	(日)	Infinion	(欧)	SKハイニックス	(韓)	MediaTek**	(台)
10	Siliconix †	(米)	Fairchild †	(米)	Philips	(欧)	Philips	(欧)	Micron	(米)	TI	(米)

† 他に吸収合併： * ファウンドリー： ** ファブレス

※企業名 AMI：AMI Semiconductor社： IR：International Rectifier社： NS：National Semiconductor社：
Philips：Philis Electronics社：ST：STMicroelectronics社：TI：Texas Instruments社：VARO：VARO Semiconductor社.

出所：1971～2001年は日経エレクトロニクス（2006）．「半導体に見る日本メーカーの凋落　信念と執念を持った企業のみが生き残る」，「電子産業35年の軌跡（別冊III）」p.158.
2011, 21年はIC Insights発表レポートを基に，それぞれ筆者作成.

3．ハイテク産業政策の再来

アメリカは，党派により濃淡の違いはあるものの，伝統的に保護貿易や産業政策に対して慎重な姿勢を取ってきている．1980〜90年代初めにかけての政府による自国半導体産業の支援——日米半導体協定締結やセマテックへの助成等——は例外的なものであり，その後，政府による支援は限定的であった．例外は国防分野である．例えば，半導体製造技術を応用して製造される薄型パネルディスプレイ（Flat Panel Display：FPD）は国防上重要な技術であり，自国FPD産業を育成し外国企業からの供給に対する依存度を低減する必要性があるとして，1994年に国防高等研究計画局（Defense Advanced Research Projects Agency: DARPA）[20]を中心にFPDの開発・製造を支援する助成プログラム「国家薄型パネルディスプレイ・イニシアティブ（National Flat Panel Display Initiative）」が開始された．しかし，同プログラムは，議会により予算がカットされる形で，成果がないまま2001年を最後に終了している．

先にアメリカの半導体産業が復調したと述べた．しかし，**表6-2**中の2021年売上上位10位に入っているアメリカ企業6社のうち半分の3社はファブレスである．アメリカ半導体企業のファブレス化が進み，TSMCをはじめとする外国のファウンドリへの依存が高まった結果，アメリカ国内の半導体生産能力は縮小しており，今日，世界の半導体生産におけるアメリカ半導体産業のシェアは世界の1割強の水準まで低下している．

前節の（4）で半導体産業の分業化に言及したが，分業化はアメリカ国内に限定されているものではない．他の製造業と同様，半導体産業も世界規模で生産の分業化が進んでおり，複数の国に半導体の原材料から，設計，生産，販売，消費に至るサプライチェーンが張り巡らされている（図6-2）．アメリカの国内の半導体製造工場1つを1万6000社以上に及ぶサプライヤーが支えているが，その半数以上は海外のサプライヤーである．すなわち，アメリカの半導体企業がアメリカ国内で半導体を生産するために必要な原材料やサービスの多くは外国に依存しており，サプライチェーンの途中の国や企業で，何らかの理由で部品等の供給が止まると，アメリカ国内の半導体生産に支障が生じる可能性がある．

アメリカにとって，中国はカナダ，メキシコと並び最大の貿易相手国である．

しかし，中国からの輸入が輸出を大きく上回っており，アメリカでは，対中貿易が大幅な赤字の状態が続いていることが問題視されている[21]．また，1990年代以降の経済の発展に加え，2000年代以降の科学技術分野，ハイテク産業における中国の台頭も著しい．トランプ（Donald Trump）政権は，中国を競争相手とみなし，対中貿易赤字の縮小を目的に関税措置を実施したり，あるいは，安全保障を理由に政府調達から中国企業を締め出したりするなど，様々な規制を実施した．中国も対抗措置を打ち出した結果，米中の間で対立が高まったものの，お互いに歩み寄り，対立は小康状態となった[22]．しかし，2021年1月に発足したバイデン（Joe Biden）政権は，自国第一主義を掲げたトランプ政権の施策を次々と転換したものの，中国に対してはトランプ政権から引き継いだ施策をさらに強化するなど，厳しい姿勢で臨んでいる．

　近年，ありとあらゆる電子機器に半導体が使用されるようになっており，世界的に半導体に対する需要は高まる一方である．しかし，世界の半導体生産量は供給能力の90％以上に達している状態が続いており，増産することが難しい状況にある．そして，このような状況に輪をかけるように，コロナウイルス禍により世界的に半導体サプライチェーンが混乱，その結果，2020年秋以降，世界的な半導体不足が続いており，他の産業にも影響が及んでいる．このような一連の状況を背景に，2022年8月，アメリカの半導体産業を強化し，国内の半導体サプライチェーンを再構築することで，半導体の外国依存を軽減することを目的とするCHIPS・科学法[23]が成立した．連邦政府は同法により，アメリカ国内の半導体製造・研究開発，および人材育成等に対し，補助金あるいは税控

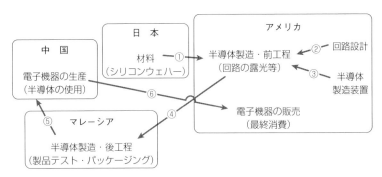

図6-2　アメリカを取り巻く半導体生産から消費・販売までの国際分業の例

出所：諸資料を基に筆者作成

除として 5 年間で総額527億ドル規模の支援をする予定である．同法について
は，少なくとも過去半世紀において最大規模の産業政策であるとする指摘もあ
る．半導体産業を巡るアメリカの保護主義的な政策の下で，今後，アメリカそ
して世界の半導体産業がどのように変容していくのか，注意深く見守る必要が
ある．

注

1 ）　フォード生産システムは，ヘンリー・フォード（Henry Ford）が設立した自動車メー
　　カーのフォード社（Ford Morter Co.）で1910年代に確立された，自動車の大衆化に貢
　　献した生産方式である．同生産方式の特徴は，部品を標準化するとともに生産工程を
　　細分，各工程を単純化することにより，スキルを有していない労働者によるベルトコ
　　ンベヤーを使用した流れ作業（移動組立ライン）で，限られた品種の製品の大量生産
　　方式である．同生産方式の鍵の 1 つが移動組立ラインである．従来は，労働者が定置
　　されている自動車の間を移動しつつ，加工あるいは部品を組み立てていたが，移動組
　　立ラインでは，静止している労働者の間を自動車が移動することにより，加工，ある
　　いは部品を組み立てていく．詳しくは第 7 章を参照のこと．
2 ）　例えば，航空産業は1940年代まで大量生産に移行しなかった．
3 ）　旧陸軍省（Department of War）は，今日の国防総省（Department of Defense）を
　　構成する 3 省の 1 つである陸軍省（Department of the Army）の前身である．
4 ）　NC 工作機械の NC は「Numerical Control（数値制御）」を意味している．NC 工作
　　機械のうち，コンピュータを使用した数値制御工作機械を「CNC 工作機械」と呼ぶこ
　　とがある（CNC の C は「Computer（コンピュータ）」を意味している）．
5 ）　サーボ機構研究所は1940年設立され，1978年に電気システム研究所（Electronic
　　Systems Laboratory）に改組されるまで，国防技術の研究開発に従事した MIT の附設
　　研究施設である．
6 ）　1 マイクロメートル（μ m）は 1 ミリメートル（1 mm）の1000分の 1 の大きさ，
　　1 ナノメートル（1 n）は 1 μ m の1000分の 1 （1 mm の100万分の 1 ）の大きさである．
7 ）　IC の先駆であるトランジスタは企業（AT&T 社）の基礎研究から誕生した技術であ
　　る．
8 ）　フェアチャイルド・セミコンダクター社のロバート・ノイス（Robert Noyce）が特
　　許を出願した．同時期にテキサス・インスツルメンツ社（Texas Instruments Inc.）の
　　ジャック・キルビー（Jack Kirby）も IC の技術を確立した（特許出願）．両者の間で
　　特許係争が起き，最終的にキルビーとノイスの 2 人が IC の共同発明者とされている．
9 ）　一般の表記に倣い，本章では以降，半導体素子を指して「半導体」と表記する．IC
　　は半導体素子の 1 つである．本章では文脈により半導体と IC を明確に区別せず使用し
　　ている．
10）　このような現象を「技術収斂（technological converegence）」と言う．
11）　この過程において，コンピュータは1960年代から1980年代にかけて企業で使用され
　　る汎用機から，技術計算を目的とするミニコンピュータ，個人が使用するマイクロコ

ンピュータ，パーソナルコンピュータへと小型化，低価格化が進み，広く社会に普及
した．

12) ダイナミック・ランダム・アクセス・メモリ（dynamic random access memory）．
半導体メモリの1種である．

13) TTL：Transistor-transistor-logic の略であり，バイポーラトランジスタと呼ばれる
トランジスタの組み合わせ（と抵抗）により論理回路を実現する IC である．

14) 1966年にテキサス・インスツルメンツ社が民生用途に発売した TTL（7400シリーズ）
は，広く電子機器で使用されるようになるとともに，多くの半導体企業が互換の半導
体を製造，今日まで業界標準として位置付けられている．

15) TTL とは異なる種類のトランジスタ，MOSFET（金属酸化膜半導体電界効果トラ
ンジスタ（metal-oxide-semiconductor field-effect transistor））の IC である．MOSFET
は TTL にやや遅れて技術開発が進み，今日の半導体で広く使用されるようになった．

16) このような垂直統合型の半導体企業を IDM（Integrated Device Manufactures）と
呼ぶ．

17) IC 製造工場を「ファウンドリ」と呼ぶ．そのことに倣い，次に述べる IC の受託生
産を行うビジネスモデルも「ファウンドリ」と呼ぶ．

18) 余剰設備を活用して他企業から IC 生産を受託する IDM と区別するため，専ら受託
生産だけを行うファウンドリを「専業ファウンドリ（pure-play foundry）」と呼ぶこと
がある．

19) その他，IC の製造装置の高価格化も IC 製造工場に必要な設備投資増加の要因である．
さらに，クリーンルーム設置後は維持・管理に巨額な費用が必要になる．

20) スプートニク・ショック（1957年）に危機感を抱いたアメリカが，将来の国防技術
につながる研究開発の支援を目的に，国防総省の下に設立した高等研究計画局
（Advanced Research Projects Agency：ARPA）を前身とする助成機関である．インター
ネットの起源である ARPANET やグーグル検索は，DARPA の助成を受けた大学の研
究から誕生した技術である．

21) 2020年，アメリカの対中貿易は，輸入額と輸出額はそれぞれ，4354億ドル，1246億
ドルであり，大幅な対中貿易赤字（3108億ドル）となっている．

22) いわゆる「第一段階合意」（2020年1月）である．

23) CHIPS・科学法（CHIPS and Science Act）の CHIPS は「Creating Helpful Incentives
to Produce Semiconductors（半導体生産への支援インセンティブの創出）の頭文字で
あり，IC をパッケージ化した電子部品の半導体チップ（CHIP）との掛詞である．

24) 同法の支援規模，527億ドルは極めて大きいが，それでも最先端工場の2～3つの設
備投資相当の規模でしかない．なお支援対象となる企業は，中国を始め安全保障上の
懸念を有する国々におけるハイテク分野への投資が禁じられる．

参考文献

太田泰彦（2021）『2030半導体の地政学——戦略物資を支配するのは誰か——』日本経済
新聞出版社．

夏目啓二編著（2017）『21世紀 ICT 企業の経営戦略』文眞堂．

ハウンシェル，D. A.（和田一夫・藤原道夫・金井光太朗訳）（1988）『アメリカン・システ

ムから大量生産へ　1800-1932』名古屋大学出版会.

Congressional Research Service（2020）Semiconductors: U.S. Industry, Global Competition, and Federal Policy, *CRS Report*, R46581.

第7章
自動車産業

　アメリカ自動車産業は，20世紀初頭から今日に至るまで一貫して同国基幹産業の一角を占め続けてきた．産業技術として最大の功績は，フォード・システムがその典型とされるように，大量生産・大量販売の仕組みを成立させ，産業の枠組みや国境を越えてこれを一般化したことである．そして，同産業における大量生産・大量販売を基本とする企業行動の根本は今なお変わっていない．この百数十年で変わってきたのは，いかにそれを経済性原理に則った形で遂行するかという方法論に過ぎない．古くはフォード，GMによる規模の経済と範囲の経済の飽くなき追求，そして近年は電気自動車（Electric Vehicle：EV）の新興企業でありながらごく短期間で同市場の頂点に立ったテスラが試行するネットワークの経済の探索といったものである．本章では，こうしたアメリカ自動車産業の主役達が追求してきた製品技術と工程技術[1]の変遷を論じていく．

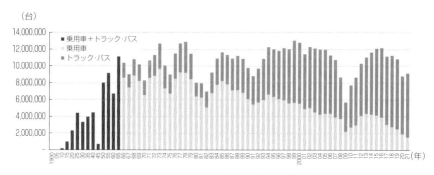

図7-1　アメリカでの自動車生産台数の推移

出所：自動車工業会・日本小型自動車工業会，通商産業省監修（1956）『1956年　自動車統計年表』自動車週報社，日本自動車工業会（2002）『2002年　世界自動車統計年報』，日本自動車工業会（2019）『2019年　世界自動車統計年報』一般社団法人日本自動車工業会「世界生産・販売・保有・普及率・輸出」等を基に筆者作成．

１．アメリカ自動車産業の勃興と寡占体制の確立

（１）　大量生産・大量販売を実現したフォード・システム

　アメリカは，19世紀末にヨーロッパで発明され職人による手作りの工業製品だった自動車を20世紀初頭には一般的な耐久消費財へと育成してきた．図7-1に示すように，とりわけ第２次世界大戦前後での生産台数の伸張は著しく，1960年代には年間生産台数が1000万台を超え，この生産規模は一定の振れ幅がありながらも今日まで維持されている．また（詳しくは後段で述べるが），市場規模としても1960年代以降は年間1000万台超の販売が概ね続いてきた．戦後唯一の超大国となったアメリカの自動車企業は，一貫して巨大な内需に依存した戦略を採ってきた．つまり，経済性原理に則った大量生産のための技術戦略，および巨大な国内市場に依拠した大量販売のためのマーケティング戦略こそが，フォードやGM等アメリカ自動車企業「ビッグ３」の共通項だったわけである[2]．そしてこの根本は，EVの雄となったテスラといえども何ら変わりはないのである．それでは，このような巨大市場においてアメリカ自動車企業がどのような技術革新の競争に取り組んできたのかを見ていこう．

　アメリカのみならず世界で初めて一定数のまとまった規模で生産された自動車は，T型フォードではなく，のちにGMに買収されるオールズのオールズモビル[3]であった．ただしこの頃の生産方式は，ヨーロッパと同じく工場内に静置されたシャシー（車台）に職工達が部品を１つずつ組み付ける定置組立方式であった．これをベルトコンベアの採用によって移動組立方式へと転換し，大量生産・大量販売へと繋げていったのがフォード（Henry Ford）率いるフォード・モーター・カンパニーであった．一般に，1913年にフォードがハイランド・パーク工場でT型フォードを大量生産するために成立させた仕組み，すなわちフォード・システムは，専用工作機械，互換性部品，作業分割と標準化等の諸要素を統合し，ベルトコンベアによって生産活動の連続化と同期化を果たした画期的な生産システムと評される．しかしながら，第１章でも述べたように，ここに挙げた個々の要素はアメリカ東部機械工業において19世紀半ばには実用化され始めていた．また，フォード・システムがテイラー（Frederick Taylor）の提唱した科学的管理法を踏襲したものとされることもあるが，本来両者は区別されるべきものである．下川（1977: 79）は，前者の生産システムの標準化は，

作業場の熟練の機械体系への移転を意味し，後者の作業労働の標準化は，人為的制度による熟練の管理者への移転を意味すると指摘している．したがってフォード・システムによる革新の要点は，当時のあらゆる生産技術と管理技術の最新の成果を総合的に活用し統合化したことにあった（下川，1977：80-81）という評価が正しい．

　フォードは独立する前にアメリカの別の自動車会社で設計者をしていたが，1902年に退社し翌年フォード・モーター・カンパニーを設立した．フォードが勤めていた会社は，今日まで続く GM の高級車部門キャディラックの前身である．1908年から生産を開始した T 型フォードは，1913年のフォード・システムの確立によって絶対的な競争優位を獲得し，フォードの市場シェアは 4 割を超えるようになった．この頃フォードは，労働者に対して当時一般的だった出来高給ではなく，破格の日給 5 ドル（2020年実質ドルで130ドル）の最低賃金を保障した定額給へと賃金政策を改めている．これにより優秀な労働者の定着を図ることができたとともに，彼らもまた T 型フォードの所有者になれる道を示したのである．フォードの行動原理は，ひたすら単一車種・T 型を大量に生産し続けることで，製品 1 台当たりに按分される固定費を広く分散することや経験効果等により労働者の生産性を向上させて規模の経済を究極的に追求することであった．

　他にも，同社の独占的地位からもたらされる利益は，事業の拡大再生産に惜しみなく投じられた．その代表例が1919年に建設されたリヴァー・ルージュ工場である．この工場の最大の特徴は，自動車に必要な原材料まで自社で広く生産するという極端な上方垂直統合であった．その業種は，森林業（梱包材用），鉄鉱山（自動車用），石炭業（動力源，発電用），ガラス業（自動車用），ゴム園（自動車用）と広範にわたった（塩見，1978：187-191）．フォードには工場展開にも一定の傾向があり，それは複数の加工を要する部品は少数の工場で集中生産し，完成車両の組立は消費地に近い所に分散立地させるというものである．フォードの工場同士は機能別分業の考え方で組織されていたのである．

　アメリカのモータリゼーションを牽引してきたフォードであるが，その栄光は永続せず，T 型フォードだけに固執したことの弊害やその間隙を縫った GMのユニークな攻勢により，1930年代には市場シェアにおいて GM はおろかクライスラーにまで劣後してしまう．他方で，フォード・システムがもたらした歪みは看過できるものではなく，その後数十年にわたってアメリカ自動車産業

のアキレス腱になっていったものもある．それらは例えば，工場労働者の非熟練・単能工の一般化であったり，自動車部品企業の役割変化であったりする[4]．

　ところでアメリカでは，フォード・システムのような工程技術の革新ばかりでなく，地味ながらその後の世界の自動車産業の性格を規定した製品技術上の出来事があった．それがガソリン内燃機関の支配的地位確立である．1900年代初頭までは，自動車の先進地ヨーロッパでもアメリカでも，今日ドミナント・デザインとして君臨するガソリン内燃機関自動車ばかりでなく，蒸気機関自動車，電気自動車の３つの原動機があり，そのいずれにも普及の可能性があった．ところがアメリカのテキサス州で油田が発見され，燃料としてのガソリンの価格優位性が他を圧倒することになる．そこに内燃機関を搭載したＴ型フォードの大成功という要素が加わり，自動車といえばガソリン内燃機関という構図が定まったのである．

（2）　大衆向けマーケティング手法としての GM ＝スローン方式

　Ｔ型フォードの一本化に固執し消費者から徐々に支持を失ったフォードの販売台数を1931年に抜き去り，2008年にトヨタにその座を明け渡すまで77年間にわたって世界最大の自動車企業として君臨したのが GM である．同社は，1908年にデュラント（William C. Durant）が10以上の自動車企業等を合併し設立した．1929年までに車種の整理を行い，キャディラック，ラサール，ビュイック，オールズモビル，ポンティアック，シボレーという６つのブランドに落ち着いた．

　1920年の経営危機の責任を取らされたデュラントが去ったのち1923年からGM を率いたスローン（Alfred P. Sloan Jr.）は，前述のように高級車から大衆車まで６つの車種をラインアップし，各々セダン，クーペ，ツーリング等の異なる車型を用意するフル・ライン＝ワイド・セレクション（塩見，1978：297）政策，それらを毎年の軽微なスタイリング（外観）変更を基礎にしたモデルチェンジによって商品の鮮度を維持する計画的陳腐化，消費者に自動車購入の新たな選択肢を提供した販売金融（割賦販売）の充実といった諸施策をつうじて GM の地位を揺るぎないものとしていった．同時に，元は独立した自動車企業だった諸ブランドを束ねながら効率的な経営を実現するために，車種（事業）ごとに独立採算を課した事業部制組織やそれを補完するためのライン＆スタッフ制を採用した．以上の一連の取り組みは，GM ＝スローン方式とも呼ばれる．フォー

ドが工場での生産管理の手練れだったのに対し，GM はそれを企業レベルにま
で引き上げた経営管理の名手であった．スローンが GM の指揮を執った1920
年代は，アメリカの自動車市場が初めて車を買う消費者の新規需要から交換・
増車需要へと移行していった時期でもある．GM の諸施策は，10年以上変わり
映えのしない T 型フォードに代わってアメリカの大衆消費者の購買意欲を大
いに刺激した．また GM は，販売予測ならびにディーラー（販売会社）の在庫
情報と生産計画の連動化を実現した（下川，1977：182）ことで，それまで市場動
向にお構いなく見込み生産を続けるのが常だった自動車産業において初めて
生・販統合（の初期形態）を意識した経営を志向したのである．

　ところで市場シェアでフォードを逆転した頃の GM の技術革新は，実は経
営管理の革新ほどのインパクトには乏しかった．というのも，フル・ライン＝
ワイド・セレクション政策が依拠した生産方式とは，すでにフォード・システ
ムのもとで成立していた一貫生産体制の単なる並列累積形態に過ぎなかった
（塩見，1978：297）からである．言い換えると，GM はフォード・システムのよ
うな単一車種生産の反復による規模の経済の追求を，一般消費者の目につきに
くい部分（エンジンやトランスミッション等）を中心に複数車種間で共有すること
で代替するという範囲の経済重視へと転換を図ったのである．そしてこの傾向
は，第 2 次世界大戦の混乱期を乗り越えた1950年代以降のビッグ 3 に共通する
ようになっていくのである．

（3）　アメリカ市場の寡占化とビッグ 3 の「爛熟」

　第 2 次世界大戦が終結し，世界唯一の技術・経済大国となったアメリカでは，
GM やフォード等ビッグ 3 による市場寡占体制がいっそう強化されていった．
1950年代に入ると，わずかに残っていた独立系の自動車企業がビッグ 3 の巨大
な資本力に太刀打ちできず次々と脱落していった．1950年代半ばにこれらの整
理統合が進行し，1962年にはアメリカン・モータースただ 1 社が残るのみとなっ
た（1987年クライスラーが買収）．

　1920年代に GM が確立した経営手法は，1927年の T 型フォードの生産終了
から立ち直ったフォード，そしてクライスラーにも導入された．その結果，ビッ
グ 3 の関心は技術革新による自動車製品の進化よりも消費者心理に訴えかける
形での利益重視へと収斂していった．その方向性は自動車の基本性能，安全性，
燃費の向上といったものではなく，スタイリングの差別化を馬力向上と車体の

大型化で補完するという価値訴求の仕方であった．ビッグ3はこうした同質的な競争を巨額の設備投資や販売促進のための投資で強力に展開し，アメリカ市場での寡占体制を揺るぎないものにしていったのである．裕福なアメリカの消費者もこうした商品価値を受け入れたことで，同国の大型車志向が定着していった．なお，フォード2世（Henry Ford II）のもとで経営革新に取り組み復活を遂げたフォードが1950年には市場シェアでクライスラーを再度逆転し，その後のGM，フォード，クライスラーという序列が固定化していくことになる．

　ビッグ3は世界一の規模を誇ったアメリカ市場での堅固な寡占体制のもと巨額の利益を上げ続けるが，その一方で自動車の本質的な技術革新に対する姿勢はますます後ろ向きになっていった．1950年代末にはドイツのフォルクス・ワーゲン（Volks Wagen：VW）等ヨーロッパ企業からの輸入急増でコンパクトカー・ブームが起こるが，ビッグ3はドル箱の大型車と較べて1台当たりの利益率に見劣りするコンパクトカーの開発・生産にはあまり熱心に取り組まなかった．また深刻な大気汚染に対処するため1970年にアメリカで成立したマスキー法では，自動車の排出ガス規制としては当時世界一厳しい基準が定められたが，1972年にホンダがCVCCエンジンの開発でこれをクリアしたにも拘わらず，ビッグ3は面倒な技術開発を避け，共同歩調をとってロビィ活動に勤しみ，結果として同法を骨抜きにしてしまった．1960年代に入るとコンパクトカーよりさらに小さい日本企業のサブコンパクトカーが輸入されるようになるが，1973年の石油危機によって世界中で小型車が志向された時期であっても，ビッグ3は利幅の大きい大型車を小手先のモデルチェンジで売り続ける姿勢を変えなかった[5]．GMやフォードの新型車は見た目こそ新しいかもしれないが，消費者が直接目にしない（そして善し悪しを判断しにくい）基幹システムや内部機構は何世代にもわたってキャリーオーバーされてきた，いわば使い古しの要素技術の産物に過ぎなかった．こうしてビッグ3の技術は製品面でも工程面でも成熟を超えて爛熟の域に達しつつあった．降りかかる外部環境発の経営課題を力でねじ伏せ，あるいは都合の悪い事実には無関心を決め込むというビッグ3のある意味「成功体験」が，その後の日本企業との熾烈な競争において決定的に劣後する遠因になっていくのである．

　アメリカ・ビッグ3の企業行動の原理は，GM＝スローン方式の浸透にともない，利幅の大きい大型車を見込み生産で作り続けることによる規模の経済，範囲の経済の飽くなき追求であった．市場ニーズとは必ずしも一致していない

このような見込みでの大量生産は明らかに柔軟性を欠いていた．この性質が
ビッグ３の経営の自由度を奪っていくことになる．

２．日本企業との長く熾烈な競争

（１）　リーン生産方式でアメリカ市場に挑む日本企業

　日本の自動車企業がアメリカ市場への輸出を本格化させたのは1960年代半ば
のことである．戦後復興を遂げた日本は急速に工業化を進め，その過程で自動
車産業も国内のモータリゼーションの進展とともに成長していった．

　表７-１はアメリカの自動車貿易の推移を示したものであるが，1960年代半
ばから1970年代にかけて乗用車の輸入が急増していることが分かる．1975年に
は輸入車の約半数を日本車が占めるようになり，アメリカ市場における小型乗
用車の主要プレーヤーとして，トヨタやホンダといった日本の自動車企業が
ビッグ３の競合相手として対峙するようになったのである．日本企業の強み

表７-１　アメリカでの自動車輸出入台数の推移

年	輸　入		輸　出	
	乗用車	トラック・バス	乗用車	トラック・バス
1960	444,474	23,838	117,126	205,400
1965	563,673	30,893	106,038	61,686
1970	2,013,420	153,671	285,038	94,051
1975	2,074,653	125,256	640,301	223,749
1980	3,116,448	343,352	616,895	190,274
1985	4,397,679	1,253,186	703,519	187,089
1990	3,944,602	766,008	793,757	159,308
1995	4,113,917	662,328	989,367	254,193
2000	6,005,834	818,520	1,130,095	346,891
2005	5,972,257	775,804	1,676,725	387,474
2010	6,828,223	449,958	1,080,981	420,894
2015	7,296,882	1,058,291	2,206,701	487,591
2017	7,496,306	1,130,655	2,221,875	617,586

出所：日本自動車工業会 (2002)『2002年　世界自動車統計年報』，日本自動車工業会 (2019)
　　　『2019年　世界自動車統計年報』を基に筆者作成．

は，欧米の研究者によってのちにリーン生産方式と名付けられた，優れた工程技術の体系である．とりわけトヨタの場合，それはトヨタ生産方式（Toyota Production System: TPS）と呼ばれ，今日に至るまで各国企業にベンチマーキングされている．TPS の基本思想は無駄を極限まで排除することにある．TPS は生産の柔軟性を高め，その結果として完成品在庫や中間在庫を最小化することができる．他にも日本企業は，アメリカ発の統計的品質管理を生産現場に広く浸透させた全社的品質管理（Total Quality Control: TQC）を徹底しており，高品質は日本車の代名詞ともなる．TPS に代表されるリーン生産方式と TQC とを車の両輪とし，日本企業はアメリカ市場に攻勢をかけたのである．ただし注意すべきは，TPS をはじめとするリーン生産方式であっても，その基本原理は GM やフォードと同じく規模の経済や範囲の経済の追求から何ら逸脱するものではなかった点である．ビッグ3と日本企業とを分けたのは，その方法論としての柔軟性の差であった．経営資源に乏しかった日本企業は，より少ない投資でより多くのリターンを得る仕組みづくりを進める必要があったということである．

　日本企業の強みは製品技術の面にも現れていた．とりわけ製品開発のパフォーマンスが高く，開発リードタイム，開発生産性，総合商品力のいずれの指標においても日本企業が欧米企業を上回ることが立証された（クラーク＝藤本，1993）．さらに，日本企業は開発・生産の両局面において外注を巧く利用していることも明らかにされた．すなわち，「ケイレツ（系列）」と呼ばれる資本・生産連関のある取引先の経営資源を有効活用することである．歴史的にみてビッグ3は，とりわけ GM，フォードでの自動車部品の内製率が高いことはすでに指摘したとおりである[6]．この性質は日本企業との対比においてより顕著になった．

（2）　対日キャッチアップと高収益車種への過度な依存

　日米貿易摩擦にまで発展した日本車の対米輸出攻勢は，クライスラーの経営危機を招くなどビッグ3の業績に大きなダメージを与えた．それまで技術投資を怠ってきた小型乗用車の分野では，燃費に優れる日本車に対しビッグ3にはもはや勝ち目はなかった．そこで全米自動車労働組合（UAW）が「通商法201条」を根拠にアメリカ政府へと働きかけたことにより，1981年に日本政府と自動車企業の輸出自主規制へと至る決着をみた．輸出台数の上限は（年度により異なるが）

168万〜230万台とされ，この自主規制は1993年度いっぱいまで続いた．アメリカの自動車企業は，またも市場競争の問題を政治の争点にすり替えて急場を凌いだのである．

　しかしながら，1980年に自動車生産台数でアメリカを抜いて世界一に躍り出た日本の自動車企業の勢いを止めることにはならなかった．日本企業にとってアメリカ市場は金城湯池であるため，輸出が制限された以上，彼らが現地生産・現地販売へとオペレーションを切り替えるのは自明の理であった．こうして1982年にホンダが現地生産を開始して以降，1988年にはトヨタも工場を建設する等の動きが活発化した．ビッグ３もまた手をこまぬいていたわけではない．1984年にカリフォルニア州フリーモントに建設されたGMとトヨタの合弁会社NUMMIの工場ではGMはトヨタからリーン生産方式を学ぼうとしたり（2010年生産終了），翌1985年には小型乗用車ブランドのサターンを立ち上げたりもした（2010年ブランド廃止）．また，フォードは1985年に小型乗用車のトーラスを発売しヒットさせ，クライスラーは1993年にネオンを上市して日本企業への対抗意識を見せた．ビッグ３による対日キャッチアップは，工場の生産性改善やGM，フォードの部品事業部門のスピンオフによる内製率の低下などで一定の成果を見せた．

　ところでビッグ３は，こうした地道な改善の積み重ねで小型乗用車を収益源に育てることを完遂せず，より簡単に稼ぐ方法を見つけ出すことに成功する．それが1980年代半ば以降の大型乗用車からライト・トラックへの注力商品の移行である．図７-２に示すように，1980年代に入りアメリカ市場での売れ筋は潮目を迎え，乗用車から（図中のトラック・バスの大半を占める）ライト・トラックへと主役が交代していく．ライト・トラックとは，小型ピックアップ・トラック[7]，ミニバン，SUV（Sports Utility Vehicle）で構成される市場セグメントのことである．もともとビッグ３は，日本企業が得意とするシャシー（車台）とボディ（車体）が一体化したモノコック・ボディ構造ではなく，それぞれが別個に存在するボディ・オン・フレーム構造の開発・生産を得意としてきた．後者はシャシーを複数車種間で共通化しやすく，かつモデルチェンジのサイクルは乗用車よりも長めだとされる．ビッグ３はこのライト・トラック市場に活路を見いだした．かつての大型車と同様に，古くて新しい製品技術のもと，使い回しのシャシーに化粧直しをした豪華なボディを載せ替えていくという小手先のモデルチェンジとバリエーション増によって収益性を著しく高めることに成功した．

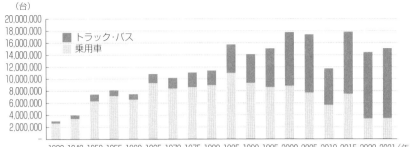

図7-2　アメリカでの車種別販売台数の推移

出所：表7-1に同じ.

すなわち,乗用車での競争は日本車に白旗を掲げ,他方で別のドル箱商品となったライト・トラックに経営資源を集中していったのである.そしてアメリカの消費者もまた,こうしたビッグ3の商品を喜んで受け入れた.

　前掲の**表7-1**からも分かるとおり,アメリカのライト・トラックの貿易量は乗用車のそれと較べて遙かに少ない.つまり,アメリカ市場は1980年代半ば頃を境に,ライト・トラック(とりわけ大型のピックアップ・トラック)という同国でしか通用しない自動車が販売の中核になるという,世界でも稀な巨大「ニッチ市場」へと変貌していったのである.こうして対日キャッチアップを不充分にしか取り組まなかったビッグ3は,再び製品および工程双方の技術開発を怠るようになってしまったのである.

(3)　GM,クライスラーの破綻～ビッグ3からデトロイト3への転落

　ライト・トラック市場で濡れ手に粟を経験したビッグ3は,これらで儲けた潤沢な資金でグローバル規模での業界再編を仕掛けたり,仕掛けられたりしながら2000年代を迎える.この間,アメリカの乗用車市場は,日本車に加えてより価格競争力に優れる韓国車にも浸食されるようになっていた.ビッグ3がライト・トラックで高収益を謳歌していた2003年には,のちにEVで世界一になるテスラ・モーターズ(2017年テスラに社名変更)がデラウエア州で産声をあげている.ふり返ってみれば,この時期のビッグ3の最大の失態は,環境技術への投資の怠慢であろう.[8] 環境技術はゲーム・チェンジになり得る滅多にない大きなイノベーションであるが,それゆえにかえってそのチャンスとリスクを軽視

したのである．必要になれば「技術はよそから買えばいい」（下川，2009a：59）というスタンスだったのである．

　ICT業界の興隆と好景気に沸くアメリカでは，高価格のライト・トラックが飛ぶように売れていた．しかし，その宴は突然終焉を迎える．2008年9月に起こったアメリカ発金融危機，いわゆるリーマン・ショックによりビッグ3が築いてきた砂上の楼閣が脆くも瓦解するのである．連鎖する金融危機，新車ローンの焦げ付き，販売台数急減がビッグ3を襲い，2009年4月にはクライスラーが，6月にはGMが連邦破産法チャプター11を申請し揃って経営破綻した．フォードだけが破綻を免れたが，自力更生には長い期間を要することになる．経営破綻したGMはアメリカ政府の出資を受け入れて2013年12月まで国有化された．下川(2009b)はビッグ3没落の諸要因を次のように指摘する．第1に，製造業の原点を忘れ製品技術や工程技術への必要な投資を怠ったことである．前述のライト・トラックへの偏向や環境技術の軽視がこれに該当する．第2に，とりわけGMにおける金融子会社GMACへの過度な依存である．本業の自動車が売れなくても販売金融だけで利益が出る状況は異常だったと言わざるを得ない．第3に，UAWと取り交わした年金，失業保険，健康保険の大盤振る舞いによるレガシー・コスト負担の問題である．そして第4に，グローバル規模でのM&Aの失敗である．

　これらに加えて構造的な課題も存在していた．古くはフォード・システム確立期まで遡ることができる労働者の非熟練・単能工化の問題は，UAWとの契約によって温存され柔軟な生産活動を阻害してきた．ビッグ3は長年それを見て見ぬふりをしてきたわけであるが，需要閑散期における労働者の一時帰休制度も含めた硬直的な内部労働市場のあり方は生産活動の自由度を奪ってしまうため，受注動向に拘わらず見込み生産で工場の操業度を維持することに向かいがちである．そうしてだぶついた在庫の相当量を多額の販売奨励金を原資として大幅な値引きで消費者に販売したり，レンタカーやリース車両として当該業者へ安価に卸したりすることが一般化してきた（明石，2014：43-44）．結局のところビッグ3は，規模の経済や範囲の経済の飽くなき追求の呪縛から逃れられず，抜本的な是正に背を向け弥縫策に終始してきた．その結果，世界に冠たるビッグ3はアメリカでしか通用しない「デトロイト3」に凋落してしまったのである．

　経営再建の過程でビッグ3には少しずつ変化の兆しが見られた．例えば，当

時のオバマ政権が標榜したグリーン・ニューディール政策を象徴する製品として，2011に GM がプラグイン・ハイブリッド車（PHEV）のシボレー・ボルトを上市する．ところがアメリカでは，国内でシェールガスが安定的に産出されるようになり同政策は著しく後退してしまう．このシェール革命によりアメリカは天然ガスや原油の輸出国に転じたことで，国内のエネルギー価格は抑制されたままとなり世界的な環境志向に逆行することになる．国産の安価なエネルギー価格に支えられ，ビッグ 3 はテスラの急成長を見るまではまたもや大型のライト・トラック中心の事業に傾注していくのである．

3．世界の技術革新を牽引するテスラの台頭

（1）　テスラの登場と EV 市場の萌芽

　2003年にエバーハード（Martin Eberhard）らによって創業されたEVベンチャーのテスラ（Tesla, Inc.）は，翌年に現 CEO のマスク（Elon Musk）に出資を仰ぎ，彼を経営者に迎えた．マスクは電子決済大手の PayPal の創業者（の 1 人）としてすでに知られており，テスラの経営に参加する前から ICT 長者であった．それから紆余曲折を経て初めての EV であるロードスターが生産されるようになったのは2008年 3 月のことである．量産 EV の嚆矢は翌2009年上市の三菱自・アイミーブ，2010年上市の日産・リーフといった日本勢であるが，テスラはそれより先に EV を上市していたのである．テスラが第 1 世代の製品を市場に投入した頃はガソリン内燃機関の自動車が全盛であり，EV が急速に普及していく雰囲気はまるで無かった．アメリカではビッグ 3 が経営破綻や経営危機から立ち直りつつあった．それが今日では，図 7 - 3 に示したように欧米や中国を中心に電動車（EV や［電気プラグから直接充電できる］PHEV）の販売比率が急速に高まっている．テスラは2017年に初めて販売台数が10万台を超えたのちも驚異的な成長を遂げ，2021年には世界で約94万台の EV を販売するまでになった．株式市場でのテスラの評価は極めて高く，2020年 7 月に株式時価総額がトヨタを超えて世界一になったかと思えば，翌2021年10月下旬には 1 兆ドルを超えてトヨタ，アメリカのビッグ 3，ドイツ大手 3 社（VW，ダイムラー，BMW）の合計を上回るまでになった．

　テスラの急成長と EV 市場での成功要因は，その参入戦略が秀逸だったということに尽きる．アメリカで1920年代から進んだ自動車市場の寡占化の背景に

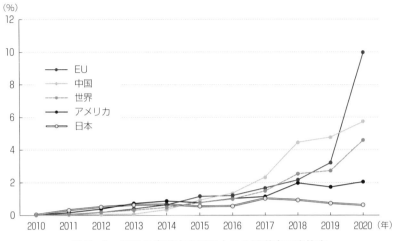

図7-3　世界の自動車市場に占める電動車販売比率

出所：IEA公表値を基に筆者作成.

は大量生産・大量販売を前提とする高い参入障壁がそびえ立っていた．自動車企業に求められるヒト（技術者，工場労働者，間接部門等のスタッフ），モノ（大規模生産工場やそこで使われる機械設備等），カネ（日々のオペレーションから中長期投資までの原資），情報（製品や工程に関する高い技術力，大量生産のノウハウ，ブランド等）といった多様かつ巨大な経営資源の存在がその参入障壁を形成してきた．欧米や日本でも，産業興隆期を経て市場の寡占化が進むと容易に新規参入はできなくなるのが常であった．

　しかしながらテスラはそれを可能にした．端的に言うと，テスラは巨額の固定費を変動費化することで参入障壁を巧く回避したのである（佐伯，2021：64）．具体的には，開発・生産・販売という主要オペレーションのあらゆる局面でそれを実行してきた．開発局面においては，最も資金を要する試作車の製作は衝突安全性試験のために絶対に作らなければならない場合だけに限定した．開発のかなりの部分をコンピュータ・シミュレーション等のICTで代替したのである．既存の自動車企業も部分的にこのような手法は採っていたが，テスラは常識を打ち破るほど大胆に取り入れた．生産局面においては，ほとんどの自動車企業が内製する部分ですら思い切って外注することで生産のための設備投資を極限まで節約した．テスラではEVの基幹部品である二次電池（バッテリ），インバータ，モータはおろか，車体そのものまで既存の自動車企業からの購入

品とした．そのため最初期の工場での主な作業は，購入した車体にバッテリ類
を搭載することくらいであった．当時のテスラが差別化のために自ら手がけた
のはバッテリの制御技術くらいである．そして販売局面においては，（法規制が
ある場合を除いて）ディーラー網をほとんど整備せず，消費者からのオーダーは
インターネット上に一本化した．こうしてテスラは，さほど高度な製品技術も
工程技術も持たないまま，新規参入が難しいと思われてきた自動車産業へ見事
に参入を果たしたのである．

（2）　企業成長とともに高まる垂直統合

　テスラは2012年に第 2 世代 EV のモデル S （2015年に派生車種のモデル X）を上
市し飛躍のきっかけを摑むと，2017年には大ヒットとなった第 3 世代 EV のモ
デル 3 （2020年に派生車種のモデル Y）を続けてローンチした．また同社は，2010
年にトヨタと GM の合弁会社だった旧 NUMMI の工場を買収して本格的な車
両生産に乗り出すと，2012年に同社独自規格による高速充電器のスーパー
チャージャーの設置を開始したり，2016年末にはバッテリ調達のパートナーで
あるパナソニックとの合弁でネバダ州に設立した二次電池生産工場のギガファ
クトリーで2170セルと呼ばれる新電池を内製し始めたりしている．さらに2020
年初頭には，同社初の海外生産拠点である上海工場（ギガファクトリー 3）が竣
工した．また2022年春には，本社の移転先であるテキサス州に建設したアメリ
カ国内 2 つ目の工場とドイツのブランデンブルク州に建設したヨーロッパ初の
工場で生産を開始した．両工場では，EV に加えて4680セルと呼ばれるさらに
容量を増した新電池も内製する．

　バッテリの内製方針からも明らかなように，テスラは今日の自動車企業のな
かでも垂直統合度が極めて高い．ただしそのあり方は，かつてのフォードのリ
ヴァー・ルージュ工場のように原材料から全て一貫生産するのとは異なる．テ
スラが内製するのは競争力に直結した領域に限定されている．それらは前述の
バッテリに加えて，AI 半導体，ソフトウェア，大物アルミ鋳造等である．と
りわけ同社の競争優位の源泉であり製品技術を支えているのがソフトウェア開
発能力である．テスラは2015年にオートパイロット（Autopilot）という半自動
運転機能を業界に先駆けて採用し，2020年には高機能版である FSD（Full Self-
Driving）を提供し始めた．同社はこうした複雑な車両制御をシステム部品企業
任せにせず，ほぼ内製することで技術のブラックボックス化を防いでいるので

ある．そしてこれと並行して，従来は機能ごとにシステム部品企業が自動車企業に提供していた車載コンピュータを大胆に集約し，テスラ相当の車ならば数十個搭載すべきところをわずか数個に統合し内製化してしまっている．また，テスラ車の内装には無駄なスイッチ類がひとつもなく，ドライバーはセンターコンソールに据え付けられた巨大なタッチスクリーンでスマートフォンのように様々な操作を行う．こうした先進的なユーザー・インターフェースもまた，高度なソフトウェア技術が実現しているのである．

　テスラの技術革新は工程技術にも見られる．同社は前述のように旧 NUMMI の工場を買収したが，本来この工場の設立目的は GM がトヨタから TPS を学ぶことであった．その工場を承継したテスラは，初めからリーン生産の素地を持っていたと考えられる．そしてそれを基盤にしながら同社では工程技術も進化させてきた．具体的には高度な自動化の追求である．モデル 3 量産開始直後の2017年には，この自動化がうまくいかず倒産の危機に瀕したほどであるが，同社の自動化志向は依然として高い．またすでに日本のマツダ等でも採用実績があるものの，テスラのテキサス工場では，ベルトコンベアによる搬送ではなく車体を 1 台ずつ自動搬送車（Automatic Guided Vehicle: AGV）に載せて移動させることで生産の柔軟性を高めている．前述の大型アルミ鋳造ではシャシーの構造物一式をまとめて一体成型しようとしている．

　このようにテスラの製品技術，工程技術は従来の自動車企業の常識を覆すような斬新さが目立つが，同社の行動原理もまた，トヨタのリーン生産方式を 1 歩進めたような柔軟性を追求しつつも，その内実は大量生産・大量販売をつうじた規模の経済，範囲の経済の飽くなき追求であることが分かる．なぜならテスラは生産台数が年間100万台にも達しようというのに，実質的な生産車種はわずか 2 つ（第 2 世代モデル S/X と第 3 世代のモデル 3/Y）のみであり，製品にも工程にも高次の共通化が進められている．同社の競争優位の源泉であるソフトウェア技術は典型的な情報資源であるため，複数製品間での共有に向いている．テスラの企業行動を規定する根本は GM，フォードのそれと変わりはない．すなわち，自動車産業は100年を超える歴史を有していながらも，その根底にある経済性原理は不変のままなのである．

（3）　規模の経済からネットワークの経済へ

　ビッグ 3 とは異なりテスラがユニークだとみなすことのできる唯一の点は，

OTA（Over The Air）という通信回線を介したソフトウェアのアップデートを自動車に導入したことである．テスラは第 2 世代 EV から軽微な不具合の解消にはソフトウェアによるアップデートを利用してきた．こうした手法は ICT 業界では一般的であるが，高い安全性が厳しく要求される自動車産業では極めて挑戦的な取り組みであった．さらに2020年秋には，同社は前述の半自動運転機能である FSD（Full Self Driving）の有償提供に踏み切った．消費者が FSD 機能の実装を望む場合，一括支払いか月額利用料の支払いかを選択することができる．これは自動車産業において革命的な試みであった．とりわけ後者の決済手法は，それまで売り切り型ビジネスだった自動車産業にリカーリング（継続課金）モデルを組み込むことになるからである．ソフトウェア等の情報資源は複製コストが限りなくゼロに近いため，売れば売るほど利益が指数関数的に増大するという収穫逓増の性質がある．アメリカの ICT 大手である GAFAM（Google，Apple，旧 Facebook，Amazon，Microsoft）等は，プラットフォーム・ビジネスを世界規模で展開しネットワークの経済を追求することで，収穫逓増の恩恵に与りながら異次元の収益力を見せつけた．

　今のところテスラは同社単独でのサービス展開に留まっておりプラットフォーマーとは言いがたいが，こうした収穫逓増の収益源を探索している点は注目に値する．テスラの FSD を利用している消費者は（2022年春時点）アメリカだけで10万人を超えるとされるため，この機能からテスラが収集するビッグデータは厖大な量になる．これを活かした新しいソフトウェアのサービスが消費者の囲い込みに繋がり，次の収益源に育つことも期待できるのである．アメリカ，そして世界の自動車産業が普遍的に追い続けてきた規模の経済，範囲の経済という自動車企業の行動原理は変わり始めているのかもしれない．

　本章では製品並びに工程の技術革新に注目してアメリカ自動車産業の足跡を辿ってきたが，言うまでもなく競争の帰結はそれらばかりに由来するわけではない．事実，世界規模でのリセッション，温暖化排出ガス規制の強化といったアメリカ市場を取り巻く様々な競争環境の変化やビッグ 3 自身の経営組織のあり方に起因する問題性等も企業行動を大きく左右してきた．自動車産業における技術革新もまた，これら諸要因との相互作用による産物だったのである．

　フォードが切り拓き，GM が範型を示したアメリカ自動車産業は，1950年代以降のビッグ 3 による長い寡占体制期間に日本企業からの挑戦を受けるなか

で，2009年の GM，クライスラー破綻により一度終焉を迎えた．しかしながら，それと入れ替わるように EV ベンチャーのテスラが登場し瞬く間に世界の EV 市場を席巻した．テスラに続く EV 専業企業も，ルーシッド，リヴィアンといった新興勢力に加え，アップルのような ICT 大手の参入も取り沙汰されている[11]．かつてビッグ 3 と呼ばれた GM，フォード等もそれぞれ意欲的な EV 展開の方針を表明している．アメリカ自動車産業は，今なお生産台数，販売台数のいずれにおいても世界 2 番手から 3 番手の地位を堅持している．今後も世界の自動車産業において有力な一角を占め続けることだろう．ところでアメリカの消費者は，日本車や韓国車といった外国企業の製品に高い関心を示しながらも，ビッグ 3 やテスラといったアメリカ企業を基本的に大事にしてきた．そうした懐の深さこそが，アメリカ自動車産業に次々と新たな技術革新が生まれる素地を形作っているのである．

注
1 ）　製品技術とは製品そのものの善し悪しを決める技術のことであり，他方の工程技術とはその製品をいかに安く・早く・正確に作るかを規定する技術のことである．
2 ）　「ビッグ 3 」とは1990年代末までは GM，フォード，クライスラーのことを指していたが，今日のクライスラーは欧米の複数ブランドを束ねる国際自動車企業ステランティスの米国部門に過ぎない．始まりは1998年にドイツのダイムラーと合併しダイムラー・クライスラーになったことであり，この合併が解消されると2014年にはイタリアのフィアット・グループと合併しフィアット・クライスラー・オートモービルズ（FCA）へ，さらに2021年にはフランスのグループ PSA とも合併しステランティスへと変わっていった．
3 ）　1908年にフォードから上市された大量生産時代の申し子である．基本的なモデルチェンジを行わないまま1927年まで生産され続け，累計販売台数は1500万台を超える大ヒットとなる．大量生産の恩恵に与って T 型フォードの販売価格は何度も引き下げられ，また経済成長によるアメリカ国民の所得水準の向上とも相まって，自動車は庶民にでも手の届く商品になっていった．
4 ）　下川（1977）によると，アメリカの自動車産業黎明期においては，自動車企業の下請をしていた各種の有力な機械製造企業による支援があって初めて自動車工業が成り立つ状況であったという．ただしその関係はフォード・システムの確立後に変貌する．フォード等の自動車企業が素材・部品の安定調達のために内製率を高める一方，部品企業は労働集約的で低収益の領域を担う存在になっていったのである．このことは部品企業の独自性を弱め，自動車企業による一方的な言い分が通りやすい素地を生むことになった．
5 ）　自動車 1 台当たりの利益率を日本やドイツ企業の小型車とビッグ 3 の大型車とで較べると，前者が10％程度なのに対し後者は倍以上にもなったという．さらに GM の高

級車部門であるキャディラックともなるとその差が約 4 倍にも開いたとのことである（下川，2009：19）．

6)　自動車部品の内製率は，GM が70％以上，フォードが60％，クライスラーが50％程度とされ，それに対して日本の自動車企業はせいぜい 2 ～ 3 割の水準であった（下川，2004：149）．

7)　もともと小型のピックアップ・トラックはアメリカには存在せず，1970年代に日本のトヨタ・ハイラックスや日産のダットサン・トラックが輸入されたことで登場した．1982年にアメリカの関税が引き上げられたことで日本からの輸出が激減するが，それに代わってフォード等がこのセグメントに注力するようになった（下川，2004：236）．

8)　ハイブリッド車としては1998年にトヨタが初代プリウス，翌1999年にホンダが初代インサイトを上市し，環境技術で先行していた．

9)　ロードスターは2012年の生産終了までに約2500台を生産・販売したが，この規模では量産とは言いがたい．

10)　これら基幹部品の調達方法でも工夫が見られた．例えばバッテリパックは，三洋電機（当時）製のラップトップ PC 向けと同じ18650セルと呼ばれる円筒形電池の改良版を EV 1 台当たり6000本以上搭載したものであった．またインバータやモータは，それまで自動車向けの量産実績が無かったとみられる台湾の民生用エレクトロニクス機器の大手企業から購入した．自動車部品企業から購入するとなると専用設計のものを調達する必要があったため，民生用の調達の方が割安で済んだのである．

11)　他にも EV の最大市場である中国では，最大手の比亜迪汽車（BYD）や低価格 EV を得意とする上海通用五菱汽車（SGMW）をはじめ，新興の上海蔚来汽車（NIO），小鵬汽車（X Peng），理想汽車（Li Auto）等がテスラに立ちはだかる．世界の電動車市場においては，アメリカ企業のライバルはもはや日本企業ではなく中国企業なのである．

参考文献

明石芳彦（2014）「アメリカ自動車産業の変容とデトロイトの位置」『季刊経済研究』Vol. 36，No. 3 - 4 ，pp. 11-80．

クラーク，K. B.・藤本，T.（田村明比古訳）（1993）『製品開発力』ダイヤモンド．

佐伯靖雄（2021）「テスラの事業戦略研究・序説」『産業学会研究年報』No. 36，pp. 59-76．

坂本清（2016）『フォードシステムともの作りの原理』学文社．

塩見治人（1978）『現代大量生産体制論』森山書店．

篠原健一（2014）『アメリカ自動車産業』中央公論新社．

下川浩一（1977）『米国自動車産業経営史研究』東洋経済新報社．

―――（2004）『グローバル自動車産業経営史』有斐閣．

―――（2009a）『自動車ビジネスに未来はあるか？』宝島社．

―――（2009b）『自動車産業 危機と再生の構造』中央公論新社．

スローン，A. P.（有賀裕子訳）（2003）『GM とともに』ダイヤモンド．

竹内一正（2021），『TECHNOKING イーロン・マスク 軌跡を呼び込む光速経営』朝日新聞出版．

バンス，A.（斎藤栄一郎訳）（2015）『イーロン・マスク 未来を創る男』講談社．

フォード，H.（豊土栄訳）（2000）『20世紀の巨人産業家 ヘンリー・フォードの軌跡』創
　　英社・三省堂書店.

藤本隆宏（2003）『能力構築競争』中央公論新社.

和田一夫（2009）『ものづくりの寓話』名古屋大学出版会.

第8章
航空機産業

　アメリカの旅客機メーカーはボーイングだけとなりヨーロッパの多国籍企業のエアバスと激しい競争を繰り広げているが，航空機産業は製造業で貿易黒字を生み出している数少ない産業でもある．航空機のイノベーションでは軍用機からの技術移転やユーザーである航空会社の役割が重要で，また新機種の開発はマーケットと密接な関係にあるとともに一度商品化したらすぐに代替品には出せないので，判断を誤れば命取りになる．イノベーションの事例研究としてきわめて興味深い産業である．

1．飛行機の発明

（1）　流体力学の発展
　「はじめに」で述べたが，「リニアモデル」のように科学が進歩すれば工学も進歩すると想定するのは適切ではなく，科学と工学は独立の経路で進歩する．「空気より重い飛行機は飛ぶのか」という理論的裏付けがないまま航空機の発明は競い合われていた．

　空気力学（Aerodynamics,「航空力学」とも訳される）は大気と動く物体との間の相互作用の学問であるが，水流から生じる力を分析する流体力学の一部として発展してきた．純粋な知的好奇心に基づく面もあり，また川の流れに耐える橋を設計するためという実用的な面もあった．ニュートン（Issac Newton）力学に基づいて流体力学も発展するが，微分方程式を駆使した理論研究の成果はコンピュータがない時代では応用も限定されていた．18世紀になると実験空気力学が行われるようになった．担い手は裕福だが素人の航空愛好家が多かったので，それまでの流体力学の理論は理解していなかった．

　そして，17世紀と18世紀は力学の理論も実験結果もまったく知らずに失敗が繰り返されていた．高いところから飛びおり羽ばたくことで飛行しようとする，いわゆる「タワージャンパー」である．この試みについてもイタリアのピ

ザ大学のボレリ（Giovanni Borelli）が彼の死後の1680年に出された本の中で，人間の筋力は体重比を考慮すると鳥よりはるかに弱いので人間が鳥のように羽ばたいて飛ぶことは不可能である，と指摘していたが無視されていた．

　実験空気力学は実験装置も考案した．棒状のアームの先に物体を取り付け回転（動力源は紐でつながった錘を落下させることで得ていた）させる回転アームが考案され，物体が高速で空気の中を動く状態を再現してデータを収集した．のちには風洞（トンネルの中に模型を入れて風を当てる装置）を使って飛行状態のデータを取るようになった．こうして，理論的基礎は不充分ながら19世紀までには翼面の上面の流速が下面より速くなり圧力が低くなるので，引っ張り上げる力が働くことは理解されるようになった．

　イギリスのレイリー卿（John William Stuart, 3rd Baron Rayleigh）はアルゴンの発見によって1904年にノーベル賞（物理学賞）を受賞した著名な科学者だが，飛行機は可能であると述べた．やはり著名な科学者であったケルビン卿（William Thomson, 1st Baron Kelvin）は，ライト兄弟（Wilbur Wright, Orville Wright）の飛行成功の数年前でも，空気より重い飛行機は不可能だと主張していたが，こちらが主流の科学者の考え方であった．

（2）　ライト兄弟の成功

　アメリカのラングレー（Samuel Langley）は富裕層の出身で，大学へは行かず土木技師として働きながら独学で天文学を学んだ．ハーバード大学の天文台に呼ばれ助手となったのち，1887年にスミソニアン協会の長官となった．彼のおかげでスミソニアン協会は航空力学のデータ収集ではヨーロッパと互角になった．さらに，彼は小型のゴム動力の模型機やエアロドロームと名づけた蒸気動力機を製作した．無人のエアロドローム5号機は1896年5月に1分30秒，1キロメートルの飛行に成功した．1898年には，陸軍省から5万ドル（2020年実質ドルで約156万ドル）の資金を得て有人のエアロドローム機を開発した．彼自身は高齢だったので，コーネル大学機械工学科を出たばかりマンリー（Charles Manly）という助手をパイロットにして1903年の10月7日と12月8日に実験するが，失敗した．ラングレーは高出力のエンジンで飛ばすことを考えていたが，操縦性や機体の耐久性への配慮に欠けていた．

　ライト兄弟は牧師の家の三男と四男であったが，母が大変器用な人物で，その影響を受け機械に興味を持った．1892年に自転車の修理・販売業を開業し，

1895年からは製造も行うようになり経済的に余裕ができた．1896年から飛行機に関する研究を始めるが素人であった．1899年に兄のウィルバーがスミソニアン協会に文献を紹介するよう依頼すると，文献リストと協会発行の文献が送られてきた．またラングレーの著作も購入して，大学は出ていなかったが，航空力学を独学で学んでいた．

　兄弟はまずグライダーを使って操縦術を習得した．体重の移動では大きな機体は操作できないので，垂直尾翼と水平尾翼につけた方向舵を用いた．さらに機体を傾けることで左右への方向転換は容易になるのだが，箱をひねるように複葉の翼をたわませることで実現した．このたわみ翼はライト兄弟の重要な特許であり，ライトの飛行機は1911年まで使用していた．ライト兄弟はグライダーで飛行データを計測したが，先行研究の数値と合わず1901年の時点では悲観的になっていた．兄弟は自ら風洞を作り模型機を入れてデータを取り直した．1902年はじめにはライト兄弟の応用空気力学のデータは世界でも有数のものになっていた（しかし結局，51年後まで公開されなかった）．

　グライダーでの操縦に目処が立ったので，動力を取り付けることにしたが，エンジンもプロペラも良いものが入手できなかったので兄弟が自ら製作した．当時すでに，自動車向け内燃機関と船舶用スクリューが実用化されていて知識が蓄積されていたので，兄弟は自分たちが望むものの開発に成功した．こうしてライト兄弟は，ラングレーの失敗から6日後の1903年12月14日の飛行試験では失敗するが，17日には成功した．

　1902ごろドイツのクッタ (Wilhelm Kutta) とロシアのジューコウスキィ (Nikolai Joukouski) はそれぞれ独自に，無限の幅の翼では上面と下面での空気の流れの差が圧力差を生み出し，それとつりあうように揚力が働くと理論的に証明した．ライト兄弟はこれを直接には知らず，あくまでも実験によって自信を得ていた．おそらくライト兄弟がいなくても，10年以内にはヨーロッパのだれかが飛行機を開発していたであろうといわれる．ただ兄弟は単に「運のよい自転車屋」ではなく，文献研究，実験でのデータ収集（ノースカロライナ州キティホークを試験飛行場所に選ぶことについても気象条件のリサーチを行っている），試験飛行，修正，再試行というエンジニアとしてのプロセスを踏むとともに，細部にわたって丁寧なモノづくりを行い，システムとしての飛行機を完成させた．しかし，ライト兄弟の飛行機は安定性は悪く，彼らの操縦技術の巧みさによって飛行が可能になっていた面もあった．また，1906年に特許が認められるまでは公開飛行も制

限していた．特許取得後もカーチス（Glenn Curtiss）と法廷係争を繰り広げた．[3]
特許は発明の誘因になるとともにイノベーションを妨げることもあるのだが，
20世紀初頭の航空機産業はまさに後者であった．第1次世界大戦が勃発しても
航空機メーカーは特許侵害訴訟が怖くて政府からの受注にも躊躇していた．そ
こで政府が主導で1917年にパテントプールである Manufacturer Aircraft
Association（MAA）が設立された．[4]

（3） 第2次世界大戦までの技術進歩

不可能と思われていた飛行機がライト兄弟によって実現されたことで，優秀
な科学者も飛行のメカニズムを真剣に解明しようとし始た．こうして理論流体
科学を重視した航空力学が発展した．元々20世紀にはヨーロッパの大学（工科
大学）は理論重視であったが，航空力学もそうなったのである．その典型がド
イツのプラントル（Ludwig Prandtl）である．彼のおかげで，1920年代にゲッテ
インゲン大学は世界の航空力学研究の中心地となった．優秀な弟子を多数輩出
し，母国に帰国する者も多かったので，航空力学の国際的な伝播に貢献した．
優秀な弟子のカルマン（Theodore von Karman）は，1930年に渡米しカリフォル
ニア工科大学教授になった．

アメリカではラングレーの実験の失敗により面目を失ったスミソニアン協会
は航空機開発を中止した．ライト兄弟自身も成功後は飛行機の改良に注力し，
風洞実験などは行わなくなった．もともと理論ではヨーロッパが優り，実験で
はアメリカが優っていたのだが，実験でもヨーロッパに逆転されてしまった．
ヨーロッパでは理論だけでなく，国が支援して風洞実験が行われていた．

第1次世界大戦が勃発しアメリカは航空工学の後れを実感したので，1915年
に国家航空諮問委員会（National Advisory Committee for Aeronautics: NACA）が設
置され，そこが研究も行うことになった．1920年に NACA ラングレー研究所
が設立され，大学，企業とも連携し航空力学の研究を行った．とくに1926年以
降，商業航空法（Air Commerce Act）により航空運輸業の規制が NACA から商
務省に新設された民間航空局（Civil Aeronautics Board）に移管されたので，
NACA は研究に専念した．NACA は自ら風洞を持ち実験を行い，様々な翼の
形状ごとにデータを提供することでどの企業も利用できるようにした．また，
"NACA カウリング" はそれまでむき出しだったプロペラエンジンにカバーを
つけることで空気抵抗を軽減した．

　1920年代末は旺盛な株式市場を背景に企業合併が活発で，航空機メーカー，エンジンメーカー，航空会社が統合した企業グループが形成されていた（今日のボーイングとユナイテッド航空は同じ会社だった）．1933年に成立したルーズベルト政権は，競争が行われず腐敗しているとして，グループの分割を命じた．このため，エンジンメーカー，航空機メーカー，航空会社が独立した．自動車メーカーはエンジンも自社で作りそれが競争力の源になるのだが，航空機メーカーはエンジンを作らないことになった．機体メーカーの競争力の源は主翼の設計・製造能力になった．

　エンジンについては陸軍，海軍がライト（ライト兄弟の流をくむエンジンメーカー，機体メーカーは宿敵カーチスと合併してカーチス・ライトとなっていた）とプラットアンドホイットニー（P&W）というメーカーを育成した．水冷エンジンは重たく故障も多かったので空冷エンジンの冷却効率を向上させるよう努めて，中・大型機は空冷エンジンが主流になった．一方，水冷エンジンも冷却液を改良して高速の小型戦闘機用に使われた．

2．ジェット旅客機の時代

（1）　ジェット旅客機の誕生

　1930年代は大学，NACA，軍，企業の産学官連携がうまく機能したのだが，基礎研究よりも応用志向であった．ジェットエンジンについては重たいのに出力が小さいとして実現性に悲観論が多く，1930年代末にアメリカは，来るべき戦争は既存の技術（プロペラ・ピストンエンジン）で戦う方針を固めていた．イギリスはジェットエンジンを成功させたので，アメリカ政府はその技術をGEに学ばせた（エンジン生産のトップ企業のライトとP&Wにはピストンエンジンの量産に専念させた）．第2次世界大戦中，ジェットエンジンとロケットエンジンを搭載した軍用機は，ドイツで実戦配備されていた．1945年の終戦直前にアメリカもソ連（当時）もドイツ領内でロケット・ジェットエンジンの研究施設を接収し，データ，実物，さらに研究者を獲得しようとした．

　派遣チームに含まれていたボーイングのシャイラー（George Schairer）がブラウンシュバイク研究所でカラ井戸に入っている書類を発見した．そこには高速飛行における後退翼の役割が書かれていた．飛行機の速度が高速になるとプロペラの先端や主翼の一部では空気の流れが音速以上の速度になり，空気がサラ

サラの状態になるので，プロペラの推力や翼の揚力が低下する．したがって，推進力としてプロペラでなくジェットエンジンやロケットが用いられるが，同時に主翼を斜め後ろにする後退翼にして，翼に垂直に当たる流体の速度を小さくしなければならない．後退翼はジェットエンジンとペアになって超音速飛行を可能にしたのである．

接収した文書はすべてのアメリカ企業に公開されることにはなっていたが，彼はボーイング本社に手紙を書き，後退翼に注目するとともに他社にもこの手紙を読ませるよう頼んだ．ボーイングは開発中だったジェット推進の爆撃機を後退翼にしたが，これが1947年初飛行のB47である．ボーイングはその後も1952年初飛行のB52で成功した．ボーイングは超音速爆撃機の開発ではノースアメリカンやコンベアに後れを取ったが，超音速爆撃機は戦略ミサイルに代替されたため国防総省の関心も薄くなり，ボーイングにとって出遅れは問題にならなくなった．

しかしながら，戦後，ジェット旅客機を実用化したのは戦時中にジェットエンジンを自力で開発していたイギリスで，1952年にディ・ハビランドのコメットが就航した．しかし，3度にわたる空中分解事故を起こした．その後の調査で，機体内外の圧力差が窓やアンテナのハッチの直角の角や窓の周辺の鋲（リベット）の部分に異常に大きな力を集中させたこと，就航前の圧力をかける検査がかえって金属疲労を残存させたことなどが判明した．先行したイギリスの民間航空機産業はつまずくことになった．イノベーションでは先行者が優位を維持できるとは限らず，先行者がリスクだけをとって失敗し，そこから学んだ後発者が逆転することも起こるのである．

（2）　ボーイングの繁栄

アメリカのダグラスはプロペラ旅客機で収益を上げていたのでジェット旅客機の開発には積極的ではなかった．ボーイングはプロペラ旅客機で劣勢だったので，ジェット大型爆撃機（B47とB52）で培った技術と資金を基にジェット旅客機の開発を行った．コメットがエンジンを主翼の胴体の近い部分に内包していたのに対して，ボーイングの爆撃機はエンジンを主翼から吊り下げている．これは戦場で，被弾したエンジンだけを落とし機体を守るためだが，これを旅客機にも導入した．[5]

また，ボーイングに対しては航空会社のパンアメリカン航空がジェット旅客

機の開発を勧めた. 航空運輸業界は料金, 参入, 退出に認可が必要な規制産業
であったので, 価格競争が起こらず航空会社は財政的に余裕があり, 非価格競
争として高速で快適なジェット旅客機を購入することに積極的だった. イノ
ベーションには初期の購入を約束してくれるユーザーの役割が大きい. メー
カーは生産経験を積むことで生産方法が改善されコストが下がり, 品質も向上
するのである. パンアメリカン航空は, ボーイングを煽るためにダグラスにも
ジェット旅客機の開発を勧めた. ダグラスはアメリカン航空の依頼でターボプ
ロップ (ジェットエンジンの燃焼ガスのエネルギーを噴射力でなくタービンを回転させる
方に利用してプロペラの動力にする) の旅客機を開発する予定だったが, パンアメ
リカン航空の要請でターボジェットに切り替えた. こうして, ボーイングの
B707が1958年10月に, ダグラスDC8が翌年9月にそれぞれ就航した. DC8
の方が航続距離も乗客者数も多かったが, ボーイングはエンジン前方にファン
を置き出力を高めるターボファンエンジンに切り替え, 翼もDC8が使用して
いるNACAが開発したモデルに変更した. この改良版がヒットして最終的に
はB707はDC8の2倍近い売り上げ機数になった.

　パンアメリカン航空からの要請で, ボーイングはさらに大型なB747, 通称
「ジャンボジェット」を開発した. DC8は胴体を延長することで座席数を増や
せたが, B707は機体が低かったので胴体を延ばすと離着陸時に機体後部が地
面に接触するため延長による座席数増加ができなかった. そこで新しい大型機
の開発を行った. B747は就航当初の1970年代は, 大きすぎて (空席が多くなるこ
とを航空会社に敬遠され) 販売数が伸びず, ボーイングの経営危機を引き起こし
たが, 海外の航空会社は国営または政府資本が入っている場合が多く資金が潤
沢で, 1980年代になると「見栄」で高価なB747を競って導入するようになっ
たので商業的に成功した.

　ダグラス(DC10)とロッキード(L1011)はそれぞれ3発機として開発されたが,
B747より小さな「300人乗り」市場に2機が参入したため共倒れになってしまっ
た. 航空機の開発には多額の費用がかかるので, 就航後8～14年で400～600機
売れないと採算が取れないといわれている. アメリカ政府は軍事技術の転用と
いう形で民間航空機産業を育成してきたのだが, この場面では両社を説得して
どちらか1社のみが参入するようにはしなかった. その代わり, ロッキードが
破綻寸前になると政府が救済した.

　DC10とL1011が3発機なのは, もともとは双発機では長距離飛行に不安が

あるからと航空会社が求めていたためだが，エンジンの性能が向上して双発機の航続距離が延びると，航空会社は整備に時間がかかる3発機を嫌うようになった．双発機は片方のエンジンが止まっても墜落はしないのだが，近くの空港に着陸できるような航路を採ることが求められていた（アメリカとヨーロッパの政府運輸当局がそれぞれ合意した規制である）．当初は60分以内に着陸できることが求められていたのが，1985年には120分，1988年には180分に延長し，洋上飛行も可能になった．また，DC10とL1011は機長，副操縦士に加えて飛行機の位置を調べる機関士による3人編成であった．コンピュータを使った慣性航法の発達で機関士が不要となると航空会社は人件費の高い3人編成の機体を避けた．アメリカでは労働組合から反対があったが1981年に大統領の諮問委員会が規制を緩和した．この変化にDC10とL1011はついていけず，ダグラス（1967年にすでに軍用機メーカーのマクダネルと合併しマクダネル・ダグラスと改称）とロッキードは旅客機部門から退出し，軍用機に特化する．

（3） 超音速旅客機の挫折

　ジェット旅客機の速度は過去60年ほとんど変わっていない．これはマッハ0.8（音速の0.8倍，時速約1000キロ）を超えると空気抵抗が急増するので，それに逆らって飛ぶと燃料消費が大きくなり採算性が悪くなるためである．軍用機は超音速で飛行するが，高温の排気ガスに燃料を吹き付けて再燃焼させるアフターバーナーを使用した時のみで，通常は音速以下で飛行していることが多い．アフターバーナーを使用すると推力は50％増になるが，燃料消費量は2〜3倍になるので民間機では使えない．

　それでも1960年代末には超音速旅客機は英仏共同開発のコンコルド，旧ソ連のツポレフ144が開発されていた（前者は1969年，後者は1968年に初飛行に成功した）．アメリカも国策として開発することを決定し，ロッキードとボーイングが争い，1966年にボーイングの可変翼機が選ばれた．可変翼とは高速では後退翼だが，低速のときは後退の角度を浅くするものである．しかし，低速時の安定性が保てず固定三角翼に尾翼をつける設計に変更された．1969年にこのボーイング2707-300の開発が開始された．しかし，超音速飛行で発生する衝撃波の地上への影響，排出ガス（窒素酸化物）がオゾン層を破壊する可能性（オゾン層が破壊されると地上に降り注ぐ紫外線が増えるので皮膚がんが多発する恐れがあった）など環境問題から反対の意見が出た．また，燃費が悪いため採算性にも問題があった．

さらに民間機の開発を連邦政府が支援することはアメリカの伝統に反する，という意見もあった．このため1971年 3 月に下院215対204，上院51対46という僅差で，試作機の飛行にも至らないまま開発中止が決まった．

　超音速旅客機についてボーイングは政府からの資金なしでは開発する気がなく，それほど熱心でなかったがパンアメリカン航空は関心を持っていた．同社は，アメリカでの開発機運を盛り上げるために，1963年にコンコルドを仮発注した．実際，同社の関心はB747よりも超音速旅客機であった．B747は前方部分のみ 2 階建て，操縦席が高いところにある．これは超音速旅客機が実用化されたらB747は貨物機に転用し，先端部は上に開いて大型の貨物を前から直接搬入するための改良の余地を残していた．先端が開いても良いような場所に操縦席は置かれていたのである．

　実際，コンコルドもツポレフ144も開発国以外では売れず，前者は14機，後者は 8 機が生産されただけで運行中止となった．超音速旅客機の開発がうまくいかなかったのは，軍事技術の転用が行われなかったためでもある．前述のように大型爆撃機の技術は大型旅客機に活かされたが，大型超音速爆撃機は戦略ミサイルに代替されたため，実用化されておらず，超音速で大型機を飛ばすという技術はアメリカに蓄積されていなかったのである．実は超音速の空気力学は音速以下とは異なっており，翼にかかる力も異なるので，設計の常識も変えなければならなかった．また，高速で飛行するには排出ガスの速度が飛行速度以上でなければならないが，燃費で優れるターボファンエンジンは，排出ガスの速度は遅いので使いにくいのである．

（4）　エンジンとの相乗関係

　前述のように，航空機メーカーはエンジンは自社で製作せずエンジンメーカーから購入する．現在，大手エンジンメーカーはアメリカではライトが衰退しP&W，GE，イギリスではロールス・ロイスである．同社は高級自動車メーカーだったが，自動車時代のピストンエンジンからジェットエンジンへの移行に成功していた．しかし，ロッキードのL1011の開発で複合材料のエンジンを作ろうとして失敗して自動車部門も不振だったので経営破綻したが，イギリス政府の支援により復活した（自動車部門はドイツのBMWに売却した）．航空機メーカーは同じレベルの性能のエンジンならば異なるメーカー製のものでも搭載できるようにしており，航空会社が選択することもあった．また，ボーイングが

ヨーロッパ航空会社に機体を売り込むときはロールス・ロイス製のエンジンを搭載し，ヨーロッパ経済への貢献をアピールし，逆にヨーロッパのエアバスは，アメリカの航空会社に売り込むときはP&WやGEのエンジンを搭載する．

　これも前述したように，第2次世界大戦のときにアメリカはジェットエンジンに関心が低かったが，イギリスでの成功を聞き1941年にイギリスのエンジンを導入し，航空機エンジンでは新興のGEに研究開発させた．同社はガスタービンとピストンエンジン用ターボチャージャー（排気ガスがタービンを回し，それがコンプレッサーを回して吸入空気をシリンダーに圧縮して送り込み効率を向上させる．自動車のエンジンにも使われる）では実績があったのですぐに技術力を高めた．

　ライトは出遅れたままだったが，P&Wは2軸式エンジンのJ-57を開発した．これはタービンを低圧型，高圧型に分けてそれぞれが圧縮器の低圧型，高圧型を回すもので圧縮器が分かれることで圧縮効率を高めた．1950年代に大型爆撃機や超音速戦闘機のために開発されたものだがB707やDC8といったジェット旅客機に使われた．同時期にGEは圧縮機の静翼の取り付け角度を変えられるエンジンを開発しほぼ同じ性能を達成した．

　1965年にロッキードの大型軍用輸送機C5AのためにGEがTF39ターボファンエンジンを開発した．それを改良したDF-6エンジンがDC10やエアバスA300に採用された．ボーイングはC5Aの入札に敗れたが，エンジンのパートナーだったP&Wが開発していたJT-9DエンジンがあったのでB747に使うことができた．ただ，JT-9Dエンジンは納期に後れ，また就航後もエンジントラブルが発生した．ボーイングは自社の構造分析用のソフトウェアを使って問題を解決した．

　1970年代以降，現在も現役の戦闘機であるマクダネル・ダグラスF15イーグルはP&W製F-100エンジンを採用した．採用されなかったGE製のF-101エンジンはのちにB1爆撃機に採用されたが，F-101のターボジェットエンジンにフランスのスネクマ社製のファンを組み合わせたターボファンエンジンは両社の合弁会社からVFM-56として実用化され，B737の改良型やエアバスA320に採用され，双発旅客機用のヒット作になった．このように軍用も含めて開発されたエンジンが新型旅客機を可能にした．

3．ボーイング対エアバス

（1）　エアバスの台頭

1964年にコンコルドの英仏共同開発が進む中で，イギリスが欧州エアバス（空飛ぶバスのような大型機）構想を提案した．フランスはコンコルドへの資源が分散されるので消極的だったが，西ドイツ（当時）は積極的だった．第2次世界大戦後の西ドイツの航空機産業の技術力は評価されていなかったので資金スポンサーとして期待されていた．西ドイツとフランスはアメリカへの売り込みを考えてエンジンはロールス・ロイス製以外にすることを主張したので反発したイギリスは脱退した．エジソンはフランスのスネクマと提携していたGEのものが採用され，1969年に西ドイツとフランスによってエアバスが設立された．しかし，主翼の開発に関してはイギリスのホーカー・シドレーに委託した（もう1つの有力メーカーはイギリスのブリティッシュ・エアクラフトだったがコンコルドに忙殺されていた）．1971年にはスペインもエアバス構想に参加した．

　エアバス製の最初の旅客機であるA300はヨーロッパ路線で売れればよいという堅実な戦略で，洋上飛行は想定しない双発機にした．A300は1972年に初飛行し，1974年にエールフランス航空に就航した．その後の発注は不調であったが，参加国の政府が資金を出していたので生き延びた．アメリカのイースタン航空に対して無償貸し出しをして，試用期間を設けてから購入判断できるようにするなど，航空会社にきわめて有利な方式で売込みすることで巻き返した．また，ヨーロッパの首脳，王室も海外の航空会社の売り込みに積極的な役割を果した．アメリカでは民間企業のために政府が売り込みを行うということはタブー視されてきた．しかし，海外の航空会社は国営であったり政府が株を持っていたりするので，ヨーロッパの政治家がエアバスを採用するように政治的な駆け引きを行うことは効果があった．また，第2次石油危機で燃料価格が上昇すると，双発機は人気が出た．

　エアバスは政府支援によって発展した面があるが，アメリカ側の慢心の面も否定できない．エアバスはエンジンカバーのナセルについて，自社での開発負担を考慮してマクダネル・ダグラスにライセンスを依頼した．同社にとってはライセンス料によって安易に収益を得ることは好ましかったが，長期的に見ればエアバスに技術を与えることになった．

　また従来，方向舵・水平尾翼・補助翼は油圧系統によって，梃子の原理で操縦士の動作が増幅されて動いており，基本的には操縦士の力に依存していた（操縦士が力を入れれば翼も大きく動いた）．一方，アメリカが軍用機（F16）で開発したフライ・バイ・ワイヤー（Fly-by-Wire）では操縦士は電子信号による指示で翼を動す．ボーイングは従前のパイロットの動作を変えることは好ましくないとして導入に消極的だったが，エアバスはA320以降のすべての旅客機に導入した．また，エアバスはコックピットの様式を統一することにより，操縦士が機種ごとに訓練を受ける必要もなくなり，航空会社にとっては経費削減になった．

　前述のようにDC10とL1011で苦境に立っていたダグラスとロッキードが衰退する中で，そのシェアを奪う形でエアバスが成長した．航空会社にはボーイングの顧客とダグラスの顧客があったのだが，合併後のマクダネル・ダグラスが衰退してボーイングと統合するとダグラス系の航空会社はエアバス機を採用した．こうして図8−1が示すように大型受注の有無により年ごとの変動は大きいが，現在ではエアバスとボーイングとの一騎打ちの様相を呈している．

　ボーイングは1980年代になってエンジンの性能・信頼性が向上していたので，3発エンジンだったB727を双発にしたB757を開発した．次のB767はA300に対抗する機体だが，A300から10年も経っていた．それまでB737の改良型で対抗したところにボーイングの消極性が現れている[6]．また，B747の改良型として747-400は2人体制でノンストップ長距離飛行が可能になった．

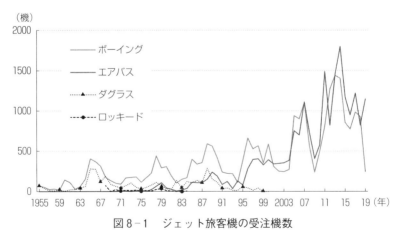

図8−1　ジェット旅客機の受注機数

出所：日本航空機開発協会（2021）『令和2年版　民間航空機関連データ集』日本航空機開発協会.

B777でようやくフライ・バイ・ワイヤーを導入したが，操縦桿を残しパイロットになじみやすくしている．

（2）航空会社の変容

　前述のように，アメリカの航空会社は1938年以降，料金，参入，退出（路線廃止）は商務省民間航空局認可を得なければならず強く規制されてきた．料金競争が激しくないので航空会社は非価格競争に走った．機内食が豪華といったこと以外にも，直行便が多い，高速で快適な大型ジェット機を導入するといったことが求められた．財政的に余裕がある航空会社は航空力学科卒のエンジニアを雇っていたので，機体メーカーと協力して独自の機体を製作したし，エンジンの選定も航空会社主導で行われた．

　1970年代後半に航空会社の規制緩和が行われた．経済学者によれば航空路線は同じ機体を別の空路に持っていけるので，参入・退出が自由な「コンテスタブルな市場」だとみなされた．その場合，仮に既存企業は1社でも価格をつり上げたらすぐに参入が起こるので，価格をつり上げたりしない，すなわち独占企業としての規制は不要と主張され，政治家も同調した．

　規制緩和されると，政治家，学者の予想に反して，航空会社は「ハブ・アンド・スポーク」路線網を採用した．図8-2の中央の自転車の車輪のように，ハブとは車軸でスポークはチューブまでつなぐ棒である．図8-2の左の規制緩和前では，AからEの各空港間に直行便が飛んでいた．右の規制緩和後になると，各空港を直行便で結ぶのでなく，すべての空港の利用者はハブ空港であるCまで行って乗り換えてもらうようになった．その代わり各路線の座席充足率は高くなる．航空会社にとって空席は料金を取らずに空気を運ぶので，費用削減のためには好ましくないのである．価格競争が激化し，航空会社はコスト削減に真剣になったのである．

　エアバスは国際的なハブ空港間（たとえばシンガポール空港とロサンゼルス空港）の路線には大きな需要があると考え，総2階建で客席も500席超のA380を開発した．一方，ボーイングはハブ空港以外の空港の間（たとえば関空とボストンなど）の直行便である"Point to Point"路線には需要があると考えた（図8-3参照）．そのような路線は大型機では満席になることは難しいが，中型機ならば問題ない．ボーイングは軽量で強い複合材料を多用して，航続距離が長く世界中のどの都市の間も飛行できる中型機であるB787を開発した．

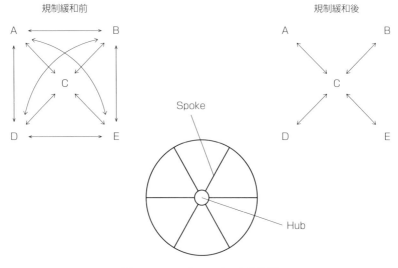

図8-2　ハブ・スポーク路線図

出所：筆者作成.

　後述のようにB787の開発にはトラブルがあった．しかし，A380も需要が充足できず生産中止に追い込まれた．ボーイングとエアバスは**表8-1**が示すように，つねに同じ市場に参入し競合してきたのだが，A380とB787では棲み分けが行われた．しかし，A380が生産中止になる中，エアバスはA350をB787と直接対決させることにした．一方，ボーイングはB777をさらに大型化している．B747の改良型のB747-400やB747-8は，エアバスA380でなく双発大型機B777-300ERに負けたともいえる．ある種の共食いが起きてしまったのである．さらに，A350も当初の計画よりも大型化したので，B777やB787の大型機版のB787-10とも競合するようになった．こうしてボーイングとエアバスは，再びすべてのマーケットで戦うことになった．

（3）　B787とB737MAX問題
　ボーイングはB787では金額ベースで70％の部品を海外企業に外注した．本来，航空機メーカーにとって競争力の源泉である主翼も日本企業（川崎重工と三菱重工）に担当させた．多くの企業が担当部品を同時に開発することで迅速な開発が可能になりリスクも分散できる．また，外国企業が生産に関与すること

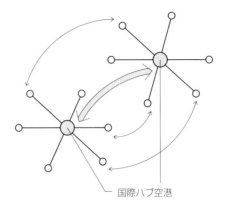

図 8‑3　国際ハブ空港間路線と Point to
　　　　Point 路線
出所：筆者作成

でその国の航空会社が買ってくれることを期待した．しかし，1 次下請けがボーイングと契約したあと，どのように 2 次，3 次の下請けを組織化していくか，ボーイングが充分に監督できないという管理上の問題が生じた．また，部品に不具合があれば以前ならば工場内で解決できたのに海外の外注先に問い合わせなければならなかったり，外注に反発したボーイングの労働組合がストライキを起こしたりした．外注先企業との契約では，旅客機が売れて収入が発生して初めて外注先企業にも支払いが行われることになっていた．外注先企業が納期を守ることを期待したのだが，外注先企業は自分が生産をしても他社が納期を守らないと支払いを受けられないことから，むしろ納期ぎりぎりでの生産スケジュールを組んだため，結果として納期を守れないケースが続発した．

　こうして最初の購入者である全日空への納機は，2008 年の北京五輪に合わせて行われる予定だったのだが2011 年になってしまった．就航後も日本製の電池の発火事故が起こり運行停止という事態も生じた．電気系統はフランスの会社に担当させていて，蓄電池はその一部なのだがボーイングは原因をなかなか把握できなかった．要素技術のモジュールが，ブラックボックス化してしまっていたのである．

　次にボーイングが直面したのは，B737MAX の問題であった．B737は1968年に就航したロングセラー機である．胴体は B707や B727のものをベースにしたので 1 列 6 席で座席数が多く，先行していたライバルの DC 9 が 5 席だった

表8-1 ジェット旅客機の市場と機種(カッコ内は納入年)

	1950年代	1960年代	1970年代	1980年代	1990年代	2000年代	2010年代
超大型機 (400席以上)			B747 (1969)	B747-400 (1989)		B777-300ER (2004) A380 (2007)	B747-8 (2012)
大型機 (250~400席)			DC10 (1971) L1011 (1972)		MD11 (1990) B777 (1995) A330 (1993) A340 (1993)		A350 (2015) B787-10 (2019)
中型機 (150~250席)	B707 (1958) DC8 (1959)	B727 (1963)	A300 (1974)	A310 (1983) A300-600 (1984) B757 (1982) B767 (1982)			B787-8 (2011) B787-8 (2014)
小型機 (90~200席)		B737 (1967) DC9 (1965)		A320 (1988) B737-300 (1988) MD80 (1980)	B737-700 (1997) B717 (1999) MD90 (1995)		A320neo (2016) B737MAX (2017)

出所:山崎文徳 (2009)「アメリカ航空機産業における航空機技術の新たな展開」『立命館経営学』、第48巻、第4号。日本航空機開発協会 (2013)『平成24年版 民間航空機関連データ集』。

ので次第に優位に立つことができた．当時，小型機ではジェットエンジンを尾部に置くことが多かったが，B737は大型機のように翼からの吊り下げにした．このため胴体の延長が容易だったので改良版を出しやすかった．前述のように，エアバスが次々新型機を出す中，ボーイングはその実力を軽視しB737の改良版で応じてきた．B737ではB737-100からB737-500までの改良版が出され，B737-600からB737-900は Next Generation と呼ばれた．さらに，B737 MAX 8 が開発された．

　2010年末にエアバスは，A320のエンジンを省エネ型にした新型機を発表し，2011年のパリ航空ショーで667機の商談がまとまった．あせったボーイングはB737に省エネエンジンをつけて MAX 8 として販売することにした．B787の開発に時間がかかったことから，既存の機体を使うことで開発の時間と費用を節約しようとした．B737MAX 8 は2016年8月に初飛行したが，2018年10月にインドネシアのライオンエア機で墜落し乗客・乗員181人が死亡した．2019年3月にはエチオピア航空機が墜落し157人が死亡した．異なる航空会社での事故なので乗員や整備のミスでなく機体そのものの欠陥が疑われたが，調査の結果，深刻な問題が明らかになった．

　B737はもともと乗客がタラップ（階段）を使って搭乗する時代に開発されたので胴体が低い．そこに大きな省エネエンジンを搭載したので，エンジンの一部が翼の前にはみ出す形になった．そのため重心がずれて機首が上がりやすくなった．機首が上がる（迎え角が大きい）と気流が翼から剥離して失速を起こしやすい．そこでボーイングは，Maneuvering Characteristics Augmentation System（MCAS）という失速防止ソフトウェアを付けた．これは2つある迎え角のセンサーの計測値が一致しない場合，自動的に機首を下げるものである．しかし，片方のセンサーが機首が上がったと誤って認識すれば，下げる必要がないのに機首が下がるので墜落してしまったのである．センサーを3つにして2つの値が同じならば残りの1つが誤認識しているとわかるのだが，節約して2つにした点に問題があった．また，当初は MCAS が作動するには，迎え角だけでなく別の種類の異常値が示されることも要件にしていたのに，それも省いてしまった．また，一旦，ソフトウェアが起動すれば手動で戻すのは難しく，戻しても再び起動してしまう．ボーイングは MCAS の開発を経費削減のためインドに外注していた．ボーイングのフルタイムのエンジニアは年収15万ドルから20万ドルであり，契約社員でも時給35〜40ドルである．インドのエンジニ

アの時給は9ドルなので正社員の10分の1相当であった．彼らは，とくに飛行機についての知識を持ったコンピュータエンジニアでもなかった．

　さらに問題なのは，MCASが作動した際の対応が充分にパイロットに周知されていなかったことである．エアバスの成功例に倣って，ボーイングはB737の改良版はもともとのB737の操縦資格を持ったパイロットならば簡単な追加訓練で操縦できることを望み，連邦航空局（Federal Aviation Administration: FAA）に対して積極的な陳情を行い，シミュレーターを利用しないネット上の講習で操縦できることが認められた．訓練費用が安いことは航空会社への売りになる．また，規制緩和と政府のコスト削減の流れの中，FAAは審査対象である企業に安全審査をさせるようになっていた．不良品を売った企業は生き残れないからきちんと審査するとの前提であったが，B737MAXでは安全性や訓練の軽視が問題視された．ボーイングもFAAも経費削減のために安全性を犠牲にしたといわざるを得ない．

　冷戦終結後，航空機産業は，ボーイング，ロッキード・マーチン，ノースロップ・グラマンの3グループに再編され，旅客機ではボーイングだけになり，エアバスと激しく競争している．ボーイングは競争の中でのコスト削減策によって，B787やB737MAXの開発ではかえって痛手を被ることになった．

　注
　1）　ニュートン力学の第2法則（力は質量と加速度との積である）が流体力学の発展に重要であった．それまでは抵抗を無視したら力を加えなくても等速での運動が可能であることが理解されていなかった．また，第3法則の作用・反作用がのちにジェットエンジンやロケットエンジンで，高速噴射の反動が推進力になることの原理となった．
　2）　イギリスの貴族・化学者スミソン（James Smithson）が1829年に亡くなったときの遺言に，3番目の甥が死んだら遺産を合衆国に寄付するので知識の増大と普及に役立て欲しいと記してあった．1836年に甥が亡くなり50万ドル（2020年実質ドルでは約1400万ドル）が寄付された．アメリカでは国立大学を提案されてきたが否定され，研究寄付金の受け皿がなかったので1846年にスミソニアン協会が設立された．スミソニアン協会は，大学の研究を支援するとともに内部でも研究を行っていたので，19世紀における国の研究機関と考えられる．
　3）　ライト兄弟は翼をたわませることで機体を傾けた．これは特許になっていて他社は使うことができなかった．カーチスは補助翼（エルロン）を片方上向き，他方を下向きにすることで機体を傾けた．単葉機になってからはこちらが主流になった．
　4）　MAAは1975年に司法省により解散を命じられた．特許が共有だと自分で発明して

も他のメンバーと共有しなければならず，また自分が発明しなくても他のメンバーの発明を利用できるので，誰も積極的に発明を行おうと思わなくなるのでMAAはイノベーションを妨げているとみなされた．

5）　大型旅客機と軍用輸送機には違いもある．旅客機は安定した飛行を目指し，軍用機は急な旋回や高度変更が必要なので，前者は低翼（胴体の下に主翼が付く）が後者は高翼（胴体の上から主翼が付く）になった．低翼は高翼よりも重量が軽くなる点はよいのだが，低翼にエンジンを吊り下げると胴体の位置が高くなる．タラップ（階段）で乗り降りする際には不便である．ただ，旅客機は客室の下に貨物室を設けるので客室の位置は高くならざるを得ない．現在では，タラップでなくゲートからボーディングブリッジで直接乗り降りするようになったので，客室の高さは問題にならなくなった．

6）　ボーイングとダグラスが争っていたときには，ダグラスは保守的で機体を延長する改良型を出すのに対して，ボーイングは新機種を出す戦略だったのだが，エアバス相手には消極的であった．

7）　トヨタもサプライヤーを1次，2次，3次などと何層にも分けており，基本的には1次サプライヤーとのみ関係を持っている．また，エアバスは異なる国で様々な部分を作ってから組み立てているので，サプライヤーを国際展開すること自身が非効率とは限らず，ボーイングのやり方に問題があった．

参考文献

アンダーソン，J.D.（織田剛訳）（2009）『空気力学の歴史』京都大学学術出版会．
―――（織田剛訳）（2013）『飛行機技術の歴史』京都大学学術出版会．
久世紳二（2006）『旅客機の開発史』日本航空技術協会．
西川純子（2008）『アメリカ航空宇宙産業――歴史と現在――』日本経済評論社．
帆足孝治・阿施光南・山下白洋（2016）『残念な旅客機たち』イカロス出版．

第**9**章
バイオ・医薬品産業

　アメリカは医薬品産業において高い国際競争力を維持している．さらにバイオテクノロジーという新しい技術が医薬品産業に大きな変化をもたらしている．また，医薬品産業のイノベーションは国の医療制度とも密接な関係があり大変興味深い分析対象である．

1．医薬品の歴史

　病気との戦いは人類の歴史でもある．病気の原因がよく分からなかった時代においては，病気を治すために祈禱や呪術などが行われていた．そのような中，紀元前400年頃，ギリシャのヒポクラテス（Hippocrates）が，迷信や呪術から医学を切り離し，経験に基づく病気の原因解明を試みた．この功績によりヒポクラテスは「医学の父」と呼ばれている．

　一般に，病気の診断，治療，予防に使われる薬のことを医薬品と呼ぶ．医薬品のルーツは古く，日本では，縄文人が薬として使ったものと見られる植物（薬草）が遺跡からいくつも発見されている．

図9-1　ヒポクラテス（19世紀銅版画）
出所：Wikipediaより〈https://ja.wikipedia.org/wiki/%E3%83%95%E3%82%A1%E3%82%A4%E3%83%AB:Hippocrates.jpg〉．

（1）　近代医学上もっとも重要な発見
　1928年，イギリスの細菌学者であるフレミング（Sir Alexander Fleming）は，研究用のブドウ球菌の培養皿にカビが生えてしまったのがきっかけで，ペニシリンを見出した．すな

わちフレミングは，青カビの周りだけ培地が透明で，ブドウ球菌が青カビ側に増えない現象に偶然気付き，そこで彼は青カビを培地に培養し，その培養液を濾過した濾液中に菌が増えるのを妨げる（抗菌）作用を持つカビ由来の成分を見出し，「ペニシリン（penicillin）」と名付けた．ペニシリンという名前は，青カビの属名（Penicillium）にちなんでいる．当時，フレミングの研究室があったロンドンにある現在のセント・メアリー病院の外壁に

図9-2　フレミング飾り板
出所：Wikipediao より〈https://en.wikipedia.org/wiki/File:Fleming%27s_Plaque_-_geograph.org.uk_-_1452410.jpg〉.

は，ペニシリンの発見にちなむ飾り板が付けられている．

（2）　医薬品の化学合成

　現在でも抗菌薬として使用されているサルファ剤は，ドイツの生化学者であるドーマク（Gerhard Domagk）の研究により，赤色アゾ染料の一種にレンサ球菌に対する効果が見出されたのを発端に，1935年に抗菌薬プロントジルが化学的に合成され，発表された．図9-3に示すこの抗菌薬はサルファ剤に分類され，4-アミノベンゼンスルホンアミド（スルファニルアミド）と呼ばれる化学構造を持ち，微生物が葉酸を合成する過程を阻害することで抗菌作用を発揮する．

２．バイテクノロジーと産業

（1）　バイオテクノロジーとは

　バイオテクノロジー（biotechnology）という言葉は，生物学（biology）と技術

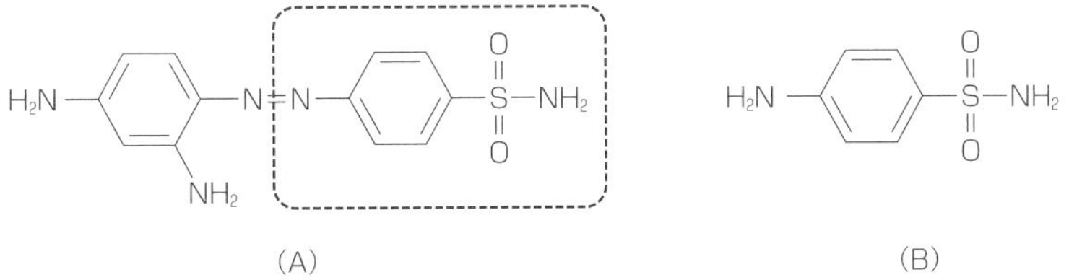

（A）　　　　　　　　　　　　　　　　　　　　　（B）

図9-3　プロントジル（A）とスルファニルアミド（B）の化学構造式

（technology）の組み合わせから生まれた言葉であり，生物工学と呼ばれることもある．近年注目を集める研究分野の1つであるが，その歴史は古く，人類の経験や創意工夫にその端を発する．チーズや味噌など身近な発酵食品は微生物の働きを利用した産物であり，保存食としての利点も兼ね備える発酵食品も多い．これらは広い意味でバイオテクノロジー産物であるということができる．この他にも，農業分野で古くから試みられてきた品種改良という技術もバイオテクノロジーの1分野であり，現在，スーパーマーケットなどの食品売り場で目にする野菜や果物のほとんどすべては，実は野生の品種とは異なる，人間の手によって改良を施されてきた品種であり，これもまたバイオテクノロジーの産物である．

　人間は従来より，自然突然変異を利用することで，人間にとって利用しやすい形質を持つ個体を選択（交配）し，品種改良を行ってきた．たとえば，より大きな実がなる個体を選んでその種を取り，その種から栽培することを繰り返すと，これまでよりも大きな実を付ける性質を持つようになり，人為的に形質の変化を促進させることができる．人間は自然突然変異を利用し，自らの手で人間に有益な形質をもつ作物や家畜を作り上げてきた．

　このような品種改良技術に大きな転機をもたらしたのが，アメリカのワトソン（James Watson）とイギリスのクリック（Francis Crick）による DNA の二重らせん構造の解明(1953年)である．これをもとに，遺伝子を分子レベルで解析，改変する技術が飛躍的に発展した．

（2）　バイオテクノロジーの農業分野への応用

　遺伝子組み換え技術は，目的とする遺伝子を DNA レベルで取り出し，別の DNA を導入する技術のことで，あらゆる生物の遺伝子に利用可能である．これにより農作物に限らず広く農林水産物の品種改良技術は大きく進展し，現在では世界の多くの国で遺伝子組換え（Genetically Modified：GM）農作物が広く栽培され，市場に登場，アメリカやカナダでも遺伝子組換え作物（トウモロコシ，綿，大豆，菜種）

図9-4　DNA の構造
　　　　（イメージ図）

が生産されていて，日本へ輸出されている．アメリカではすでにこれら農作物の作付面積の90％以上が遺伝子組換え作物である．ちなみに，アメリカに比べ慎重論の根強い日本では，遺伝子組換え作物の食品としての安全性が確認されている図9-5の8種類の農産物についてのみ，使用が認められている．

　これら遺伝子組換え作物は病虫害等に強い遺伝子を持つように改変されており，収穫量の増大が見込まれる．遺伝子組換え技術は植物だけでなく，動物にもすでに応用されている．アメリカでは，アクアバウンティ・テクノロジーズというベンチャー企業が20年以上かけて開発した成長速度の速いサケが2015年に食品用として認可された．このGMサケを養殖することで養殖期間を短縮でき，飼料の消費量を削減できるメリットがある．

（3）　バイオテクノロジーと食糧問題

　人類はその歴史を通じて増加を続けている．2022年末に世界人口は80億人に達した．増え続ける人口は，気候変動による作物栽培環境の悪化とともに食糧需給の逼迫をもたらすことが予想される．食糧不足のリスクを回避するための食糧の生産性向上は，人類が直面する喫緊の課題の1つと言われている．バイオテクノロジーを利用した，病虫害などに強く気候変動に適応できる遺伝子組換え農産物を栽培することによって，食糧の増産，農業の省力化，環境問題の緩和など，食糧問題克服の一翼を担うことが期待される．

トウモロコシ	ダイズ	ナタネ	ワ　タ
品種：206種類 特徴：害虫抵抗性，除草剤耐性，高リシン形質，乾燥耐性，耐熱性 α-アミラーゼ産出	品種28種類 特徴：除草剤耐性，害虫抵抗性，高オレイン酸形質，ステアリドン酸産出など	品種：22種類 特徴：除草剤耐性，雄性不稔性，稔性回復性	品種：48種類 特徴：害虫抵抗性，除草剤耐性
テンサイ	ジャガイモ	アルファルファ	パパイヤ
品種：3種類 特徴：除草剤耐性	品種：12種類 特徴：害虫抵抗性，ウイルス抵抗性，疫病抵抗性，アクリルアミド産出低減，打撲黒斑低減	品種：5種類 特徴：除草剤耐性，低リグニン	品種：1種類 特徴：ウイルス抵抗性

図9-5　日本で使用が認められている遺伝子組換え農作物

出所：バイテク情報普及会の資料を基に筆者作成．

3．バイオテクノロジーの産業としての成立

古来より，日本における味噌や醤油，欧米のチーズのような発酵食品は伝統的に製造され，古くから産業として存在していた．そのような伝統産業とは異なり，本章で述べるバイオテクノロジー産業は，農林水産分野にとどまらず，医薬品開発をはじめ多岐にわたる分野に大きな革新をもたらした．バイオテクノロジーの研究成果を実業に結び付けることで20世紀後半以降に発展してきた新しい産業分野を，バイオ産業（バイオインダストリー）と呼び，従来の発酵産業と区別している．

（1） 医薬品分野におけるバイオ産業の誕生——低分子医薬品からバイオ医薬品へ

バイオテクノロジーを利用した産業化の試みとしては，初期においては植物由来の医薬品成分を培養により工業的に生産する試みがあった．たとえば，ケシから抽出，精製することで生産されるモルヒネ（鎮痛薬）を細胞培養により工業的に生産する試みがなされてきたが，現在まで成功に至っていない．

低分子医薬品とは，一般に分子量が500程度以下の，化学合成により製造される化学物質で，従来の医薬品の大半がこのカテゴリーに属している．これに対して，バイオ医薬品は，分子量が大きく（数千～十数万），特性解析が難しい複雑な分子構造を持ち，生物を用いた製造工程で作られる医薬品である．

現在，医薬品として不可欠な存在となりつつあるバイオ医薬品は，モルヒネのようないわゆる低分子医薬品とは異なり，化学合成で生産することが極めて困難な複雑な化学構造をしている．世界で最初のバイオ医薬品は，ヒトインスリンであると言われている．

（2） バイオ医薬品としてのインスリンの歴史

インスリンの発見は古く，1869年にドイツのランゲルハンス（Paul Langerhans）が膵臓に特殊な構造を持つ細胞が存在することを発見したことに端を発する．当時は，この細胞がどのような働きをしているのか解っていなかったが，フランスのラグッセ（Edouard Laguesse）という組織学者が血糖の調節に関わることを示唆したとされている．その後，1921年にカナダ，トロント大学のバンティング（Frederick Banting）とベスト（Charles Best）が，膵臓抽出物に

血糖を下げる作用があることを見出し, 翌年, その抽出物は糖尿病患者で血糖低下効果が確認され, インスリンと命名された.

この発見は, 「トロントの奇跡」とも呼ばれ, インスリンは糖尿病治療薬としてその供給が待ち望まれた. しかしながら, ブタなどの家畜から抽出する方法に頼っていたため, インスリンを大量に生産することは困難であった. とくに日本では, 家畜が当時それほど多くなく,

$C_{17}H_{19}NO_3$(mw285.34).

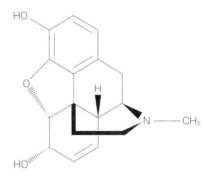

図9-6 モルヒネの構造

1960年代までクジラやマグロなどからインスリンを抽出していた.

また, このようにして生産されるインスリンは動物由来のためヒトインスリンとは一部の構造が異なり, そのためアレルギー反応を引き起こすことも知られていた. このような中でヒトインスリン製剤の開発が待ち望まれ, 化学合成も試みられたが, 収量の少なさ, コストの問題をクリアできず, 実用化には至らなかった.

そのような中, ブタインスリンを改変し, アレルギー反応などの副作用の軽減を図ったインスリン製剤 (半合成インスリンと呼ぶ) が実用化され, 1982年に発売された. 残念ながら, この方法でも依然として原料となるブタを大量に必要とする点ではこれまでと変わらなかったが, 半合成インスリン製剤が発売された翌年には, 動物由来の原料に頼らない製造方法として, 遺伝子組換え技術を利用したヒトインスリン製剤が登場, 発売された. 現在では, 血糖値をきめ細かく調節できるよう, 様々な作用時間を持つ製剤が開発されており, 健康な人と同じような血糖値を再現できる使い勝手の良い新たな製剤の開発が現在も進められている.

（3） バイオ医薬品の台頭

毎年承認される新薬のうち, バイオ医薬品の占める割合は年々増加している. バイオ医薬品は, 世界最大の医薬品市場であるアメリカに1982年に初めて登場したのち, 近年になって相次いで増え始め, 全世界の医薬品売上のおよそ3分

の１を占めるまでになった．今後もその割合は増加すると予想されている．**表9-1**には2005年と2020年における世界の医薬品売上トップ10を示したが，急速にバイオ医薬品の占める割合が増加していることはここからもうかがえる．また，**図9-7**は2018年における世界の売上高上位（100億ドル以上）の企業を地域別に分類したものである．アメリカでは，アッヴィ，アムジェン，ギリアド，セルジーン，バイオジェンが新興のバイオテクノロジー企業であり，欧州では，サノフィのルーツは新興バイオテクノロジー企業である．アメリカではベン

表9-1　世界の医薬品売上高トップ10企業の変化

2005年ランク	製品名	メーカー	売上高（億円）
1	リピトール	ファイザー＊／アステラス	12,963
2	プラビックス	アベンティス／BMS＊	6,223
3	**エポジェン**	アムジェン＊／協和発酵キリン	**6,145**
4	ノルバスク	ファイザー＊／住友	5,245
5	セレタイド	GSK	5,168
6	ネクシウム	アストラゼネカ	4,633
7	タケプロン	タケダ	4,394
8	ゾコール	メルク＊	4,382
9	ジプレキサ	イーライリリー＊	4,202
10	**リツキサン**	ロシュ／中外	**3,867**

2020年ランク	製品名	メーカー	売上高（百万ドル）
1	**ヒュミラ**	アッヴィ＊／エーザイ	**29,011**
2	エリキュース	ファイザー＊／BMS＊	17,390
3	**キイトルーダ**	メルク＊	**15,113**
4	ザレルト	バイエル	11,729
5	**ステラーラ**	ジョンソン＆ジョンソン＊	**11,144**
6	**ランタス**	サノフィ	**10,302**
7	トルリシティ	イーライリリー＊	9,850
8	ビクタルビ	ギリアド＊	9,250
9	**エンブレル**	ファイザー＊	**9,187**
10	**オプジーボ**	小野／BMS＊	**8,388**

注：太字はバイオテクノロジー創薬．＊印はアメリカ企業．
出所：ミクス Online を基に筆者作成．

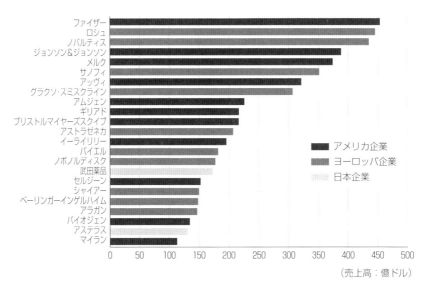

図 9-7　世界の主要医薬品メーカー（2018年）

注：2018年以降も武田薬品がシャイアーを買収，アッヴィがアラガンを買収，ファイザーの後発品事業部がマイ
　　ランを買収するなど，合従連衡は活発である．その点で企業の国籍が変わってしまうことがあるので，国籍
　　別シェアを見るときには注意が必要である．
出所：医薬品開発協議会　「日本製薬工業協会提出資料」（2020年10月27日）を基に筆者作成．

チャー企業が投資家から資金を調達し
やすい環境が他の国よりも整っている
ため，新興のバイオテクノロジー企業
がアメリカにおいて多くかつそのシェ
アを伸ばしていると考えられる．日本
ではトップの武田薬品も世界での順位
は高くない．その結果，図 9-8 が示
すように売上高の合計として医薬品産
業をみれば，アメリカとヨーロッパが
拮抗して日本は苦しい立場にある．
　バイオテクノロジーは，医薬品の開
発だけでなく，その周辺技術にも応用
されている．薬の効果を動物実験で精
度良く調べるために，たとえば，マウ

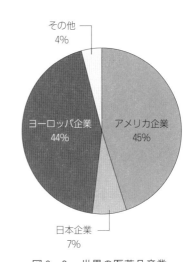

図 9-8　世界の医薬品産業

出所：医薬品開発協議会「日本製薬工業協会提出
　　資料」（2020年10月27日）を基に筆者作成．

スの遺伝子の特定部分の機能を失わせたノックアウトマウス（knock-out mouse）を作製したり，特定の突然変異または外来遺伝子を導入し，ヒトの遺伝病モデルとしてのノックインマウス（knock-in mouse）を作製したりするのにバイオテクノロジーが利用されている．このように，遺伝子を改変したマウスは現在では創薬研究の動物実験において一般的に利用されており，そのような遺伝子改変マウスを各種取り揃えて販売する会社，個別の要望に応じて様々な遺伝子改変マウスをテーラーメイドで作製，販売する会社もある．バイオテクノロジーはあらゆる分野に裾野を拡げている．

（4）　遺伝子編集技術（CRISPR/CAS 9）

　バイオテクノロジーの中でも近年その進展が目覚ましい，特定遺伝子の改変（編集）に関する技術について紹介したい（図 9-9 参照）．遺伝子編集技術といっても，これまでは望む部分に高い精度で改変を加えることは困難であった．すなわち，遺伝子を改変するために紫外線や化学物質を用いて遺伝子上をランダムに損傷させ，これにより出現してきた変異体を解析してその中から望む変異を見つけ出す手法が古くから用いられていた．またこれ以外に，相同組換えというDNA修復の仕組みを利用して望む部分を狙い撃ちして組み換えようとする方法も考案されたが，効率が悪いことが欠点とされていた．そのような中，2012年，細菌が外来のDNAを排除するために持っている仕組みを応用し，DNA配列を特異的に切断できるクリスパー・キャスナイン（CRISPR/Cas 9）と呼ばれる技術が開発された．この技術により，望む遺伝子を効率よく改変できるようになり，これまでであれば年単位の作業であったものが1カ月程度で実施可能となり，遺伝子編集技術は一気に実用的な技術になった．この革新的な技術開発に対して大きな功績のあった研究者であるシャルパンティエ（Emmanuelle Charpentier，ドイツ，マックスプランク研究所）とダウドナ（Jennifer Doudna，アメリカ，カリフォルニア大学バークレー校）の両名に対して，2020年にノーベル賞（化学賞）が授与された．

4．大手製薬会社の国際競争力

（1）　成長する世界の医薬品市場

以下に述べるようにアメリカの医薬品メーカーは，巨額の研究開発投資を，

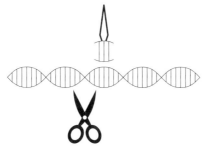

図 9-9　遺伝子編集のイメージ図
遺伝子を切り取り，別の遺伝子を挿入してつなぎ合
わせる．

そこから生み出される特許という権益により収益化し，さらなる研究開発投資に回している．しかし，新薬の開発は不確実性を伴うため，外部からの技術取り込みや連携も強化している．さらに，アメリカの医療保険制度の違いも企業の戦略に影響を与えている．

　世界の医薬品市場は成長を続けており，2017年時点で1兆1350億ドル規模，なかでもアメリカの市場は最大で，約4670億ドルに達し世界全体の4割を占めている．2023年時点では世界全体で1兆5千億ドルを超える規模になると予想され，アメリカ市場も同様に成長すると予想されている．医薬品産業は知識・技術集約型の産業である．イノベーションの潮流は産業基盤の根幹に影響を与えており，一度流れに乗り遅れてしまうと追い付くのは困難であるとさえ言われる．そのため，絶え間ない投資とチャレンジによる科学・技術の向上とイノベーションの実現に向け，各社が新たなテクノロジーを開発，利用することで，これまでになかった新しいアプローチで医薬品を創製しようとする試みは加速度的に進歩を続けている．

　このような最新技術を用いて創り出された医薬品は，特許により保護されており，その特許が有効な期間中，その医薬品（製品）は特許権者である医薬品メーカーが独占的に販売することができる．これによってその医薬品メーカーは高い利益を確保することが可能となる．世界の大手製薬会社は，独自に開発した新薬を特許で保護することで販売権を独占し，そこから収益を得ることで事業を成り立たせていると言うことができる．

（2） 特許に守られる製薬会社の収益性

　2020年に世界で最も売れた医薬品はアメリカ，アッヴィ（Abbvie）の自己免疫疾患治療薬ヒュミラであり，年間３兆円以上を売り上げている．しかしながら，いつまでもこのような売上を維持できるわけではない．医薬品の特許が切れてしまうと，同じ成分の医薬品が他社からも発売される．このように特許が切れた後にオリジナルメーカー以外から発売される同種医薬品はジェネリック医薬品（または後発医薬品）と呼ばれる．ジェネリック医薬品は，安価に販売されるのが特徴である．ジェネリック医薬品が安価な理由は，オリジナルな研究開発をしなくてよいので製品化にかかるコストが低減できた結果である．つまり，既存の特許を参照して製品化できるジェネリック医薬品メーカーは，新薬メーカーが試行錯誤を繰り返し何年も研究してきた長い道のりを一気にスキップして製品化にかかるコストを大幅に圧縮できる．これによって安価な供給が可能になるのである．特許が切れてジェネリック医薬品が出回ると，先発医薬品の売上は，安価なジェネリック医薬品に押されて一気に減少する．アメリカではこの傾向がとくに顕著で，特許（パテント，patent）切れによりジェネリック医薬品が登場すると，実に売上の８割から９割が直ちにジェネリック医薬品に置き換わってしまうと言われている．このように売上が急激に落ち込むため，その落差を崖（クリフ，cliff）に例えて，特許切れによる急激な売上減少はパテントクリフ（特許の崖）と呼ばれている．このため，先発医薬品メーカーは，つねに新規の医薬品（新薬）を開発し，新たな収益源を創り出し続ける必要に迫られている．しかしながら，近年では新たな医薬品となる候補物質を見つけ出すことが次第に困難となってきており，新規医薬品の開発はより難しくなってきたといわれて，新薬メーカーはパテントクリフによる売上げ減少を回避するための生き残り戦略を模索している．

（3） 大手製薬メーカーの生き残り戦略

規模の拡大

　医薬品創製を取り巻く環境は大きく変化してきた．20世紀は古典的な低分子医薬品の時代であったが，21世紀はバイオ医薬品の時代といえるのかもしれない．この変化の背景には，21世紀に入りバイオテクノロジーの一層の進歩に立脚した，これまでになかった多様な創薬方法が生まれてきたことがある．加えて，従来のようなシンプルなコンセプトに基づく創薬の標的の多くが，すでに

医薬品でカバーされるようになり，従来の創薬手法だけでは新たな創薬標的に対する医薬品を見出すことが困難になり始めたことと相まって，この閉塞的な状況から脱却するために，製薬メーカーは新たな創薬手法で研究開発に注力していく必要に迫られている．それとともに研究開発費の増加が企業の負担となっている．2020年の英国・ロンドン・スクール・オブ・エコノミクスのボウタース（Olivier J. Wouters）らの報告（Wouyrtd, McKee, and Luyten 2020）によると，63個の新薬の研究開発投資額は，平均約13億ドルであった．日本円にして実に1390億円（1ドル＝107円換算）にものぼる．

　アメリカをはじめとする世界の全製造業の中で，医薬品製造業の研究開発費は突出して高く，日本の総務省の報告書（2019年度科学技術研究調査報告）によると，全製造業の売上高に占める研究開発費の割合が平均3.4％であるのに対して，医薬品製造業のそれは最も高く10.1％．また，日本製薬工業協会の調査によれば，日本の大手製薬会社（10社）にしぼった場合，研究開発費の割合はさらに高くなり19.3％となっている．表9-2には世界の製薬企業の研究開発費ランキング（2020年）を示した．メルクの研究開発比率を筆頭に，世界のトップ製薬企業はいずれも研究開発に多くの投資を回していることがわかる．右側の表には国内製薬企業の研究開発費トップ10についてまとめたが，研究開発費では世界のレベルに大きな隔たりがあることは明らかだ．

　前述した通り，新薬メーカーは新薬の創出に成功しても，その特許が切れると売り上げが激減するため，特許が切れた医薬品（このような医薬品を長期収載品ということもある）では充分な売上が確保できず，継続的に新薬を創出していく必要があるが，そのための研究開発費を捻出し続けるためには，財源となる新薬を継続的に創出しなければならない．しかしながらも，年々難易度が上がる傾向にある新薬開発を継続的に成功させ続けるのは至難の業であり，そのような新薬のタネを保有する他の製薬会社やベンチャー会社を M&A により自社に取り込み，新薬のラインナップ充実を図る戦略が，アメリカではよく取られる．さらには，この M&A により会社の資本力自体も増加し，より多くの研究開発費用を捻出することが可能になるメリットもある．製薬メーカー同士の合併がアメリカだけにとどまらず世界的規模で繰り返される理由の1つは，この点にあるということができる．

革新技術の取り込み

　新薬開発においてカギを握る新たな創薬技術をいち早く見出すために，製薬

表 9 - 2　医薬品メーカーの研究開発費（2020年度，１ドル＝100円換算）

世　界				日　本			
ランク	会社名	研究開発費（億円）	対売上高比（%）	ランク	会社名	研究開発費（億円）	対売上高比（%）
1	ロシュ	14,830	22.3	1	武田薬品工業	4,558	14.3
2	メルク＊	14,507	28.2	2	第一三共	2,274	23.6
3	ブリストル・マイヤーズスクリブ＊	11,923	26.2	3	アステラス製薬	2,245	18.0
4	ジョンソン・エンド・ジョンソン＊	10,232	21.0	4	大塚ホールディング	2,168	15.2
5	ファイザー＊	10,063	22.4	5	エーザイ	1,503	23.3
6	ノバルティス	9,609	18.5	6	大日本住友製薬	1,327	25.7
7	グラクソ・スミスクライン	7,048	15.0	7	中外製薬	1,179	15.0
8	アッヴィ＊	7,016	14.3	8	田辺三菱製薬	726	19.2
9	サノフィ	6,745	15.3	9	小野薬品工業	624	20.2
10	イーライリリー＊	6,512	24.8	10	塩野義製薬	542	18.3

注：＊印はアメリカに本社を持つ企業.
出所：各社決算報告書を基に筆者作成.

メーカーは自社開発に頼るだけでは不充分であることをよく認識している．つまり，この課題を克服するには新しい創薬技術を自社以外から取り込む必要があると考えており，注目する技術に関して大学や研究機関と共同研究してその開発を加速，後押しする方法や，注目に値する新たな創薬関連技術を保有するバイオベンチャー企業と提携し自社の創薬プロセスに取り入れたり，さらには，そのような技術を保有するベンチャー企業を丸ごと買い取る（買収する）ことで自社技術の補完をしようとする製薬メーカーもある．現在のアメリカにおいては大手製薬企業によるバイオベンチャー企業の買収は珍しくなく，むしろ大手製薬企業の通常のオペレーションの一部であると言っても過言ではない．バイオベンチャー企業側から見ると，大手製薬企業の目に留まるような魅力的な企業に成長して，買収されることがゴールだと考える起業家もいるほどである．

　新薬開発を効率良く進めるために，１つの創薬テーマに対して複数の研究機

関や大学がそれぞれの強みを活かして共同で取り組んで画期的新薬の創出を目指すというオープンイノベーションと呼ばれるコラボレーション形態が近年注目を集めつつある．新薬の開発には最先端の創薬技術が必須要素であり，それらを結集してこそ他社にはない新たな知見を得ることができるという認識が一般的になりつつあり，アメリカを中心に，ますます活発な技術提携や企業連携，買収が繰り広げられている．

技術革新を新たなビジネスに繋げる

アメリカでは，技術革新を新たなビジネスに繋げる活動がとくに活発である．カリフォルニア州シリコンバレーは，半導体メーカーが多数集まってクラスターを形成したのがその始まりで，このためシリコンバレーと呼ばれるようになった．現在では，IT関連企業がシリコンバレーに多数集積しており，バイオ産業においても，それらIT企業の持つ情報処理技術をバイオテクノロジー分野に利用して新しい技術分野であるバイオインフォマティクスという領域を興し，今では1つの産業分野にまで成長している．

シリコンバレーのバイオ産業集積地域のことをとくにベイエリアと呼ぶことが多く，このベイエリアでの成功例として最も有名なのがジェネンテック(Genentech)である．現在ではスイスのロシュ(Roche)の子会社となっているが，ジェネンテックは産学連携による創業の先駆けと言っても過言ではない．同社は，カリフォルニア大学サンフランシスコ校の研究者による，当時最先端であった遺伝子組み換え技術に関する特許をもとに，1976年に立ち上げられた会社である．現在とは異なり，当時のアメリカでは，遺伝子組換え技術という基礎科学分野の成果をビジネスとして事業化することは容易ではないという風潮が大勢を占め，また，大学の研究に民間企業が参入すること自体が，現在ほど一般的ではなかった中での挑戦であったため，懐疑的な見方をする科学者や投資家が多く，ジェネンテックが創業からわずか4年でバイオテクノロジー企業として初めてIPO（新規株式公開）を達成したことは，当時大きな驚きを持って受け止められた．IPO当時のジェネンテック株価は35ドル（2020年実質ドルで126ドル）だったが，買収される直前の株価は，4560ドル（同6300ドル）であったと言われる．

（4）　日本発の世界的医薬品の創製

アカデミアの研究成果を産業化へと導き，成功を収める例はこれまでアメリ

カで数多く見られてきたが，日本でもそのような例がないわけではない．ここでは比較的記憶に新しい2018年ノーベル賞（生理学・医学賞）を受賞した本庶佑（京都大学）らの研究とそれをオプジーボという抗がん剤に医薬品化した産学連携の成功例に少し触れたい．というのも，日本発のこの医薬品の創製には，アメリカのバイオベンチャー企業の協力が重要な役割を果たし，さらにその開発段階においては，アメリカ大手製薬企業が日本の製薬企業とタッグを組んで強力に推し進めた経緯があるからである．

　1992年，京都大学の本庶研究室では，未知のタンパク質を発見し，PD-1と命名したが，当時その機能は不明であった．その後の研究により1999年，このタンパク質を持たないマウスは，加齢に伴い自己免疫疾患を発症することがわかってきた．翌2000年には，このPD-1に結合する分子，PD-L1が同定されて，研究は一気に加速し，2002年にPD-1ががん免疫の抑制に関与することが確認された．このような研究の積み重ねから，PD-1を抑制する物質にがん治療薬としての可能性が見えてきた．しかしながら，当時のがん治療へのアプローチとはまったく異なるがん免疫という考え方に基づくものであったため，この研究成果に興味を持つ製薬会社はほとんどなかったが，日本の小野薬品はいち早くからこの研究成果の可能性に注目し，創薬に向けた共同研究を粘り強く続けた．研究を進める上で障害となったのが，当時の小野薬品が自社で持たなかった抗体作製技術であり，この技術に関しては，ヒト化抗体開発技術に強みを持っていたアメリカ，ニュージャージー州のベンチャー企業，メダレックスと2005年から共同研究を行うことで，臨床試験を実施するところまでたどり着けた．がん免疫に作用するという新たな抗がん剤候補は，当時のがん治療の標準的なアプローチとは大きく異なる作用メカニズムだったため，臨床試験を行う現場の医師にはあまり期待を持って迎えられず，臨床試験を実施する医療施設を探すのに苦労したと言われる．しかしながら，顕著な臨床効果を示すデータが実際に報告され始めると臨床現場の評価は様変わりし，臨床試験がスムーズに行えるようになり，開発は加速した．このような中，小野薬品の共同研究相手であったメダレックスは，アメリカの製薬大手ブリストル・マイヤーズ・スクイブ（BMS）に買収され，それ以降は，欧米での開発はBMSが一手に担当・牽引し，臨床データの集積を進めた．そしてついに2014年に，免疫チェックポイント阻害剤というまったく新しい作用メカニズムに基づく抗がん剤として，メラノーマというがん種に対して世界で初めて日本で承認，アメリカでも日本

での承認から5カ月後に承認され，オプジーボという名前で患者のもとに届けられた．オプジーボはメラノーマ以外にも様々ながん種に有効性を示すことが期待されており，現在，様々ながんを対象に，小野薬品とBMSが臨床試験を進めており，その用途は急速に拡がっている．

（5）　アメリカに追いつくための日本の政策と未来への潮流

前節で紹介した日本発の産学連携成功例があるものの，アメリカのバイオ・医薬品産業のアカデミアとの活発な連携に基づく創薬能力の発展ぶりには目を見張るものがある．厚生労働省は2015年に（2017年に一部改訂），日本の医薬品産業は日本経済の成長戦略の一翼を担うものとして，創薬力の強化を目指した産業構造への転換を図り，海外市場にも展開できる医薬品を生み出す創薬大国を目指す方針を発表し，革新的バイオ医薬品等の研究開発支援，ベンチャー企業への支援の施策を掲げた（厚生労働省，2017）．そのような方針のもとで，より高い創薬力を持つ官民横断型の革新的医薬品創出のための研究開発推進に予算を投じるなど，国として医薬品産業を後押しする政策を進めている．加えて，新たな創薬ベンチャー企業に対しても，支援や育成のための制度を整備しようと

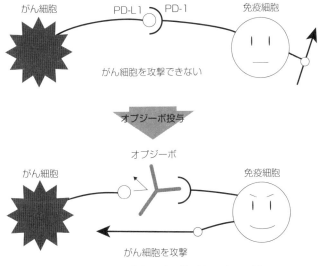

図9-10　オプジーボの抗がんメカニズム

出所：小野薬品工業HPを参考に作成．

している．このような政策により，日本の医薬品業界においても，従来からの製薬企業だけでなく，アカデミアの開発した技術を核としたベンチャー企業の数が年々増えてきており，大阪大学発の遺伝子医薬品開発ベンチャーであるアンジェスや，東京大学発のペプチド医薬品開発ベンチャー，ペプチドリームのように，事業化に成功する例が現れ始めている．また，本章3節で触れた産学連携の流れは今後も政策的なバックアップを受けて拡がっていくことが予想され，製薬会社が自前の知識や技術だけでなく，大学の最先端の技術やバイオベンチャーの持つユニークな技術を取り込み，異業種からの参入にも刺激を受け，交ざり合っていくことで，オープンイノベーションを推し進める潮流は日本でもますます大きな流れとなっていくであろう．

　本章ではあまり触れなかったが，AI（人工知能）を創薬に応用する試みは着実に積み重ねられており，IT 技術（AI）と創薬技術の融合は，大量のデータの単純な解析ツールの枠を越えて，人間の経験や知識に基づく医薬品創製の新たな潮流となりつつあるように見え，さらにその先には，いままでとはまったく違う，医療分野をも巻き込んだ次世代の医薬品・医療産業への構造転換のきっかけとなる可能性を秘めているように感じられる．

　医薬品は，患者の生命や QOL（Quality Of Life）に直結する製品であるため，いまだに満足のいく治療法の見出されていない疾患や，医療に対するニーズは絶えることはない．そういったニーズ（アンメット・メディカル・ニーズ）に牽引されて，今後も新たなバイオベンチャー企業が生まれ，医薬品産業に新たな風を吹き込み，一層の技術革新が進み，これまでになかった医薬品が次々と生み出されることであろう．

5．医療制度とイノベーション

　イノベーションにとっては，科学技術政策だけでなく，政治・経済も含んだ制度的枠組み（ナショナル・イノベーション・システム）が重要である．以下では医薬品産業のイノベーションに影響を与える医療制度について概説する．

（1）　日本の医療制度の特徴
　アメリカの医療制度を理解し，特徴を摑むためには，まず日本の医療制度を把握し，両者の違いを理解することが重要と考えられることから，ここではま

ず日本の医療制度を概観したい.

　日本の医療制度には他国にない特徴がある. それは, 保険証を持つ人は誰でも, いつでも, 必要な医療サービスを受けることができる点である. この制度は国民皆保険と呼ばれる. 国民皆保険制度は1961年に始まった. その後, いくつかの改正を経て現在に至るが, 国民皆保険の理念である, 国民全員が自由に医療機関を選び, 安い医療費で高度な医療を受けることができる体制を一貫して維持してきた. その一方で, 国民の高齢化が進み, 出生率の低下と相まって, 現在の国民皆保険制度は大きな危機に直面していると言われる. すなわち, 高齢者医療費の増大を大きな一因として, 近年の日本の医療費は毎年1兆円程度のペースで増加を続けてきた. しかしながらその財源を担う現役世代の人口減少が続いており, これ以上の医療費増加を抑制する目的で, 薬価の引き下げが頻繁に行われるようになった. その結果, 医療費全体に占める薬剤費の割合は, 1990年後半の30%から現在では20%以下にまで抑えられてきた (図9-11参照).

　薬価の引き下げは, 製薬メーカーの収益減に直結する要因であるため, 日本の医薬品市場の将来性に不安を持つメーカー各社は, 新たな成長のための市場

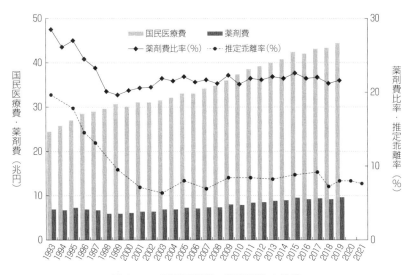

図9-11　国民医療費・薬剤費等の推移

出所:「薬剤費等の年次推移について」厚生労働省,〈https://www.mhlw.go.jp/content/12404000/000966171.
pdf〉を基に筆者作成

を求めて海外へ進出しようとする動きを加速させている. 特許が切れた比較的古い薬の薬価を大幅に引き下げ, ジェネリック医薬品の利用を促進していく国内の医療費抑制政策とも連動して, 日本の製薬メーカーは, 海外市場で海外の巨大製薬メーカーとの競争の中に自ら入っていかなければ将来の成長が見通せないという, これまでにはなかった厳しい環境に立たされつつある. ただし, 医療費抑制政策は薬価抑制だけではない. 2020年に導入された新たな薬価の算定方式によると, 薬の作用メカニズムがこれまでにないものであることなど, 一定の条件を満たす新薬には, 薬価の加算が行われる仕組みが始まった. このため新薬メーカーは, より薬価の高い新薬を創出するために, より革新的な新薬の開発に力を入れるように政策的に導かれている.

アメリカにおいても, 必要性の高い新薬を優先して審査する制度（優先承認審査制度, ファストトラック）が1980年後半から導入されている. 当局が示す一定の要件（重篤な疾患に対する新たな治療法, これまでにない高い治療効果が期待できる, など）を満たす新薬候補がこの指定を受けると, 承認申請の提出前から当局と優先的に協議できるうえ, 承認申請時にも優先審査や迅速承認を受けられる可能性がある. この制度を利用することで, 製薬企業にとっては, 最もコストのかかる開発後期段階のコストを削減することが可能となるため, よりイノベーティブな新薬を開発するインセンティブの1つになっているものと考えられる.

（2）　アメリカの医療制度

アメリカの医療を支える医療保険制度は日本のそれとは大きく異なり, 公的な医療保険制度は存在するが, あくまでも限定的, 補助的な位置付けの制度であり, 公的医療保険だけでは充分な医療サービスを受けることは難しいのが実情である. このため, 民間医療保険が最も大きな割合を占めている. この民間医療保険は, 雇用主提供型保険と呼ばれるタイプの保険が中心であり, これは, 所属する企業が保険料の大半を負担し, 残りを本人が負担するという仕組みになっている. 民間医療保険にはこの他に, 個人として加入できるものもある. 2017年時点でアメリカにおける民間医療保険への加入者人口は約1億8000万人と見積もられている. アメリカにおける公的医療保険制度には, 高齢者向け保険であるメディケア（Medicare）と低所得者向け保険のメディケイド（Medicaid）, それから軍関係者が加入する軍関係者保険であるトリケア（Tricare）の3つが

ある（**図9-12**参照）．ここではメディケアについて簡単に説明する．メディケアは65歳以上の高齢者向け保険で4つのパート（パートA，B，C，D）から構成される．

表9-3が示すようにメディケアパートAは，基本的には65歳以上になると自動的に加入し保険料はかからないが，サービス内容は入院費用の保障のみである．関連する医療サービス（診療，処置，検査，処方箋による投薬）はカバーされていない．これをカバーするためには，任意に保険料を支払い加入（メディケアパートB）する必要がある．これら2つに加入すると，おおよそ総医療費の70〜80％が保障されると言え

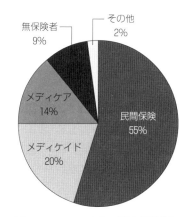

図9-12　アメリカの医療保険制度構成比（2015年）

出所：各種資料を基に筆者作成．

る．これに加えて，院外処方薬の薬剤費を保障するための保険として，別途メディケアパートDも用意されている．これら3つのパートすべてに加入すると，通常の医療を概ねカバーする保険として機能するようになる．このため，これら3つのパートに一括加入するセットプランが用意されている（メディケアパートC）が，2つのパートについて保険料を支払う必要があるため，実際の加入率は30％程度であると言われている．

このように，アメリカでは公的医療保険と（複数の）民間医療保険の両方に加入する人がいる一方で，まったく保険に加入していない人も大勢いる．2018年時点の推定で，無保険者人口はおよそ2746万人，アメリカ人口の8.5％程度を占め（US Census Bureau 2018），健康に自信のある若者や移民の占める割合が高くなっている．

以上，概説したように，アメリカの医療保険制度は民間医療保険が主軸として機能し，民間保険会社は，各社が保険でカバーする薬剤を独自に選定することができる．このため，患者（またはその担当医師）が考える最善の治療方法があったとしても，加入している保険が必ずしもその治療方法をカバーしているわけではない．つまり患者は加入する保険がカバーする内容により治療に大きく制約を受けることになり，実質的に，加入する保険会社の保険償還リストの中から治療法を選択することになる．言い換えると，アメリカでは，医薬品として

表9-3　メディケアのタイプと概要

種　類	加　入	保険料	概　要
Part A	強制	なし	入院費用の保障（ナーシングホーム，在宅医療，ホスピス等も含む）
Part B	任意　加入率 約95%	あり	医療サービスの保障（診察，処置，検査，医師による投薬等）
Part D	任意　加入率 約60&	あり	院外処方箋薬剤費の保障
Part C	任意　加入率 約30%	あり	A,B,Dを含んだ総合プラン（民間のマネイジドケア型保険とほぼ同じ）

出所：各種資料より筆者作成.

　当局から承認を受けている薬剤であっても，加入する保険会社によっては保険償還されない薬剤が存在するため，最善の医療を保険適用の下で必ずしも受けられないケースが生じうる．そのような薬剤の利用を個人的に希望する場合には，患者本人が費用を全額負担しなければならない．アメリカでは，加入する保険会社の違いにより，受けられる保険医療サービスに違いが生じる．製薬企業の視点から見ると，アメリカでは企業は薬価を自由に設定できるのに対し，日本では企業側にその裁量権があまりなく国が薬価を定めている．また，後述するイギリスなど欧州においても，一定の基準に基づく薬価の算定が求められる．したがって，最も大きな市場であり，かつ最も自由な価格設定ができるアメリカが最も魅力ある市場であり，かつ最も収益を獲得しやすい市場であると製薬企業の目には映る．これが，アメリカの医薬品メーカーが大きい理由，また欧州のメーカーでも，アメリカ市場において収益を得る体制を確立しているメーカーには巨大企業が多い理由の1つと考えてよいように思われる．

（3）　欧州の医療制度

　ひと口に欧州の医療制度と言っても，国によりその仕組みが異なる．これまで述べたアメリカの医療制度と異なりかつ，日本に似た医療制度を持つドイツやフランスとも異なる，イギリスの医療制度（NHS）について簡単に触れる．すなわち，アメリカは民間保険システムによって，日本は国民皆保険制度のもと社会保険システムによって，それぞれ医療制度が成り立っている．一方イギリスでは，国が税金を用いて国民に対してほぼ無償の医療サービスを提供している．このため大部分の医療機関は公的機関であり，そこで働く医療従事者は

公務員である．イギリス国内に住所を持つ者はすべて，最寄りの診療所に登録（GP（General Practitioner）登録という）し，そこで医療サービスを受けることになる．この「かかりつけ医」であるGPが，専門的な医療や入院が必要と判断した場合にのみ，患者はGPの紹介状に基づき指定される別病院で受診できる．つまり患者は，基本的に窓口負担が無い代わりに，医療機関や医師を自由に選ぶことができない．このイギリスの制度はNHS（National Health Service）と呼ばれ，これと同様の制度は，北欧の国々でも導入されている．

イギリスでは，個々の薬の価格は企業に設定の自由が認められているものの，その薬が実際に税金で賄われる（＝NHSの償還対象になる）ためには，薬の費用対効果について評価（薬にかかる費用とその薬の効果を一定の指標を用いて評価）し判定を行うNICE（National Institute for Care Excellence，国立保健医療研究所）と呼ばれる機関から「推奨」の判定を得なければならない．このため，薬価設定にあたり，製薬企業は慎重な判断が求められる．

参考文献

エンジェル，M.（栗原千恵子・斉尾武郎共監訳）（2005）『ビッグファーマ 製薬会社の真実』篠原出版新社．

厚生労働省（2017）『医薬品産業総合戦略――グローバル展開を見据えた創薬――（改訂版）』厚生労働省．

藤田芳司（2013）『医薬品業産業の過去・現在・未来――故きを温めて新しきを知る――』医学評論社．

松宮和成（2021）『医薬品業界の仕組みとビジネスがこれ1冊でしっかりわかる教科書』技術評論社．

US Census Bureau（2018）*Health Insurance Data in the United States*, 2018, Washington, D. C. : US Census Bureau, Department of Commerce.

Wouters, O. J., McKee, M., and Luyten, J.（2020）Estimated Research and Development Investment Needed to Bring a New Medicine to Market, 2009–2018, *Journal of American Medical Association*, Vol. 323, No. 9 , pp. 844–853.

第10章
エネルギー産業

　本章ではアメリカのエネルギー産業を，供給側と需要側の視点から紹介し，需要側の運輸・交通・通信産業の役割が産業イノベーションに重要だったことを示す．

1．エネルギー供給産業の変遷
——開拓時代からシェール革命まで——

　アメリカ開拓時代に，労働力の再生産と農地，牧場などの資本蓄積を支え，翌年のための余剰生産を可能にしていたのは，豊富な天然資源，入植者自身の労働および技術とノウハウだった．新大陸アメリカの大地には未着手の天然資源が残されており，入植者は，「まず何も手をかけなくても家畜を放牧し，穀物を育てることができる手近の土地」(ケアリー，1848) に，丸太材を使って家を建て，食料エネルギーを入手し，薪から燃料 (熱エネルギー) を，水，風，家畜などから動力エネルギーを得ていた．

（1）　薪・木炭産業——開拓・西部漸進を支えた自然エネルギー
　木炭は，生活に必要な熱源 (燃料) として使われていたが，それだけでなく，鉄，銅，銀などの金属精練炉の原燃料として新大陸アメリカにおいても入植の初期の頃から大量に必要とされていた[1]．アメリカのエネルギー供給産業は，この木炭生産・供給産業から始まった．

　広大な平原を覆い尽くす森林の傍らの斜面を利用した石造りの炭焼き窯 (図10-1) が数多く建設され，乾溜された大量の木炭が馬車，舟運，鉄道などによって近くの村落，町まで運び出された．

　こうした木炭生産の産業化は，アメリカエネルギー省 (DOE) の長期エネルギー統計によれば，アメリカ新大陸への入植活動が本格化する1630年代から始まっていた．木炭の増産は，200年後の1850年代まで継続し，1870年にピークを記録するが，その後，頭打ちとなってくる (図10-2)．

図10- 1　炭焼き窯（1870年ごろ）

出所：Shutterstock より.

（2）　石炭・コークス──産業革命を支えた化石エネルギー

　森林資源伐採による木炭原料（薪）の入手難・枯渇が生じ，木炭に代わって石炭を乾溜したコークスの利用が増加した.

　コークスの産業利用はイギリスのダービー（Abraham Darby）が1709年に開始していた. アメリカにおいては，1820年代に，炭鉱近くに巨大な連結型コークス炉が建設され，鉄，銀，銅，鉛，亜鉛などの金属精練炉用の原燃料として，それまでの木炭に代わって急激にその需要が拡大し始めた[2]（図10- 2）.

　薪炭が太陽光エネルギーを使って土壌の栄養素と水を吸収して成長する再生可能エネルギーであるのに対して，石炭は何億年も前の植物が地中で化石化し，地層を形成したいわゆる化石エネルギーである. 地層を壊し，石炭を掘り出して燃やしてしまうと，元の地層に戻すことができない. このような化石エネルギーの消費増大が地球規模の気候変動をもたらしているとされている.

　アメリカで化石エネルギー源としての石炭供給量が1850年以降に急増することとなった要因の1つは，工場の動力源としての蒸気機関の生産に必要な鉄鋼生産の本格化（産業革命）だった. また，石炭生産が同じ時期に増加した他の要因として，工場や一般家庭などの暖房用燃料が薪炭から無煙炭へ変化したことも挙げることができる. こうした燃料転換の背景には，本章3節（2）に紹介するとおり，重くて嵩張る無煙炭を大量・安価に輸送するための新しい運搬手段（運河とその後の鉄道建設など）の開発（イノベーション）があった.

（単位：兆BTU（対数表示））

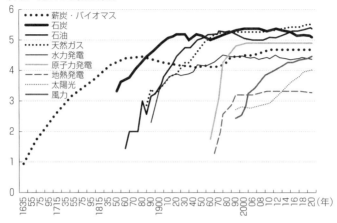

図10-2　アメリカの1次エネルギー供給（1635〜2020年）

出所：DOE/EIA, Monthly Energy Review, 0035 (2021/12) December 2021を基に筆者作成.

（単位：兆BTU）

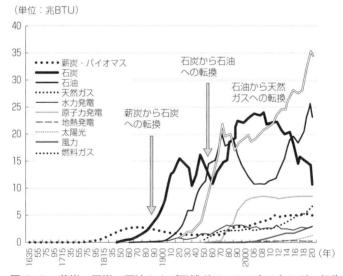

図10-3　薪炭，石炭，石油および天然ガスへの1次エネルギー転換

出所：DOE/EIA, Monthly Energy Review, 0035 (2021/12) December 2021を基に筆者
　　　作成.

（3）　石油製品，天然ガス——シェールガス革命

流体イノベーション

第2次世界大戦後の1950年代になって，石油製品および天然ガスの供給が石炭の供給を上回った（図10-3）．熱エネルギー資源（燃料）の主役が，固体燃料の石炭から，液体，気体燃料の石油製品，天然ガスへと代替したのである．

この石炭から石油製品・天然ガスへのエネルギー転換を「流体イノベーション（流体革命）」と呼び，1950年代のアメリカ社会の自動車保有台数の増大と，産業と民生部門双方の電力消費の増大が反映されている[3]．

シェールガス革命（イノベーション）

2009年前後に，「シェールガス革命[4]」によって，天然ガスと石油の供給が純増に転じ，2011年以降には石炭供給が減少に転じた．天然ガスは石炭に比べ，燃焼時に排出する炭酸ガスが相対的に小さい．このため，地球温暖化対応策の一環として，欧州連合（European Union: EU）においては，石炭から天然ガスへの民間投資を誘導する環境政策が講じられている．

しかし，アメリカでは，技術開発イノベーション環境と自由で活発な民間投資環境を維持していれば，市場が主体的に次世代のエネルギーを選択することが可能だとの保守主義的な考え方がベースにあり，地球温暖化対応・適応策への連邦政府レベルでの計画的なコミットメントは適当ではないとされている[5]．

こうした「産業イノベーションには市場における完全な自由競争環境が必要」との基本的な考えがアメリカにおけるシェールガス開発を成功させた最大の要因の1つだったと言えよう．

2．電力産業のイノベーション

（1）　発電に使われる1次エネルギーの変遷と発電効率の改善

電力は，1次エネルギー源からエネルギー形態変換される典型的な2次エネルギーである．発電するためには1次エネルギーの中間消費（中間投入）が必要であり，その投入・産出効率が発電効率となる[6]．

電力部門に投入されている1次エネルギー供給の構成を図10-4で詳細に見ると，高温高圧水蒸気を作動流体として使う熱・動力変換型発電システム（石炭火力，天然ガス火力，原子力発電など）が全体の約80%を占めていることがわかる．このような熱・動力変換型発電システムでは熱力学的に必ず「廃棄エネルギー

（Rejected Energy）」が生じ，2021年アメリカにおいては，その割合が65％となっている．つまり，発電投入1次エネルギーの3分の2弱が環境中に廃棄され，残り3分の1強（35％）しか産業活動，民生利用に使われていないのである．

電力部門だけでなく，国全体の廃棄エネルギー割合の変化は，社会全体のエネルギー利用効率（省エネルギー化進展度合）に対応しており，中長期的にはその改善が環境政策の重要な目標の1つとなっており，改善のためには1次エネルギーの最適な選択，熱・動力変換システムの高度化などが必要となる[7]．

（2） 直流電力と交流電力の送配電システム開発

エジソン（Thomas Edison）が化学電池と自ら改良した長寿命白熱電球の組み合わせで，エジソン式直流送配電システムを開発したのは1882年だった．化学電池の充電時にはこれらの電池群を高圧直流発電機に直列に接続し，発電機の出力をそのまま直列配置の電池に流し，配電時には電池を並列接続に切り替えて，それぞれの電池端で110ボルト，直流抵抗のために電圧低下があることを見越して，白熱電球端では白熱電球の定格電圧の100ボルトを確保できるように電力配電ネットワークを構築した．この工夫でユーザー側の電球オン・オフがいつでも可能になり，消費者の利便性が高まった．また，エジソンは，目に見えず，利用経験者もいない，まったく新しい「電力」を商品として販売する

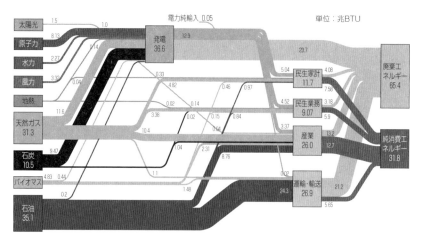

図10-4　アメリカのエネルギーフローチャート推計図 2021年

出所：Lawrence Livermore National Lab. から筆者が日本語訳，一部表記を改変．

ため，直流電力積算計を開発し，従量料金を請求する仕組みを確立した．こう
したきめ細かな工夫がなされたエジソン式電力送配電システムの開発によっ
て，またたくまに消費者の信頼を得てその普及に弾みがついた．

　他方，交流送配電システムの開発は，オーストリア帝国（現クロアチア）出身
のテスラ（Nikola Tesla）が行った．彼は1883年に誘導型交流発電機を開発して
いたが，自国内ではその事業化が難しいと考え，1884年にこの交流発電機技術
を携えて渡米し，ニューヨークにおいて直流電力を販売し始めていたエジソン
の下で働いた．しかし，エジソンは電気自動車（EV）の開発を含む直流発電・
送配電システムの社会的普及にしか興味を示さなかったため，テスラと対立す
ることとなった．テスラはエジソンと袂を分かち，自らの交流発電・送配電シ
ステムの開発を続け，交流発電と変圧技術に関する理論計算を踏まえた論文を
公表し，特許を取得して事業化を準備した．[8]

　1888年，ウェスティングハウス（George Westinghouse）がテスラの交流発電シ
ステムの特許に注目し，特許を購入するなど，資金面と経営面から援助した．
1896年に，テスラの開発した三相交流発電機と送配電システムがウェスティン
グハウスの会社によってナイヤガラに設置され，ニューヨークまで交流電力が
世界で初めて送電された．この交流電力による長距離送配電網（GRID）の構築
成功によって，エジソンの直流送配電システムの社会的役割は終わった．

　近年は，遠距離直流送電技術の開発，EV の普及などにより，ふたたび直流
発送電システムの大規模なイノベーションが進展しつつある．[9]将来的には，エ
ジソンのめざした直流電力による GRID が一定の社会的役割を担うこともあ
ろう．

（3）　原子力発電

　アメリカは世界で初めて原子力発電を実用化した国の1つである．1945年，
アメリカ原子力委員会（現エネルギー省）は，事後50〜100年間の，妥当と考え
られる世界のエネルギー最大需要量を研究するよう，エンジニアのパットナム
（Palmer Putnam）に要請した．パットナムは，化石エネルギー投入増（新油井の
開発など）だけでは必ずしも経済発展に伴う人口増に対応できないとの「パッ
トナム報告」をまとめた．[10]アメリカ原子力委員会はこのパットナム報告を民間
への原子力発電技術移転の1つの根拠とした．

　アメリカにおける原子力発電の占める割合は，1979年のスリーマイル島

（TMI）加圧水型原子炉のメルトダウン事故によるリスク評価の見直しに加え，石炭，天然ガスなどの新設火力発電との中長期的なコスト面での競合，風力などの安価な再生可能エネルギーの普及などによって，1980年以降は，既設原子炉（2020年現在96基）の操業をベースに，ほぼ毎年同じ電力供給を維持している状況である（図10-2）。

今後，既存原子力発電所の廃棄，核燃料サイクルの見直しなどに加えて，核融合炉，次世代小型モジュール原子力発電システムなどの開発・導入，水素燃料発電（アンモニア混焼を含む）の経済性評価などのイノベーション課題への挑戦が残されている。その際，経済性評価が重要な鍵の１つとなる。

３．エネルギー需要産業の変遷

（１） 産業革命と市場拡大

綿花輸出から軽工業へ

奴隷制度の存続を図ろうとするサウスカロライナ州などの南部11州が連合国（コンフェデレーション）を形成し，1861年に合衆国から離脱した。南部コンフェデレーション加盟諸州の経済基盤は，初期入植者が切り拓いてきた大土地制農業だった。産業革命で先行していたイギリス向けの綿花輸出で潤い，綿花生産のための多数のアフリカ系奴隷が必要とされていた。他方，合衆国北部ユニオン諸州では，南部コンフェデレーションが生産する綿花を入手し，イギリスの軽工業に代わって繊維製品を国産化することで，国内市場を拡大し，さらにヨーロッパ各国への輸出を拡大しようとしていた。

北部ユニオン経済基盤の軽工業化は，より多くの労働力を必要としていた。そのため，北部ユニオンでは奴隷制度を撤廃し，より流動性の高い労働力を手に入れようとしていた。

内戦はほぼ５年の長期におよび，経済の産業化と市場拡大で先行した北部ユニオンが大土地制農業を基盤とする南部コンフェデレーションに勝利し（1865年），アメリカ国内市場が南北統合され，経済基盤が農業から工業へと飛躍することとなった。

鉄鋼業

17世紀末のペンシルベニアには，アメリカで最初の高炉製銑・製鋼産業が英国からの投資と技術移転・拡散によって出現していた。しかし，イギリスは当

時の製銑・製鋼技術を門外不出として管理していたため，イギリス式のコークスを使う高炉製銑・製鋼技術がアメリカに大規模に導入されたのはその200年後の1840年ごろだった[12]．

1848年にカリフォルニアで金が見つかり，ゴールドラッシュが生起された．東海岸の人々は中西部へと大移動を始め，蒸気船の建造，運河建設，鉄道建設などに大量の鉄鋼を必要とするようになった．こうした国内市場の旺盛な需要に対応するため，鉄鋼業とそれを支える石炭鉱山への民間投資がブームとなり，ベッセマー転炉を世界で初めて導入するなど，製鋼の生産能力の拡大が続いた．

アメリカの鉄鋼生産量がイギリスを超えて世界一となったのは，コークス利用の大規模製銑製鋼技術がアメリカにもたらされてわずか40年後の1886年のことであった．

（2）　運輸・交通サービスのエネルギー・イノベーション

アメリカにとって，運輸・交通インフラの整備とエネルギー効率の改善は最も重要な公共政策課題の1つだった[13]．より多くの運河と馬車に適した道路がアメリカ経済発展には必須であり，各都市間の運輸・交通ネットワークのさらなる高度化が達成されなければ，地域間の政治的・文化的交流，自然災害からの復旧支援，市場規模の拡大などが進展せず，旧世界に比べて，社会的に劣後とならざるを得なかったからである．

蒸気船ブーム

1807年にニューヨーク・オルバニー間220km を結んだ「外輪式（パドル・ホィール式）蒸気機関推進システム」[14]を搭載したフルトン（Robert Fulton）の「クラーモント号」の就航が商業的に成功し，以降の中西部大河川に蒸気船がぞくぞくと投入される第1歩となった．1830年ごろには，2000隻の蒸気船がオハイオ川・ミシシッピ河航路に投入されていたとされ，外輪式蒸気船への投資がブームとなった．

ターンパイク（馬車道）ブーム

アメリカにおいては，イギリスと同様に，馬車が陸上交通の主流だった．主要都市間には駅馬車，郵便馬車が一定の時刻表に従って走っており，東海岸から西海岸まで連続して走り抜ける西部横断駅馬車も運行されていた．

1810年，「各人の道は各人が作る」という自らのことは自らでという個人主

義的な思想を基調として，アメリカ最初の馬車道が建設された．ペンシルベニア州のターンパイク社は，多くのターンパイク有料道路を建設し，一時期ブーム化した．現在でも高速有料道路をターンパイクと呼ぶのはこのときの名残である．

運河建設ブーム

　蒸気船ブームとターンパイク建設ブームが一段落した1825～35年の10年間には，主要河川・湖間を接続する「運河」の建設が民間投資の新たな対象となった．1817年着工，1825年開通のエリー運河，同年開通のシャンプレイン湖運河などがアメリカにおける運河建設の発端となった．州政府は競争して運河建設を促し，1850年までに全米で3000マイルを超える運河が開鑿された．これらの主要河川・湖から他の主要河川・湖へと水路を接続する運河の建設によって，交通ネットワークの「線から面への展開」が進展し，市場圏が拡大・高度化した．

　しかし，運河，河川などの国内舟運は，運送・移動に時間がかかるだけでなく，冬季の運行が困難で，天候の影響を受けやすいなどという欠点があった．このため，1835年頃から鉄道建設が本格化され始め，運河への民間投資資金は鉄道に向かうこととなった．

（3）　鉄道技術のアメリカ化——ローカライゼーション

　アメリカ最初の鉄道は，1826年マサチューセッツ州クインシーグラニット鉄道だと言われている[15]．翌年の1827年には，デラウェア・アンド・ハドソン運河会社（後のデラウェア・アンド・ハドソン鉄道会社）が，「モーク・チャンク・スイッチバック鉄道」を建設し，自社炭鉱で産する無煙炭をリーハイ川に面したモーク・チャンク積出施設まで運送した[18]．

　蒸気機関車を使った鉄道建設は，1825年にニュージャージー州のジョン・スティーブンス（John Stevens）が自宅の庭で自ら開発した蒸気機関車のデモ走行を行った時点から始まった．公共鉄道として一般客を受けいれた最初の鉄道会社（馬車鉄道）は，1830年に営業を開始したメリーランド州ボルチモアのボルチモア・アンド・オハイオ鉄道だった[19]．このように，イギリスのリバプール・マンチェスター間の一般旅客鉄道サービス開業と同じ1830年にアメリカにおいても一般旅客鉄道サービスが開業されており，イギリスとアメリカの鉄道技術開発力が同レベルだったことを示している[20]．

薪燃焼用トーチ型煙突

前照灯
(灯油ランプ)

燃料の「薪」

排障器
↓

図10-5　アメリカ蒸気機関車現地化イノベーション事例
出所：Shutterstock の写真を基に筆者が文字入れ.

　1862年 7 月，リンカーン大統領が「太平洋鉄道法」を公布し，ユニオン・パシフィック鉄道がオハイオに，翌1863年に，セントラル・パシフィック鉄道がサクラメントにそれぞれ設立され，大陸横断鉄道の建設が開始された．1869年 5 月10日，大陸横断鉄道が完成し，そのニュースは直ちに電信で全米に伝えられた．ちなみに，その 2 年後の1871（明治 5 ）年12月に，岩倉全権使節団が鉄道で雪のロッキーを越えている（久米，2017）．

　アメリカで発明・実用化された鉄道技術は数多い．例えば，機関車の燃料として使われた薪の火の粉が周辺に飛び散らないようにするための「トーチ型煙突」，線路上の雪などの異物を排除するための機関車前部の「排障器」などがある（図10-5）．これらのローカライゼーション技術の発明（特許取得）が，スミスソニアン博物館の説明によれば，アメリカ独自技術開発の嚆矢だという．

4．電力利用技術のイノベーション

（1）　灯火への電力利用

電力エネルギーの最初の実用的な利用は，「灯火」への利用だった．

アーク灯

1808〜15年に，英国のデービー（Humphry Davy）が「化学電池を電源とするアーク放電電灯（デービー灯）」を開発した．これは，1800年にイタリアのボルタ（Alessandro Volta）が発明した銀（または銅）と亜鉛を電極とする積層型電池（ボルタ電池）を多数直列にして2本の黒鉛棒に強い電流を流し，黒鉛棒間隙にアーク放電を生じさせ，極めて強い可視光を得る方法だった．1878年には，大型風力発電機の開発者としても知られるアメリカのブラッシュ（Charles Brush）が高圧直流発電機を開発し，アーク灯電源として実用化した．しかし，アーク放電の光は強すぎて屋内利用には必ずしも適しておらず，ガス灯は安全面で屋内利用に問題があり，イギリス，アメリカなどの発明家がこぞって屋内で利用できる，より安全な灯火技術の開発・改良を続けていた．

白熱電球

アメリカのエジソンは，イギリスのスワン（Sir Joseph Wilson Swan）が，白熱電球の英国特許を取得した翌年の1879年に，竹の繊維から生成した黒鉛フィラメントを使って，長寿命のエジソン型電球を開発し，普及させることに成功した．

こうして，社会的要請の大きかった工場，炭鉱，鉱山，一般家庭などの密閉空間において，出火の危険性の小さい，安全な白熱電球が急激に普及した．

発光ダイオード

21世紀の現代においては，白熱電球に代わる低消費電力の発光ダイオード（LED）が地球規模で普及し，電力配送電網（GRID）が未整備の発展途上国においても電池で使用可能なLED照明がおおいに役立っており，夜間の読書が可能になることで未就学児童の減少にも効果があると期待されている．

（2） コミュニケーションへの電力利用

コミュニケーション（伝共）への電力利用は，1828年のアメリカのヘンリー（Joseph Henry）が開発した継電器（リレー）と，1837年にイギリスのクック（William Cooke）とホィートストン（Charles Wheatstone）が開発した鉄道列車保安用有線電信機の開発によって始まった．モールス（Samuel Morse）がモールス符号を使うアルファベット伝送方式電信機の通信実験に成功する1年前のことだった．電源として，安定した電圧と電流を利用できる化学蓄電池が使われた．[21]

1920年代以降の民間ラジオ，テレビ放送の普及，さらに1980年代以降のパー

ソナルコンピュータ，インターネットサービス，デジタル携帯電話サービスなどの普及によって，当該産業において消費される電力量も増え続けた.

　有線電信と鉄道が，郵便局や鉄道駅まで足を運ばないと使えなかったのに対して，無線電信，インターネット，携帯電話などは，人から人へ直接伝共することが可能であり，列車から自家用車への交通需要のシフトと同じように，有線通信から無線通信への電力の需要シフトが生じ，現在も続いている.

　なお，無線通信は国境を越えて伝わるため，その円滑な利用には国際河川，公海などの管理と同様に，なんらかの国際的取決めが必須だった. しかし，個人の自由を尊重するアメリカと公共利益を優先するヨーロッパとの間に対立があった.

国際無線電信会議

　1927年に80カ国が参加し，ワシントンで開催された第３回国際無線電信会議（国際会議）において，周波数割当などを決めた国際無線電信規則がとりまとめられた[22]. この国際会議において，ホスト役だったアメリカのフーバー（Herbert Hoover）商務長官は，「日進月歩の電波利用技術を市場における経済活動に組み込むためには企業の新規参入を促進しなければならない. そのためには政府による技術的・行政的な事前介入と直接規制はできるだけ少なく，軽いものでなければならない」（筆者要約・翻訳）と述べ，短波長の電波を使って大陸間交信に挑戦するアマチュア無線通信士の活躍を紹介し[23]，個人，民間事業者（コマーシャル（広告）収入による民間ラジオ放送局など）などへの電波利用開放を訴えた. しかし，参加していた欧州列強各国代表は，国際無線電信規則の尊重には同意したものの，このアメリカの提案には同意せず，具体的な電波管理制度の構築はそれぞれの中央政府に委ねられることとなった.

（3）　動力への電力利用

　電気を利用して動力エネルギーを得るための「モーター」は，1873年のウィーン万国博覧会で，ベルギーのグラム（Zénobe Gramme）によって偶然に発見された. こうして，電力エネルギーの最終需要の大きな分野として「動力エネルギー供給」が追加されることとなった. 1950年代には，アメリカの家庭に，掃除機，洗濯機，皿洗い機，冷蔵庫，空調機などの家電製品が急速に普及し，リグレイ（1988）の比喩に言う，「家事労働を受け持つ奴隷」が急速に増えた. 彼らは家事労働を提供するために食料エネルギーではなく，電力エネルギーを消費した.

このような動力への電力利用の飛躍的増大で発電用化石エネルギーの消費が増
大し続けた.

移動体への電力利用

21世紀においても，船舶，航空機，自動車などの移動体に対しては，電力利
用は進んでいない．これは，20世紀初めにエジソンが試みた電池搭載型電気自
動車（EV）が解決できなかった技術課題と，EV 普及に必要な社会システムの
構築などが現代においてもそのまま積み残されているためである．無線による
電力送配電システム，軽量・高性能電池の開発と循環利用などが課題である．

イノベーション課題への挑戦

電力による動力供給制約の緩和という電力・動力イノベーションの経済効果
を実現するためには，未踏革新思考・技術への関心が高く，既得権益が相対的
に小さく，自由参入が可能な活力あるアメリカ型社会が適している．

真空管，電子計算機，固体半導体素子，集積回路，量子計算機などの情報通
信技術開発分野で，21世紀の現在もなお，個人発明家に加え，大学・企業内研
究者などのアメリカ型企業家精神を継承する人々がアップル（Apple），マイク
ロソフト（Microsoft）などの巨大企業の最先端技術イノベーションを支え続け
ている．こうしたファンタジーランド（アンダーセン，2019）とさえ称されるア
メリカ的個人発想を，組織が認め，尊重し，成果に結びつけていくプロセスが
ますます重要となっている．イノベーションは組織構築だけでは起こりえない
のだから．

5．サーキュラー経済の構築

（1） 地球温暖化へのアメリカ市場経済の対応

アメリカの市場経済は，未踏革新技術課題の解決とそれらの社会への実装の
ために，民間投資資金を短期に特定の分野に集中させるという資本主義のミク
ロレベルの正しい選択肢（「ケインズの美人投票理論」に見られる経済のブーム化，バ
ブル化の働きなど[24]）を，株式市場を介して提供する健全な機能を有している．し
かし，こうしたミクロレベルの正解が必ずしもマクロレベルの安定的な解とは
ならない「ジェボンズのパラドクス」または「カズムとブルックスの公理」か
ら生じるマイナス面を同時に内在する市場経済の仕組みとなっていることを忘
れてはならない（2008年のリーマンショックなど）．

　こうしたパラドクスへの準備のため，アメリカでは市場に任せておくだけでなく，州または地方自治体レベルで，地域の自然エネルギー賦存量などに最適化した電力システム構築のための支援策が模索されるなど，地球環境（地域環境）の将来的な劣化に対応する環境政策を提案し，実現するための強い意欲と能力を有するカリフォルニア州などのような州政府または自治体が存在する．

　このように，自由競争市場におけるエネルギー利用技術のイノベーションを阻害しない範囲で，連邦政府の政策提言に応え，州または自治体レベルが多様な気候変動対応・適応施策を検討または具体化し，民間投資資金がそうした公益分野の動きに関心を示し，自らの意志決定を行うなどの動きが1980年代から繰り返し行われてきている．その成果の１つとして，図10-6に示すとおり，バイオマス，風力発電，太陽光発電などの再生可能エネルギー供給量が，2005年以降，右肩上がりで増大しつつあることを確認できる．

（2）　電力供給の実時間需要変動への対応

　太陽光発電は日々の時間帯によるだけでなく，冬季・夏季の季節によってもその発電電力量が変動する．このため，時間，季節の需要変動に追随するため

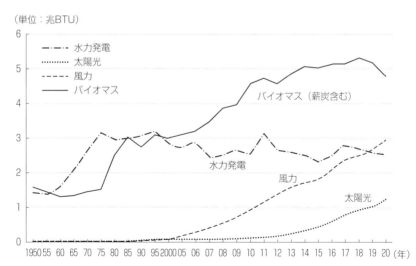

図10-6　アメリカにおける再生可能エネルギー供給の推移（1950-2020年）（単位：
　　　　 兆BTU）
出所：DOE/EIA, Monthly Energy Review, Primary Energy Production by Source を基に筆者作成．

には，天然ガス発電などの他の発電システムを使って電力需要の増減に速やか
に対応する必要がある（図10-7）.

　こうした再生可能エネルギー（自然環境から取得する1次エネルギー）の効率的
な利用のためには，これまでの化石エネルギー産業革命進展時には経験してこ
なかった（技術蓄積がほとんどない）新しいエネルギー利用技術の開発と産業イノ
ベーションが必要となる.

　また，最近の電気自動車（EV）の普及を踏まえて，アメリカではすでにEV
搭載バッテリーから地域の送配電ネットワーク（GRID）に必要に応じて電力を
戻すシステムの開発・実用化が始まっている.[25]

（3）　サーキュラー経済の構築と廃棄エネルギーの削減

　国連とEUが提唱する持続可能な経済発展目標（SDGs）を達成するため，
2019年にフォン・デア・ライエン（Ursula Gertrud von der Leyen）欧州委員会委
員長が温暖化対応・適応策（グリーンディール計画）の1つとして提唱した官民
協力型の投資イノベーション計画が「サーキュラー経済（循環経済）構築」で
ある.[26]

　これをエネルギー技術に適用すると,「廃棄エネルギー排出の抑制・削減」
が1つの具体的な政策目標となる. 市場競争最優先のアメリカにおいて，こう
したサーキュラー経済構築の動きが今後のエネルギー産業イノベーションの方
向を大きく左右する.

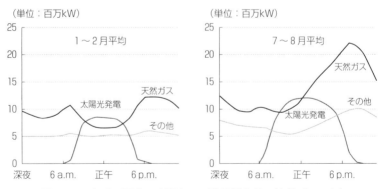

図10-7　冬季・夏季の時間当たり発電電力量の比較（2020年）

出所：U.S. Energy Information Administration, Hourly Electric Grid Monitor を基に筆者作成.

廃棄エネルギーの削減

個々のエネルギー利用機器の熱効率改善というミクロレベルの経済効果が，マクロレベルでそれらの普及台数を押し上げ，マクロ的に廃棄エネルギー量を増大させてしまうという「ジェボンズのパラドクス」が生じる可能性がある．しかし，例えば，小温度差熱電変換素子，熱ポンプによる廃棄エネルギー回収，ランキンサイクル作動流体の最適選択などのように，小温度差熱利用に係わる基礎的な研究開発を今後も継続することによって，こうしたパラドクスへの対応策を見出すことも可能となることが期待される．

ミクロ技術開発の成果がマクロ経済的分野において本来の解決策と矛盾する社会的効果をもたらす分野においては，炭素税の導入のような EU 型の中長期的な政策介入が検討されることが多いが，アメリカ型の「さらにあらたなエネルギー利用技術のイノベーション競争を刺激する」ことによって，動的に，ケインズの美人投票理論的な同調圧力の監視などを含めて，完全競争に近い本来のアメリカ型市場の力によって解決を図っていくやり方が将来的にも有効であると期待されている．

注

1）　初期の入植者が使用した斧，鋸，ナイフなどの鉄器の生産・修理には鍛冶屋の小型炉が必要であり，鉄，銅，銀，鉛などの金属精錬には大型の高炉が必要だった．こうした小型炉などの燃料として木炭が大量に消費された．なお，コークスがイギリスのダービーによって精練用原燃料として使用されるようになったのは1709年のことである．

2）　図10-2のアメリカ1次エネルギー供給量の「対数表示」数値が，右肩上がりの直線（べき乗則）となっている点に注意．

3）　2021年のアメリカエネルギーフローチャート（図10-4）を見ると，天然ガスの37％強，石油製品の70％弱がそれぞれ発電部門と運輸部門で消費されている．

4）　シェールガスとは，頁岩層（シェール層）に含まれる石油・天然ガスである．地上からパイプを使って高圧水を吹き込むことでシェール層を破砕し，層中に含まれる天然ガスと石油を取り出すことができる．これまでの自噴油井とは全く異なるシェール層を含む地層に含まれるため，可採埋蔵量の増加に貢献している．

5）　地球環境という極めて公益的な政策課題分野であっても，産業活動への政府介入は一方的であってはならないとする考えは，2022年6月の「オバマ政権時代に連邦政府が制定した石炭火力発電所に対する規制計画は法律の規定を逸脱しており，無効である」との連邦最高裁判所裁定にも表れている．

6）　一般的な火力発電，原子力発電などでは，発電用動力を得るために水蒸気を作動流体とする蒸気タービンなどの熱機関が使われ，タービン入口の最高蒸気温度と廃棄さ

れる排水温度の「差」が大きいほど当該熱機関の発電効率が高くなることが知られている．

7） 発電ボイラーまたはタービンなどの熱機関の燃焼温度を引き上げ，同時に排出する冷却水または排ガス温度を引き下げることで，発電システム全体の熱効率が改善される．火力発電システムを，風力，太陽光のような動力・電力変換型の発電システムに置き換えることも国全体の廃棄エネルギー割合の引き下げにつながる．

8） エジソンが自らの実験と経験に基づき技術開発を進めていくスタイルだったのに対してテスラは理論計算もできる研究者としての能力を併せ持っていたことがわかるエピソードである．

9） 例えば，日本でも本州・北海道間の相互送電容量増大のため，2019年に電力損失の小さい直流送電システムが津軽海峡の海底に開発・設置されている．

10） 1945年の，（アメリカの）原子力委員会による調査「パットナム報告」は，原子燃料による発電設備の改良および利用の経済的および地政学的な諸問題について，原子力委員会が考察を行う際の基礎とするという見地から行われたものである．このパットナム報告がアメリカの民間原子力発電所建設の根拠となったが，パットナム自身は，1953年以降に，彼独自の大型風力発電システムの開発に着手している．

11） 原子炉は発電を開始すると，技術的に，一定の最適発電量で発電を続ける．このため，原子力発電による電力エネルギー供給量は原子力発電所の発電能力とほぼ一致する．

12） 機密だったイギリスの製銑・製鋼技術とそのノウハウをアメリカに伝えたのはイギリス人の技術者だった．彼らは政府またはイギリス企業が組織的に派遣したのではなく，新天地アメリカの可能性に賭けたイギリス市民が自ら選択した結果だった．

13） 1803年のフランス第一共和国執権ナポレオン（Napoleon Bonaparte）からのルイジアナ買収によって広大な中西部領土を得たことがアメリカの西漸運動のきっかけとなった．

14） 中国で8世紀からすでに実用化されていた外輪船が西洋にコピーされて使われ始めたのは近代になってからであるとされている．

15） メリーランド州カバーランドからウェスト・バージニア州ホィーリングまでの区間．

16） カナダで採用されていた厚板（プランク）敷設道路を一部含む．

17） 木製レールの上に設置された木製車輪のトロッコを使い，山の上で切り出した花崗岩（グラニット）をその自重を利用してケーブルカーと同じ方法で，麓に降ろし，空になったトロッコを馬に牽かせたロープで山上に引き上げるというインクライン方式だった．

18） 無煙炭は東部都市部での需要が急成長しており，河川舟運を開発して，需要地までいかに速く運送可能かが市場競争の決め手となっていた．このケースでは積出し施設までの傾斜地運送のためにインクライン方式の鉄道が開発された．

19） 当初は，ボルチモアからオハイオ河畔のホイーリングまで運河を開鑿する計画だったが，アレゲーニー高原を越えることが困難だったため，鉄道線建設に計画を変更した．1827年着工，1830年鉄道完成．営業開始当初は，馬車牽引の鉄道だったが，1830年8月には蒸気機関車が導入された．

20） イギリス生まれの鉄道技術は，アメリカの自然風土に適応しやすいように改良されており，単なるコピーではなかった．技術のローカライゼーション能力が備わってい

るかどうかはイノベーション基盤形成の重要な要件の１つとなっている.

21）　2022年においても，携帯電話基地局，電話局内の交換機器などの電源には蓄電池が使用され続けている.

22）　1932年の第４回マドリッド国際無線電信会議において，列強国の強い要望で，管理規則案の国内法規への記載はそれぞれの中央政府の判断に委ねられることとなり，アメリカが思い描いていた国際社会全体の無線電信を規制する強制力のある規則にはならなかった.

23）　1927年国際無線電信会議において，フーバー商務長官は「数千のアマチュア無線通信士が試験と実験のために国際間で相互に交信（コミュニケーション（伝共））を行っている．ある国から発信されたアマチュア無線メッセージが地球を半周して他国に届くことも珍しくない」と述べ，私的な個人レベルのアマチュア無線がすでに国際的な相互伝共手段として広く使用されていることを強調している.

24）　ケインズの美人投票理論は，多数の人々が個々の最善の選択肢として「他の投資家がどの銘柄を買うか，または売るかを推測し，自らの選択を行う」という，資本主義経済下におけるミクロレベルの「正しい選択」が，マクロレベルの「バブルまたはパニック」をもたらす可能性」につながることを示している.

25）　こうした小規模の発電能力を無駄なく電力系統にリアルタイムで IoT 接続し，さらに電力需要端で時間当たり消費電力量を自動的にコントロールすることで，電力消費の「ムダ（廃棄される電力）」を減少させることができる．また，住宅屋根に設置された小規模の太陽光発電，車庫にある EV などの電力需給データを，地域のクラスターに記録しておくことで，必要に応じて，電力需給を地域のクラスター単位で制御できる技術も開発されている.

26）　サーキュラーエコノミーとはフォン・デア・ライエン欧州委員会委員長（2019年～）が2019年12月11日に発表した EU グリーンディール計画に含まれている「循環型経済」を意味する言葉．2050年までに温室効果ガスの排出を実質ゼロにする「気候中立（クライメイトニュートラル）」を目標として，官民ともに持続可能な経済（SDGs）の構築に向けて取り組むことが要請されている.

参考文献

Putnam, P. C.（1953）*Energy in the future*, Atomic Energy Commission（吉崎英男訳（1955）『エネルギー問題の将来』商工会館出版部.

Reich, W.（1998）*Black Smoke and White Iron: A History of Colorado Kilns, Ovens, Furnaces and Rails*, Colorado Rail Annual No. 29.

Reich, W.（2013）*Colorado Inventions and Inventers of the 19th Century*, Colorado Railroad Historical Foundation.

Wrigley, E. A.（1988）*Continuity, Chance and Change: The Character of the Industrial Revolution in England*, Cambridge University Press（近藤正臣訳（1991）『エネルギーと産業革命』同文舘出版.

Yergin, D.（2020）*The New Map Energy, Climate, and The Clash of Nations*. Penguin Press.

アンダーセン，K.（山田美明，山田文訳（2019）『ファンタジーランド　狂気と幻想のア

メリカ500年史』東洋経済新報社.

久米邦武編（2017）『特命全権大使　米欧回覧実記（一）』岩波書店.

ケアリー, H（アメリカ学会訳編）(1982)「過去, 現在および将来」『原典アメリカ史第
　　3巻　デモクラシーの発達』岩波書店.

小林健一（2021）『米国の再生エネルギー革命』日本経済評論社.

平沼光（2021）『資源争奪の世界史――スパイス, 石油, サーキュラーエコノミー――』
　　日本経済新聞出版.

山家公雄(2017)『アメリカの電力革命――広域運用からローカル運用まで――』エネルギー
　　フォーラム.

第11章
イノベーションを支える企業会計

　企業がイノベーションを起こし続けるためには，企業に対する継続的な資金提供が欠かせない．資金提供の手段として株式を通じた投資がある．投資の判断の根拠となり，投資の成果を確認できる，というのが会計の基本的な役割である．

　その意味で会計制度は資本市場を支えるインフラである．財務諸表の開示を通じて企業の財政状態，経営成績を提供することで，投資の意思決定に有用な情報を提供する．貸借対照表，損益計算書，キャッシュ・フロー計算書をはじめとする財務情報は，投資家の利用にあたって信頼に足るものでなければならない．企業が遵守するための会計基準があり，財務諸表監査制度という公認会計士監査により，財務諸表の信頼性の確保を担保しようとしている．

　適正な会計報告が求められてはいても，企業の不正な会計報告がなくなるわけではない．資本市場が機能するためには，企業の内部牽制を行う仕組みや不正行為を防止する企業統治（コーポレート・ガバナンス）が適切に行わなければならない．資本主義経済のもとで自由競争が目指される一方で規制もなされ，サーベンス・オックスリー法（Sarbanes-Oxley Act: SOX法）によって財務報告に係る内部統制制度が整備されている．

　他方で，経営目標を達成するために組織内部でも会計は使われる．管理会計はイノベーションを阻害するという伝統的な見解もあるが，最近の研究成果では，管理会計のデザインとその利用方法により，創造性を支援し，イノベーションを促進しうることを明らかにする．

1．資本市場を支える会計制度とコーポレートガバナンス

（1）　資本市場のインフラたる財務会計基準の設定主体の登場
　会計基準の設定にあたっては企業間の比較可能性の担保が重要なテーマになる．それには各国の会計基準をどうするのかという観点と，国際的調和化の観

点からグローバル会計基準のあり方が議論されてきた．近年では，国際財務報告基準（以下，IFRS）とのコンバージェンスが会計トピックとなってきた．

　ここでは，ある国の会計基準をどうするのかという観点についてみていく．会計基準により会計規制がなされる背景の１つとして，これまで想定してこなかった取引が登場し，経済実態としては同質のものであっても異なる会計報告がなされ，会計報告上の問題となることがある．

　例えば，リース取引の導入がこれに該当する．これまで借入れをして固定資産を購入していたものについて，リース会社と長期のリース契約を結ぶことで，リース期間中における資産の保有者はリース会社となり，リースする企業側は，固定資産や借入金を貸借対照表に計上しない処理をするようになった．結果として，企業の総資産は圧縮される．同じ機械（130）と棚卸資産（20）を使って利益（15）を生み出すとして，機械を購入すれば，総資産利益率は15／（130＋20）＝10％であるのに対して，リース契約の場合には，総資産利益率は15/20=75％となり，後者の方が投資家にとって魅力的であると判断できてしまう．しかし，経済実態としては，同じ機械を使って利益を生み出したものであり，異なる投資判断に至る財務報告となるのは望ましくない．そこで，会計基準が設定されて，リース契約であっても，貸借対照表に計上するように規制がかかることになる．

　アメリカの会計制度は，1929年の大恐慌により投資家が多大な損害を被ったことを背景として，投資家保護の観点から形成された．世界恐慌を契機として，政府は投資家保護のため，1933年に証券法（Securities Act），1934年に証券取引法（Securities and Exchange Act）を制定し，監督行政機関である証券取引委員会（Securities and Exchange Commission: SEC）を設置した．

　SEC は，証券法や証券取引法に基づく証券の発行に際しての届出書（登録届出書）の様式，ならびに登録以後の年次報告書の様式を，レギュレーション（規則）S―Xとして定めていたが，それはあくまでも財務諸表の様式等に係る形式的な面を規定しただけで，実質的な会計処理を規定したものではなかった．SEC は，会計・監査実務を規定する幅広い権限を保持しながらも行使せず，実質的な会計処理基準については，「有力な権威のある会計原則」（1938年，連続会計通牒第４号）に従うべきであるとの見解を示した．

　権威ある支持が何を指すかは示されていなかったが，一般的には，アメリカ公認会計士協会（American Institute of Certified Public Accountants: AICPA）による

意見書等が実質的に受け入れられ，それが権威ある支持と認められた．また，アメリカ会計学会（American Accounting Association: AAA）の声明，報告書，研究書等もこれに含まれるものと考えられた．

　AICPA は，その内部に1939年から1959年までは会計手続委員会（Committee on Accounting Procedure: CAP），1959年から1973年までは会計原則審議会（Accounting Principles Board: APB）を設置し，それぞれの時期に解決すべき問題についての意見書の公表を行い，会員等にその意見書に従うよう義務を負わせた．

　この AICPA の会計手続委員会および会計原則審議会の会計原則の設定過程は，判例法主義的である．新しい問題についてまず慣行が問題とされ，そこでの個別的な問題解決こそが志向されるのであって，一般的な原則からの演繹によって解決されるのではなかった．

　CAP, APB のありかた自体に多くの批判が噴出し，公表される意見書等が「実質的に権威ある支持」ではないとの指摘を受けるようになってきた．その理由は CAP，APB ともに公認会計士の有資格者である AICPA メンバーのみで構成，検討され，公表される意見書等は監査人自身の立場からの意見書等が多く，それらは，監査人の責任を狭くするようなものであった．また，CAP，APB ともに公表する意見書等に強制力はなく説得力がないとされた．さらに CAP，APB も財政的な基盤が整っておらず，緊急な問題にすみやかに対処することができなかった．

　こうしたことから，APB はその役割を米国財務会計基準審議会（Financial Accounting Standards Board: FASB）に引き継ぐことになる．FASB は1973年に設立されたが，財務会計財団（Financial Accounting Foundation: FAF），財務会計基準諮問委員会（Financial Accounting Standards Advisory Council: FASAC）とともに構成された集合体の１組織であった．財政面・人事権を持つ FAF を上部組織として，会計基準設定に重要な役割を占める FASB，それを補佐するのが FASAC である．FASB は，財務会計基準や財務報告基準の設定や改善という重要な任務を担った．FASB は，財務会計基準や財務報告基準の設定・改善をし，その基準書の公表や公刊物の発刊を行った．

（2）　概念フレーム・ワークの登場と時価会計の導入

　前述のとおり，会計処理を定めない取引が出てくるたびに，その取引に対応

するために会計基準が制定,変更されてきた.やがて,それぞれの問題に対応するのはイタチごっこであり,そういったピースミールアプローチであると,各基準間の一貫性,整合が取れないという問題が生じた.

これに対して,少数の前提や基本概念から基準を演繹して作り上げていくというノーマティブ・アプローチと呼ばれるスタイルが,FASB 設立以前より採用され始めた.そこでは,実務上の慣行よりも概念の定義を優先し,「経済的資源」を中心に,その変動の認識・測定を体系化するという手法が採られた.これが後に米国財務会計基準審議会 (FASB) の概念フレームワーク (財務会計諸概念に関するステートメント (Statement of Financial Accounting Concepts: SFAC)) に受け継がれ,1980年代の FASB の一連の活動を通じて当該アプローチが定着していった.

概念フレームワークは,会計基準を演繹する前提であり,目的を含む基礎概念の体系を文書にまとめたものである.概念フレームワークのもとでは,資産,負債,純資産,収益,費用の概念が定められる.そして,会計基準は演繹的に創出される.

FASB が公表する財務会計基準書 (Statement of Financial Accounting Standards: SFAS) は,デュー・プロセスにより検討・公表される.FASB は,当初の審議内容を取りまとめた文書である討議資料や意見勧告書において,今後の審議にあたっての基本的な方向性を示し,その後,公開草案の公表を経て,確定版の基準書を公表するというプロセスによって,会計基準の設定を行っている.

行政機関である SEC も FASB の存在と会計基準設定に関する活動を認め,SEC の財務連続通牒第 1 号 (Financial Reporting Releases: FRR,ASR150号) では,「SEC は独自の会計原則を設定する権限を有しているものの,FASB の設定する会計基準が,実質的に権威ある支持を得ている会計原則である」との表明がなされた.FASB は,一般に公正妥当と認められた会計原則 (GAAP) を設定する権限を持っているが,その基準を遵守させる権限はなく,証券取引委員会 (SEC) とアメリカ公認会計士協会 (AICPA) が基準を遵守させるメカニズムを用意していた.SEC は公開企業に対して,その財務報告書は必ず FASB 基準に適合したものであることを求めている.

AICPA では,公開会社,非公開会社を問わず,監査報告書を付す条件としてその財務諸表が GAAP によるものであることを求めている.

先にあげたリース取引を 1 例として,資本市場が発達するにつれ,デリバティ

ブ取引をはじめ，既存の会計基準では対応し切れない経済実態が次から次へと登場してきた．新しい経済事象が生じることは資本市場の発展から見ると悪いわけではないが，会計処理をする企業の立場，それを監査する立場からすると検討すべき問題となる．

　投資家の投資判断に資するための財務諸表として，会計基準が進展してきた方向性として，金融商品をはじめとする時価会計の導入がある[1)]．FASB では，「金融商品およびオフ・バランスシート金融問題（Financial Instruments and Off-balance sheet Financing Issues）」として，1986年5月にプロジェクトを開始した．

　時価のある金融商品は値上がり，値下がり双方のリスクがあるため，投資家はその情報を共有してほしいと考える．時価会計の導入により，保有資産のうち，上場企業の株式は時価評価されることで，企業の貸借対照表がより実態を表し，投資の判断に資するものとなった．結果，財務諸表の有用性が高まり，資本市場のさらなる発展に寄与することとなった．一方で，金融商品を期末に時価評価する場合に，取得時と前期末からの時価変動による差額を損益計算書に取り込むのかどうかというのは，保有者側にとって大きな問題である．特に，機関投資家たる金融機関の保有株式の評価益，評価損が毎期の損益計算書に取り込まれるとなると，最終損益の変動リスクが極めて大きい．結果として，会計基準は純投資目的でない投資の場合には，時価評価はするものの，時価変動差額は損益計算書に計上されず，直接純資産を増減する処理が取られることとなった．投資の評価が大きく下落する場合には，別途評価減を行う処理が取られる．会計基準は，財務諸表利用者のために会計理論的にあるべき方向が目指されると同時に，規制される側の意見も取り入れられながら設定されてきた．

　また，金融派生商品取引（デリバティブ取引）の発展により，従来の会計基準の考え方に相当する売却と借入のいずれの性質がより優越するかに基づく考え方（支配的特徴パラダイム（predominant characteristics paradigm））では，経済的実体を捉えるのが難しくなってきた．そこで，経済的実体を反映させる取引の構成要素を検討する財務構成要素パラダイム（financial components paradigm）のもとで，金融資産の証券化取引の財務構成要素に分けることでその経済的実質を会計上反映できるという考え方が採用される．リスクと経済価値の移転の有無により金融資産の計上をやめるかどうかが判断されるようになった．

　その後，いわゆるグローバル・コンバージェンスの局面に入ると，そこではむしろ，財務報告の国際的な等質化と会計基準の統合化による情報の比較可能

性を，他の目的に優先させて制度化が進められていくことになった．これは，直接には欧州の資本市場の統一に伴って規制を一元化する必要性から生じたものだが，同時に欧州企業の財務報告をアメリカに受け入れてもらえるよう，欧州のローカルな基準ではない国際的な基準を必要としたという事情もあった．だからこそ，世界の会計基準を国際会計基準審議会（International Accounting Standards Board: IASB）が中心となって統一しようという運動に発展した．この局面では，むしろ基準の画一化が大きな目的とされてきた．

（3） 日本の会計基準の展開

では，日本の会計基準の状況も簡単にみておこう．日本では1949年に設定された企業会計原則が，長い間，憲法的な存在として位置づけられ，金融庁長官の諮問機関である企業会計審議会が企業会計原則のもとで会計基準を作ってきた．企業会計原則は，企業会計の実務の慣習として発達したもののなかから，一般に公正妥当と認められたところを要約したものであって，帰納的アプローチに基づいている．必ずしも法令によって遵守を強制されているわけではないが，すべての企業がその会計を処理するに当って従わなければならない基準であると考えられている．企業会計原則は，将来において企業会計に関係のある諸法令が制定改廃される場合において尊重されなければならないものであった．

しかし，世界が演繹的アプローチに基づく概念フレームワークに基づいて会計基準が設定されるようになるなか，日本企業も海外との取引を行い，国際金融市場で資金調達を行うこと，また日本の資本市場の国際化を図るうえで，日本の会計制度のグローバル化を図る必要が出てきた．他方で，バブル経済の崩壊を経て，金融ビッグバンにより不良債権処理が進められるなかで，取得原価で評価された資産の適正な評価が必要ではないかという課題があった．

そこで，1990年代の後半から会計ビッグバンと呼ばれる会計制度の改革が行われた．連結財務諸表の重視，金融商品の時価評価，税効果会計，キャッシュフロー計算書，退職給付会計，減損会計等の基準が導入されることになった．2001年から設置された，民間団体である企業会計基準委員会が，会計基準の整備を行うようになった．

日本においても概念フレームワークの検討が行われ，2004年に企業会計基準委員会より討議資料『財務会計の概念フレームワーク』が公表された．その後

も検討が重ねられてきたものの，現状においても討議資料にとどまっている．企業会計原則は，現状の会計基準を設定するうえで尊重されるわけではないので，当初のような性格を失ってはいるものの，今もなお廃止されているわけではない．その後，IFRS との同等性評価を行い，J-IFRS を制定するなど，日本の会計基準の独自性を保とうとしている．

2. コーポレートガバナンスと SOX 法

(1) エリサ法による VC 業界の発展

1節では資本市場が適切に機能するために，会計制度が財務報告の規制を行うことが求められることをみてきた．アメリカにおいてスタートアップ企業が次々と登場して成功した背景として，スタートアップを支援する VC（ベンチャー・キャピタル）業界が発展したことが大きい．

アメリカの VC 業界発展の背景には，エリサ法（ERISA 法，Employee Retirement Income Security Act 1974，従業員退職年金保障法）の規制緩和がある．1981年に ERISA 法による年金基金運用の規制緩和で，年金基金のベンチャーキャピタル・ファンド（Venture Capital Fund: VCF）への投資が解禁された．ERISA 法の規制緩和は，当時のキャピタルゲイン課税の引き下げやパソコンなど新しい技術革新の進展に伴い成長した．1980年代に IT 系を中心に多くのベンチャー企業が誕生し，70年代のものも含めればアップルコンピュータ，マイクロソフト，サン・マイクロシステムズ，Cisco など国の経済を支える原動力となる企業が生まれ，それ以降のアメリカの VCF の規模拡大をもたらした．結果として VC 投資の意義への社会的認識も大いに進むこととなった．同時に，その後のアメリカの VCF の主たる出資者は年金基金となった．

最近でも年金基金がアメリカの VCF の約半分を出資しており，バイオ分野やクリーンテック分野など，次々に新しい分野での産業革新を起こす原動力になっている．アメリカの VCF がスタートアップ企業を支援し，スタートアップ企業が成長して上場することにより，アメリカの資本市場がますます発展するという好循環が生み出されることとなった．

当期純利益が赤字であり，営業キャッシュ・フローから投資キャッシュ・フローを差し引いて計算されるフリー・キャッシュ・フローがマイナスだからといって，企業価値評価が直ちに下がるわけではない．ファイナンスの理論では

投資家は将来予測に基づいて，将来のプラスのフリー・キャッシュ・フローから企業価値を計算することにより，大きな価値があると判断できると考えられているからである．第10章でバイオベンチャーに言及した際にもふれたが，スタートアップ企業の目標の1つは上場を果たすことであるが，大企業によって買収されるというのも出口戦略の1つである．いずれの場合にも，適正に会計報告がなされていることが基本であり，財務報告に関する規制は，イノベーションの成果を評価するうえで，欠かせないものとなっている．

（2）　企業会計不正問題とSOX法による内部統制監査

適正な会計報告が求められてはいても，企業の不正な会計報告がなくなるわけではない．前述のとおり，財務報告に関する基準はつど改訂を重ねてきた．また，資本市場が機能するためには，企業の内部牽制を行う仕組みや不正行為を防止するコーポレートガバナンスが適切に行わなければならない．資本主義経済のもとで自由競争が目指される一方で規制もなされ，SOX法によって財務報告に係る内部統制制度が整備されるに至った．SOX法が制定された経緯を確認しよう．

2001年に「エンロン・ショック」と呼ばれるアメリカの大手エネルギー会社エンロン（Enron Corporation）による巨額不正会計事件が起きた．エンロンは1985年に会社が誕生して以来，当時としては最先端だったデリバティブ取引をエネルギー業界に採用し，海外の事業にも積極的に進出した．世界41カ国で大規模プロジェクトを手がけ，全米を代表する大企業に成長した．

2000年度の年間総売上で全米第7位にまでなったエンロンの不正会計疑惑が明るみに出たのは，2001年10月のことだった．株式市場からの信頼も高く，安心した投資先として評価されていたエンロンだったが，実際は経営者の指示で海外事業の失敗で発生した損失をSPC（特別目的会社）で計上することによる簿外債務，売上の水増しなどの粉飾決算を繰り返していた．やがて，その事実が表面化する．そして，事件発覚からわずか2カ月後に160億ドル超とも言われる債務超過であることが分かり，倒産した．

さらに，エンロンに端を発して，大手電気通信業者ワールドコムをはじめ，複数の大手企業も粉飾決算を行っていたことが続々と判明し，全世界に大きな衝撃が走った．ワールドコムの負債総額は400億ドル（4兆円以上）を超え，エンロンの記録を更新し，アメリカ史上最悪の破綻となった．粉飾決算の原因は，

株価が上がるほど経営者への報酬が上がるため，粉飾決算をしてでも株価を上げようとする経営者の誘因，会計監査とは別に多額のコンサルティング報酬を得て，不正会計に加担する監査法人の姿勢があげられる．

　不正行為により資本市場は投資家の信頼を損ない，それが市場全体に対する不信に繋がる．粉飾決算などの企業会計不祥事を規制するために，2002年7月にアメリカ政府が制定した企業改革のための法律が，SOX法（Sarbanes‐Oxley Act）である[2]．

　SOX法の重要なポイントとして，コーポレート・ガバナンスの強化，正確な財務情報の提供，会計監査制度の改革の3つがある．

　まず，コーポレート・ガバナンス強化において，社外取締役として，会社と利害関係が無い人が選任されること，財務，会計の専門知識を有する人が選任されることを要求した．これにより，経営者の監視，監督機能を高めようとしている．

　次に，最高経営責任者であるCEOと最高財務担当責任者であるCFOは，自社の財務情報に関する開示が適正であることを宣誓することで，正確な財務情報を提供していることが求められることになった．

　経営者が全ての会計情報をチェックして，財務情報に関する開示が適正であることを証明することは困難な作業であるため，経営者が，財務処理に関わる仕組みやプロセスが，有効に機能していることを検証すれば，その仕組みやプロセスによって，処理された財務情報も正しいという間接的に証明する方法を義務化した．この仕組みやプロセスが財務報告に関わる内部統制である．内部統制とは，企業が適切に経営や事業を進めていくためのルールや仕組みのことであり，経営者が経営上のリスクを一定水準に押さえ，①業務の有効性および効率性，②財務報告の信用性，③事業活動等に関わる法令等の遵守，④資産の保全という4つの目的を達成するために業務へ組み込むものである．

　SOX法では，経営者自らが，財務諸表に係る内部統制の構築と運用を行い，その有効性を検証することを要求している．そして，独立した外部の公認会計士や監査法人には，財務情報の監査だけでなく，内部統制に関する監査も要求することとした．また，会計監査を行う監査法人には，監査業務以外のコンサルティング業務の提供を禁止する措置がとられた．そのほか，財務会計に関する犯罪に対する罰則の強化や内部告発者を保護するなど，不正に対する厳格な対策が盛り込まれた．SOX法の制定は上場を目指すスタートアップ企業にとっ

ては，財務報告にかかる内部統制を構築，運用しなければならなくなったという点においては，追加のコストが生じることになった．

　これまでみてきたように，財務諸表作成についての規制強化やコーポレートガバナンス強化は，資本市場というインフラを支えるために求められるものであり，資本市場の保護という観点から発展してきたといえる．

3．コーポレートガバナンスを確保する管理会計とイノベーション

（1）　イノベーションを阻害する管理会計という伝統的理解

　スタートアップ企業は，VC 等から資金調達を行い，上場を１つのゴールとして，組織規模の成長とともに経営管理の仕組みが整えられ，管理会計制度が整備される．管理会計がイノベーションを阻害するという伝統的な見解もあるが，管理会計のデザインとその利用方法により，創造性を支援し，イノベーションを促進しうる．

　予算はイノベーションを阻害するものとして伝統的には理解されてきた．技術開発や新製品・新サービスの開発に取り組む技術者やクリエイターにとって，人，モノ，時間が制約されると自由な発想ができなくなり，クリエイティビティを発揮するのが難しく，イノベーションを生み出しにくいと考えてしまう．一方，予算管理，資金管理を司る会計部門では，開発部門の成果が上がらないと，遊んでいるのではないか，無駄遣いをしているのではないかと疑いの目をもつ．伝統的な会計部門の役割に対するイメージは，番犬という見張り役であった．ここまででみてきた決算書を外部に報告する財務会計に対して，利益額や利益率に代表されるような経営目標を達成するために企業内部で使われる予算管理，資金管理は，管理会計と呼ばれる．ここでは管理会計の基本的な使い方をみておく．

　経営者が事前に設定した利益目標を達成するために，利益計画，予算として，月次，半期，年次といった期間における貨幣額で表した会計計画が設定される．事前に設定された計画を達成するために，期中では，月次なら月次単位で進捗状況が確かめられる．費用予算であれば，年間に使える金額の上限が定められるので，部門は予算を超えないように費用の使い方を考える．事前に決められた計画を達成するべく，期中統制が図られるのが予算の重要な機能の１つである．

　しかし，予算を使用していく部門からすると，予算というのは，自分たちの行動を制約するものと解される．事前の計画段階で必要な投資や開発費用が検討されて承認されているので，その範囲内で管理しなければならない．もっとも，事前に研究開発の全てを見通せるかどうかというと，それもまた難しく，想定通りに進まない場合には，当初には想定していなかった費用を支出する必要が生じる．予算超過となる場合には，超過分の支出が追加的に認められることは容易ではない．このように，予算によって，組織行動が制約され，イノベーションの妨げになると考えられてきた．

　期末において，年間の実績値が確定して，事後的に予算の達成度がチェックされ，業績評価が行われる．予算を達成した場合には，計画が達成されたものとして，高評価されるし，予算を達成できていない場合には，なぜ達成できなかったのかについての原因分析が行われる．原因分析が行われたのちに，次期以降の是正処置が検討される．

　現場においては貨幣数値だけで議論するよりも，ある製品を製造するために，標準的な材料の使用量，加工時間が定められている場合に実際どれだけかかったのかを比較する場合の方が理解しやすいだろう．想定していたよりも単価が高くなった，標準の材料使用量，加工時間を超過したということで，価格面，数量面から分析が進められる．ここでは，期末の業績評価ということで説明しているが，これは月次単位でも行われることが通常である．

　このように，計画設定と統制が行われる Plan → Do → Check → Action という PDCA サイクルが展開されるのが，管理会計の基本的な使い方になる．基本的な使い方によれば，会計数値は，物事がうまく進んでいるかどうかを診断する使い方（診断型コントロールと呼ばれる）になり，事業部門長にとっては指示されるもの（強制的コントロールと呼ばれる）と感じる．

　明確な目標を設定することで，診断的コントロールは，探索の場を狭め，タスクに関連する問題の解決策を見つける効率を高めるという特徴がある．診断的コントロールは，従わなければならない手順ではなく，望ましい結果のみを規定するため，部下に自分の活動を徐々に調整するための十分なスペースと柔軟性を提供することができ，結果として漸進型イノベーションに寄与するという研究成果がある．

（2） イノベーションを促進する管理会計のデザインと運用

　管理会計をはじめとする経営管理の仕組み（Management Control System: MCS）はイノベーションを促進するような取り組みに悪影響を及ぼすと考えられていたが，予算管理をはじめとする公式的な統制が，相互に作用すると，自律的に実現可能性を高めるイネイブリングな状況になり，組織がイノベーションから利益を引き出す能力を高めることが知られるようになった．その理解が進んだ背景の1つとして，アメリカのスタートアップ企業が組織の成長とともに管理会計を導入しながら，イノベーションを創出し続けており，その実態についての調査が進んだことがある．では，イノベーションを促進するような管理会計やMCSのデザインと運用がどのように行われるのかを次にみていく．

　予算制約はイノベーションを阻害するものではなく，新しいアイデアを生み出すのに役立つと言われるようになった端緒となる事例として，大手医薬品メーカーのジョンソン・アンド・ジョンソン（Johnson & Johnson）の取り組みが上げられる．同社は，製品イノベーション，市場の多様性，技術の変化，熾烈な競争に関して，不確実性の問題を認識しており，これらの問題に対し，長期計画と財務計画を高いレベルで相互作用的に利用することで対処していた．

　その後，相互作用的に情報を利用する仕組み（相互作用型コントロール）の前提として，情報が簡潔で容易に理解できること，管理者間の対話と相互作用を要求すること，戦略的な不確実性に焦点を当てて議論を進めること，新たなアクションプランを生み出すことが，意識されることがあげられる．

　実際に，製品イノベーションが組織業績を高める影響を相互作用型コントロールが強化するという，製品イノベーションと業績間の関係をモデレートする役割を支持する結果が，実証研究で示されている．また，業績評価システムを相互作用型コントロールとして活用すると，革新性，組織学習，市場志向，企業家精神といったケイパビリティが高まることが明らかにされている．

　会計部門の役割に対するイメージは，番犬というよりも戦略パートナーとしての役割が強調されるようになっている．ただし，イノベーションを促進するための会計情報システムについての理解は，十分に進んでいるとは言えない状況にあり，今後のさらに研究が進展することが期待される．

　　注
1） 会計基準上，時価は公正価値として整理される．

2）　SOX 法と一般的にも呼ばれているが，上場企業会計改革および投資家保護法（Public Company Accounting Reform and Investor Protection Act of 2002）が正式名称である．

参考文献

斎藤静樹（2011）「会計基準開発の基本思考とコンバージェンスのあり方」『金融研究』第30巻第 3 号，pp. 1 -18.

桜井久勝（2022）『財務会計講義（第23版）』中央経済社.

田中靖浩（2018）『会計の世界史 イタリア，イギリス，アメリカ──500年の物語』日本経済新聞出版.

天王寺谷達将（2018）「イノベーションと管理会計研究の今後の方向性 ── Robert Simons の理論面での貢献の考察を足掛かりとして──」『管理会計学』Vol. 26 No. 1 ，pp. 43-60.

トマ，D．，ゴンス，E．（渡邊哲・安田剛規訳）『イノベーション・アカウンティング』翔泳社，2022年.

第12章
人材の国際移動とイノベーション

　アメリカは幾度もの産業構造変化を経験してきたが，その度毎にイノベーションを起こして新しい経済システムを構築してきた．そこでは外国生まれの人材の貢献が大きかった．本章では，アメリカの移民政策および産業について概観した後，いくつかの時代にスポットを当て，外国人人材とイノベーションや産業発展の関係について述べていく．また章末では，人材の国際移動に伴う社会的・政治的緊張についても言及する．

1. 移民国家アメリカ

（1）移民の増加とその傾向
　「アメリカは移民によってつくられた」といわれる．アメリカ国土安全保障省の記録（図12-1）によれば，1820年頃には8756名であった永住権を持つ合法移民（Lawful Permanent Resident: LPR）は1990年前後には約148万人，つまり約170倍となっている．今世紀になりやや減少したものの，80～100万人が毎年アメリカへ移り住んでいる．

　LPR の増加には波があり，その構成（移民の出身地域）も時代とともに大きく変化している．図12-1 が示すように，19世紀半ばから1910年代に LPR は大きく増加したが第1次世界大戦直前から第2次世界大戦後までは減少もしくは微増傾向にあり，1980年代以降に再び急拡大している．LPR の出身地域も変化している．図12-2 が示すように1820～1950年代まで欧州系が9割以上を占めていたが，20世紀半ばからアジア系の割合が拡大して1970年代には欧州系を上回り，1980年代にはアメリカ大陸（カナダ，中米，カリブ海，南米諸国）系移民と並んで最大の移民供給地域となっている．2020年には約71万人の LPR が登録されているが，アジア系とアメリカ大陸系がそれぞれ4割弱を占めており，欧州系は1割弱である．

　LPR の規模および構成の変化は，移民政策の変更および産業の状況によっ

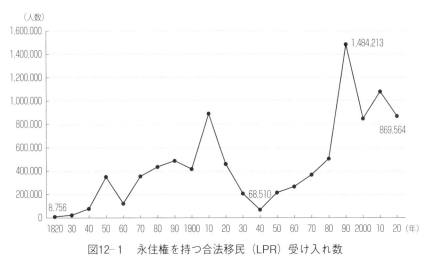

図12-1　永住権を持つ合法移民（LPR）受け入れ数

注：1820年については1820〜21年の，2020年については2019〜2020年の平均値，それ以外の年については前後の
　　年の値を加えた3年間の平均値．
出所：US Department of Homeland Security, (2020) *Yearbook of Immigration Statistics* を基に筆者
　　作成．

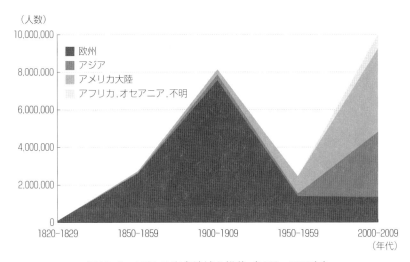

図12-2　LPR の出身地域の推移（1820〜2009年）

注：縦軸の数値（「人数」）は各年代（10年間）の受入総人数を示す．
出所：図12-1と同じ

てかなりの部分を説明できるため，以下で述べる．

（2）　アメリカの移民政策

　アメリカの移民政策は1950年代までは「人種主義的な論理」に強く影響されていたが，公民権運動が活発化した1960年代から現代では，「人権原則」と「能力主義原則」の２つを柱としている．産業やイノベーションを論じる本書の性格上，本章でも「能力主義原則」を反映した移民政策に焦点を当てる．しかしたとえ能力に基づく移民選別政策であっても，「人権原則」から著しく乖離したものではないことを忘れてはならない．

　さて，図12-1をみると19世紀後半から増加したLPR受入は，1910年代初頭をピークにして1920年代に急速に縮小していることが分かる．数度の経済停滞，２度の世界大戦，そして20世紀初頭の一連の移民制限政策が縮小の原因だろう．移民規制法(The Immigration Restriction Act of 1924)が1924年に成立すると，北西ヨーロッパ移民を優先的に受け入れる一方で，中・東・南欧およびアジア（主として日本）からの受入は事実上停止した．背景には「北部ヨーロッパ人中心の白人社会」を維持しようという人種差別的思想があったことは否めない．

　加えて，当時のアメリカの生産システム（第1章）に適合的な能力，たとえば識字能力や勤勉さを持つ労働者は北西ヨーロッパからやって来るという，時代の認識を反映したものとも言える．資本集約的で機械化・自動化が進んだアメリカの生産システムの確立期に移民制限的政策も採用されていることから，両者は関係していると考えて良いだろう．現在では，「移民制限的政策によって労働供給が細ったことが，（もともとあった）機械化・自動化への流れを後押しした」と解釈されているようである（小井土，2003）．

　人種差別的な移民政策を大転換させたのが，1965年の移民法修正である．同法では「人権原則」と「能力主義原則」が掲げられた．それぞれの原則に基づき，優先的に受け入れられるカテゴリーとして，「アメリカ市民またはアメリカ永住権保持者の親戚（離散家族の再結合）」と「アメリカで必要とされる特定の職能を持つ人々」の２つが設定された．後者は「能力による選別」と呼ばれ，今日でもH-1BビザやEB-5ビザ（後述）として受け継がれている．

　図12-2は，1965年の移民法修正以降，アジア系およびアメリカ大陸――主としてメキシコ――からの移民が急速に増加していることを示している．その理由として，上述の離散家族の再結合ならびに冷戦期の国際関係が挙げられる

が，アメリカ的教育カリキュラム，特に大学教育を求めてやってくる留学生が増え，そのうちの一部が定住許可を得たこともある．彼らが現代アメリカ産業にインパクトを与えたことについては本章の2節（3）で述べる．

　能力による移民の選別は，1980〜90年代初期の共和党政権が推し進めた新自由主義的政策のもとでさらに強化された．1990年の改正移民法では高度人材を対象とする「H–1Bビザ」が新設され，主として科学・技術・工学・数学（STEM）の高度技能者を期限付きで受け入れた．このビザでは永住は認められていないため，ビザ保持者は**図12–1**と**12–2**の数字に含まれていない．しかしH–1Bビザは結果としてアメリカ永住者を増やす方向に作用したことから，時間を経た後にLPRを増加させている．

　この時にはEB–5という投資家向けビザ制度も新設された．100万ドルの投資と10人のフルタイム雇用創出を条件としてビザを発給し，ゆくゆくは永住権も申請できるというもので，アメリカの産業へ資本を供給する目的で設置された．

（3）　アメリカの産業と移民

　1776年に独立を宣言したアメリカは，19世紀を通じて領土を拡大していく．当時，この動きは「アメリカの進歩」（*American Progress*）と認識されており，1872年にはガスト（John Gast）によって同名の絵画が描かれた．アメリカを擬人化した女神が書物と電線を抱いて西へ進み，背景には大陸横断鉄道が描き込まれた絵である．このように鉄道はアメリカの「進歩」（ただし，見方を変えると「侵略」ともいえる）の礎となった産業であった．

　第1章で述べたように，19世紀の鉄道網の伸張と電信ネットワークの拡大により大量の原料が工場に運びこまれて大量の製品を生み，それらはマーケットに投入されて，工場労働で豊かになった大勢の労働者が消費した．だが鉄道が運んだのは原材料だけではなかった．大量の移民労働者たちも，初めてアメリカに足を踏み入れた港から，職を得て働き居住する都市まで鉄道によって運ばれた．彼らはアメリカの生産システムの担い手となり，当時のイノベーション活動を支え産業発展に貢献する．

　工場労働者が住む都市部へ食料を供給したのは中西部諸州であったが，ここでも移民の貢献が大きかった．主としてドイツ系移民がヨーロッパの優れた農業技術を移転して荒野を肥沃な農地に転換し，アメリカを代表する産業である

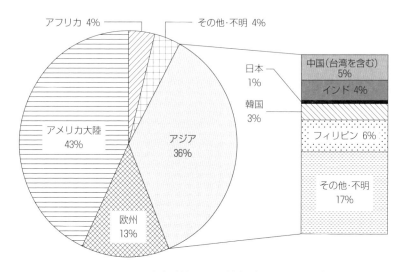

図12- 3　LPR の出身地域・国の割合（1981〜1999年）

出所：Kurin, G.T. and Chernow, B.A.（eds.）（2007）*DATAPEDIA of the United States: American History in Numbers*（4th ed.），Bernan Press.のデータを基に筆者作成.

農業を発展させた.

　1924年の移民規制法成立以降に移民は大幅に減るが，1980年代には大幅増加に転じ，メキシコなどのアメリカ大陸出身者とともにアジア系移民が大勢を占めるようになる（図12- 2）．アジア系の中では，フィリピン，中国（台湾を含む），インド，韓国出身者が多い（図12- 3）．第5章に詳述されているように，この時期1981年は IBM が PC 市場への新規参入を発表した年，1984年はアップルコンピューター（Apple Computer）が主力製品であるマッキントッシュ（Macintosh）を市場投入した年，1995年はマイクロソフト（Microsoft）が Windows 95を発売した年，そして1990年代後半は「2000年（Y2K）問題」（後述）が顕在化して大量のインド人プログラマーが修正作業のために渡米した時期である．このように1980年代以降の移民大幅増加はコンピューター産業の急成長と軌を一にしている．これについては本章の2節（4）で説明する．

2．移民とイノベーション

（1）　鉄道が運んだ大量移民──19世紀末～1924年

移民数が飛躍的に増えた19世紀末～20世紀初頭は「大量移民の時代」と呼ばれる．それ以前の移民は英国，ドイツ，北欧諸国のプロテスタント系が多勢を占めていたのとは対照的に，この時代になると南欧・北欧・東欧出身者が急増し，言語・宗教・文化的背景の異なる多様なヨーロッパ人がアメリカで共棲するようになる．

　移民急増の要因としては，アメリカ五大湖沿岸の工業の発展，中西部・南西部開発促進に関連した政策，大陸ヨーロッパの政治的不安定さがあるが，アメリカ鉄道会社の活動も見逃せない．アメリカ連邦政府はこの時期，未開地の開発促進のためにユニオン・パシフィック(Union Pacific Railroad)，サンタフェ(Santa Fe Railway)，バーリントン（Chicago, Burlington & Quincy Railroad），ノーザン・パシフィック（Northern Pacific Railway）などの鉄道会社へ，優良な土地を供与していた．鉄道会社はこの土地を「真のエデン」と名付け，欧州各地のエージェントを通じて大々的な宣伝活動を行い，土地を格安で売り出すこともあった．ヨーロッパの人々はこれに呼応して続々とアメリカへやってきた(Luebke, 1977)．

　歴史研究では，この時期に鉄道が敷設されていた地域には多くの移民が定住し，所得や教育水準が向上し，同時に失業率や貧困率が低下したことを明らかにしている．移民が増えるとまず工場の数が増加し，続いて大規模工場が現れて生産規模の拡大が起こる．さらに特許取得率も上がっていることから，技術革新によって生産性が増したといえよう(Sequeira et al, 2019)．つまり移民流入は直ちにイノベーションを促進したのである．

（2）　戦争と難民科学者──1930年代～1945年

　1924年の移民規制法によって大量移民の時代は終わり，低技能および非熟練労働者や農業労働者の海外からの移住や就労は，一部の例外を除き大幅に減少する．正確には，この時期は全ての移民をシャットアウトしたのではなく，移民選別を本格化させたのである．第2次世界大戦中のユダヤ人難民や1953年の難民救済法によって入国を許された東欧人などの受入はむしろ強化されていた．彼らの中には難民科学者(refugee scientists)が含まれており，戦中から戦後，

科学技術研究のアメリカにおける発展に貢献した．もっとも有名なのはアインシュタイン（Albert Einstein）であろう．ユダヤ人であった彼は，ナチス党が政権獲得した1933年にドイツ国籍を放棄して渡米し，プリンストン高等学術研究所の教授に就任し，1940年にアメリカ市民となる．

　アインシュタインはアメリカやイギリスをはじめとする連合国に，ユダヤ系難民科学者をできるだけ多く受け入れるよう強く訴えた．連合国側は科学者が戦争勝利に必要な技術的優位性を与えてくれると認識し，多くのユダヤ系・東欧系科学者の移住を受け入れた．アインシュタインはその後，素粒子論から光量子説構築への貢献まで，様々なテーマで300以上の論文を発表し物理学発展の基礎を築くことになる．

　1939年，アインシュタインは同じくナチス政権から逃れてきたハンガリーの科学者シラード（Leo Szilard）の依頼を受けて，ルーズベルト大統領へ書簡（Einstein-Szilard Letter）を送り，原子爆弾開発を促す．そしてマンハッタン・プロジェクトが立案されるが，その遂行には数多くの難民科学者が関与した．**表12-1**は，マンハッタン・プロジェクトに参加した難民科学者についてまとめている．

　表12-1でまず目を引くのは，ノーベル賞（物理学賞）受賞者の多さである．第2次世界大戦前に3名，戦後には4名が同賞を受賞している．彼らは戦後もアメリカの大学で研究・教育を続けて目覚ましい成果をあげ，世界中の高度人材をアメリカに惹きつけた．ノーベル賞受賞者に限らず，**表12-1**のほとんど全ての難民科学者が，アメリカが科学研究のグローバルリーダーの地位を確立する上で著しい貢献をした．アメリカ物理学会誌の編集主幹を25年の長きにわたって務めたゴーズミット（Samuel Goudsmit），史上初のX線天体観測を成功させたロッシ（Bruno Rossi），数値解析や機械学習の基礎となるモンテカルロ法を考案したウラム（Stanislaw Ulam），そして物理学，気象学，経済学，ゲームの理論，ノイマン型コンピューターなど現代知識社会の基礎をつくった知の巨人フォン・ノイマン（John von Neumann）などが好例である．

　難民科学者の中には，戦後，核兵器の脅威を訴え，核軍備競争回避のための活動を先導した者もいた．これが評価され，ロットブラット（Joseph Rotblat）は1995年にパグウォッシュ会議（Pugwash Conferences on Science and World Affairs）とともにノーベル平和賞を共同受賞する．パグウォッシュ会議は1955年のラッセル＝アインシュタイン宣言[2]にインスピレーションを受け，「国際政治におけ

表12-1　マンハッタン・プロジェクトに参加した難民科学者

難民科学者名	出身国	学位取得大学	マンハッタン・プロジェクト後の主たる所属	特記事項
H・ベーテ	ドイツ	ミュンヘン大学	コーネル大学	1967年 ノーベル賞（物理学賞）
F・ブロッホ	スイス	ライプチヒ大学	スタンフォード大学	1952年 ノーベル賞（物理学賞），1954〜1955年 欧州原子核研究機構（CERN）初代所長
A・アインシュタイン	ドイツ	チューリッヒ大学	プリンストン大学	1921年 ノーベル賞（物理学賞）
E・フェルミ	イタリア	ピサ大学	シカゴ大学	1938年 ノーベル賞（物理学賞）
J・フランク	ドイツ	ベルリン大学	シカゴ大学	1925年 ノーベル賞（物理学賞）
O・フリッシュ	オーストリア	ウィーン大学	（英）ケンブリッジ大学	
K・フックス	ドイツ	ブリストル大学	核兵器関連の機密情報をソ連に漏らした軍事スパイとして服役	
S・ゴーズミット	オランダ	ライデン大学	ブルックヘブン国立研究所	アメリカ物理学会誌 *Physical Review* の editor-in-chief を25年間務める
H・フォン・ハルバン	オーストリア	チューリッヒ大学	（仏）原子力・代替エネルギー庁サクレー原子力研究センター	
L・コワルスキー	ロシア／フランス	パリ大学	欧州原子核研究機構（CERN）	
R・ランドショフ	ドイツ	ベルリン工科大学	ロスアラモス国立研究所	
R・パイエルス	ドイツ	ライプチヒ大学	（英）オックスフォード大学	1968年 英国王室よりナイトへ叙爵
G・プラツェック	チェコ	ウィーン大学	プリンストン高等研究所	
ヒ・フビノウィッチ	ロシア／ドイツ	ベルリン大学	イリノイ大学	1957年 第1回パグウォッシュ会議開催，1969〜1970年 同委員会会長，『原子力科学者会報』の共同創刊・編集主幹．
B・ロッシ	イタリア	ボローニャ大学	マサチューセッツ工科大学	1962年 さそり座 X-1 の発見（史上初の太陽系外の X 線天体発見）
J・ロートブラット	ポーランド	ワルシャワ大学	（英）リバプール大学	1995年 ノーベル平和賞
E・セグレ	イタリア	ローマ大学	カルフォルニア大学バークレー校	1959年 ノーベル賞（物理学賞）
L・シラード	ハンガリー	フンボルト大学ベルリン	シカゴ大学	1947年「スターリンへの手紙」公開．1962年，「生存可能な世界のための協議会」設立
E・テラー	ハンガリー	ライプチヒ大学	ローレンス・リバモア国立研究所	水素爆弾開発をトルーマン大統領に進言し，「水爆の父」と呼ばれる．
S・ウラム	ポーランド	リヴィウ工科大学	ロスアラモス国立研究所	テラーとともに水爆の開発．モンテカルロ法考案
J・フォン・ノイマン	ハンガリー	パースマニ・ペーター・カトリック大学	複数の省庁や大企業の顧問	量子論，オートマトン理論，気象学，経済学，ゲーム理論，ノイマン型コンピュータ等を考案
V・ワイスコフ	オーストリア	ゲッチンゲン大学	マサチューセッツ工科大学	1961〜1965年 欧州原子核研究機構（CERN）事務局長
E・ウィグナー	ハンガリー	ベルリン工科大学	プリンストン大学	1963年 ノーベル賞（物理学賞）

注：学位取得前にアメリカへ渡った科学者は除く．

出所：Atomic Heritage Foundation の HP および The official website of the Nobel Prize 掲載情報等を基に筆者作成（2022年9月19日取得）．

る核兵器の役割を減少させ，長期的には核兵器を廃絶する」ことを使命として1957年に創設された．ラビノウィッチ（Eugene Rabinowitch）は同会議の1969〜70年の会長として，また『原子力科学者会報（*Bulletin of the Atomic Scientists*）』の共同創刊者・編集主幹として科学者の社会的責任を問い，核軍縮のオピニオン・リーダーとして国際的な活動を続けていく．このように，マンハッタン・プロジェクトに関与した難民科学者たちは，戦後の核不拡散や軍縮運動を通じて平和研究や国際関係論といった人文・社会科学研究にも影響を与えた．

　難民科学者の中には英国へ亡命し，同国からの派遣という形でマンハッタン・プロジェクトに参加した者たちもいた．フリッシュ（Otto Frisch）は戦後，英国での原子力研究の中心であったハーウェル原子力研究機構やケンブリッジ大学で核物理学研究を継続した．パイエルス（Rudolf Peierls）もまた，英国に定住してバーミンガム大学やオックスフォード大学で研究を続けた．一時は，フックス（Klaus Fuchs）によるスパイ事件に巻き込まれ不名誉な処遇も受けたが，1968年にはナイトの爵位を授与され名誉を回復した．

　フォン・ハルバン（Hans von Halban）も英国への亡命者だが，マンハッタン・プロジェクトへ派遣され戦後は英国で核爆弾開発チームに参加する．1954年にはフランスからの招聘を受けてサクレー原子力研究センター長となる．フランスにはまた，コワルスキー（Lew Kowarski）やワイスコフ（Victor Weisskopf）も渡り，欧州原子核研究機構（CERN）で原子力関連研究を先導した．[3]

　このように1924〜45年，移民選別が本格化した時期に渡米した難民科学者たちは，国家の期待通り，戦争勝利に必要な技術的優位性をもたらした．戦後，彼らの活躍はいっそう目覚ましく，卓越した研究によりアメリカが科学研究におけるグローバルリーダーの地位を確立することを助け，世界中の高度人材を惹きつけ，あるいはヨーロッパへの技術移転のハブとなった．また一部の科学者たちが核不拡散や軍縮の運動を繰り広げたことは，人文・社会科学研究に深い影響を及ぼした．これらを総合すると，難民科学者は戦後も長く続くアメリカのアカデミアでの優位性を作り出したと言っても良いだろう．

（3）　戦後の留学生受入

　第2次世界大戦後，世界中の優秀な若者が高度な教育を求めてアメリカにやってきた．彼ら留学生は一時滞在許可者であり移民（LPR）ではないが，卒業後に定住許可を得てアメリカの科学研究や産業発展に多大な貢献をすること

が多かった．1960年，フルブライト留学生[4]として渡米した根岸英一や下村脩は卒業後もアメリカで研究を続けて優れた功績を残し，ノーベル賞を受賞することになる．

それに先立つ1958年には，東京大学で博士号を取得した眞鍋淑郎が，留学生ではないものの若手研究者としてアメリカ国立気象局に入職し，卓越した研究によりノーベル賞を受賞する．チューリッヒ大学で医学と有機化学の学位を取得したワイズマン（Charles Weissmann）もまた，1961年にニューヨーク大学医学部でのキャリアをスタートさせ，1978年に世界最初のバイオテクノロジー企業の1つ，バイオジェン（Biogen）を共同創業する．今日，同社はフォーチュン500にランクインするほどの成長を遂げている（The Immigrant Learning Center: ILC）（第9章も参照のこと）．

1965年の移民法修正により合法移民の数は次第に増加したが，軌を一にするように留学生も増え始め，1970年代後半には急増する（図12-4）．20世紀後半に高性能ワークステーション・メーカーとして有名だったサン・マイクロシステムズ（Sun Microsystems）の共同創業者ベクトルシャイム（Andy Bechtolsheim）は，この時期にフルブライト奨学金を得てドイツからやってきている．カーネギーメロン大学でコンピューター工学の修士号を取得した後，スタンフォード大学の博士課程に進学し，「SUN ワークステーション」を開発して1982年にサン・マイクロシステムズを起こす．この時の共同創業者にはインド出身の起業家コースラ（Vinod Khosla）もいた．コースラも1970年代に留学生としてアメリカにやってきており，カーネギーメロン大学で工学修士，スタンフォード大学で MBA を取得している．後年，ベクトルシャイムもコースラもエンジェル投資家として名を馳せ，特にベクトルシャイムはグーグルの創業資金を提供したことで有名である（ILC）．

やや後の話となるが，このサン・マイクロシステムズで1992年まで技術スタッフとして働いていたのが，後にマイクロソフトの CEO となるナデラ（Satya Nadella）である．インドの大学を卒業後ウィスコンシン大学でコンピュータサイエンスの修士号を取得し，1990〜92年にサン・マイクロシステムズで働き，マイクロソフトに移籍して2014年に CEO となった．

さて図12-4 を見ると，1980年代になると留学生数は伸び悩みの傾向を示す．その要因としては，ソビエト連邦（当時）が留学生受入に熱心でアメリカの10倍以上の学生を獲得していたこと，イランや中東産油国の政策変化によりこれ

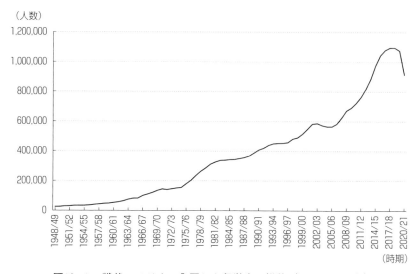

（人数）

図12-4　戦後アメリカへ入国した留学生の推移（1945〜2021年）
出所：Open Door（米国国際教育研究所 website）のデータを基に筆者作成（2022年9月19日取得）．

らの国々からの留学生が減ったことが考えられる．1980年代後半にはオースト
ラリアやカナダが留学生受入れと経済競争力獲得を結び付けて考えるようにな
り，受入を活発化させたことから，これらの国々との競合も起こっていたのか
も知れない．

　東西冷戦が終結した1990年代，アメリカへの留学生は増加に転じる（図12-4）．
この時期にやって来た留学生の中で，アメリカ産業のみならず世界全体に強烈
なインパクトを与えたのは，テスラ（Tesla, Inc.）の CEO であり，スペース X（Space
Exploration Technologies Corporation）の創業者マスク（Elon Mask）であろう．南ア
フリカ出身でカナダを経て1992年にアメリカへ到着し，ペンシルベニア大学で
ビジネスと物理学を学んだ（ILC）．

　テスラと同じシリコンバレー企業でグーグルの持株会社であるアルファベッ
ト（Alphabet）の CEO・ピチャイ（Sundar Pichai）もこの時期の渡米者である．
インド工科大学卒業後の1995年からスタンフォード大学修士課程で学び工学・
材料科学の修士号を取得後，2002年にペンシルバニア大学ウォートン・スクー
ルで MBA となり2004年にグーグルに入社する．

　1980年代後半から1990年代に留学生としてやってきて学業修了後もアメリカ

にとどまり，アメリカ産業の発展に貢献している者は，上述の２人以外にも IBM の CEO・クリシュナ（Arvind Krishna），アドビの会長兼 CEO・ナラヤン（Shantanu Narayen）など数多い．

　21世紀になると，アイルランド出身のコリソン兄弟（Patrick Collison, John Collison）が創業したオンライン決済プラットフォームのストライプ（Stripe, Inc.）のように，もと留学生によるスタートアップ企業のプレゼンスは増していく．ジェトロによれば，2022年夏時点でのユニコーン企業（企業価値評価額が10億ドル以上の未上場企業）の中で評価額トップはマスクが創業したスペースX，第２位はコリソン兄弟のストライプ，第３位はインスタカート（Instacart Inc）である．同社はインドで生まれカナダで育ちアメリカに移住したメフタ（Apoorva Mehta）が共同創業者したオンデマンド型宅配サービスの会社である（ジェトロ，2022）．ユニコーン企業のトップ３は全てが移民起業家，しかもトップ２はもと留学生によるものである．

　繰り返し述べてきたように，留学生は一時滞在許可者であり定住はできない．だが留学生出身の企業家がこれまでアメリカ産業に与えてきた影響は非常に大きいことから，彼らに就業や永住の権利を付与すべきとの議論も起こっている．

（4）　コンピューター産業の発展とアジア系高度技能者——1980年代〜現代

　1980年代になると合法移民（LPR）数は急拡大する（図12-1）．その内訳も変わり，アメリカ大陸出身者（主にメキシコ）とアジア出身者が多数となる（図12-2，12-3）．メキシコ移民の急増は，移民政策の柱の１つである人権原則，つまり先にアメリカ市民となった者が家族を呼び寄せたことや，1980年代後半の「特別農業労働者プログラム[5]」により非合法移民が合法移民と認定されたことで説明できるであろう．

　アジア系の急増は，レーガン政権以降の新自由主義的政策が移民受入にも影響した結果であると言われている．だがアジア系人材最大の供出国インドについては，1960〜70年代に留学生としてアメリカで学んだインド系高度人材の活躍も見逃せない．現代インドを代表する企業は，タタ・コンサルタンシー・サービシズ（Tata Consultancy Services：TCS），ウィプロ（Wipro Limited），インフォシス（Infosys Limited）の３つであるが，いずれの会社もアメリカ留学経験者を創業メンバーに含んでいる．TCS は1968年，ウィプロは1979年，インフォシスは1981年に創業し，バローズ（Burroughs Corporation）（後のユニシス）やコントロー

ル・データ（Control Data Corporation: CDC）などの，IBMと競合していた当時の
アメリカのメインフレーム各社へプログラマーを派遣した．彼らはインド人に
プログラミングの訓練を施した後アメリカへ派遣し，一定の期間プロジェクト
に従事させた．派遣プログラマーはバグの修正やテスト等，単調な業務を安価
で遂行したことからこうしたビジネスは「ボディ・ショッピング」と呼ばれた
（Kenney et al., 2013）．

　1984年にインドで発足したラジブ・ガンディー政権が経済自由化を進めてい
た頃，アーサーアンダーセン（Arthur Andersen，現アクセンチュア），シティコー
プ（Citicorp，現シティグループ），GE（General Electric Company）といったアメリカ
企業がインドに拠点を置き，自社で使うソフトウェアの内部生産を始める．
1987年にはテキサス・インスツルメンツ（Texas Instruments: TI）がバンガロー
ルに拠点を設立し，同時期にはヒューレット・パッカード（Hewlett-Packard：
HP）もインド進出を果たす．この頃になると，「ボディ・ショッピング」は続
いていたものの，インドでプログラミングしたソフトウェアの輸出も始まり，
アメリカとインドの間には，アウトソーシングの委託側と受託者という関係が
築かれる．

　この関係は次のような「Ｙ２Ｋ問題」を契機にさらに強化される．1980年代
までに作られたシステムの多くが，開発当時は高価だったメモリーやストレー
ジ（磁気テープやディスク）の容量を節約するために，西暦年は下２桁を使って
――たとえば1962年ならば「62」と――表記していた．そのため2000年に入る
と，2000年のつもりで入力された「00」が1900年と解釈され，日付のソート（並
べ替え）が正しく行われなくなる等システムが正常に機能しなくなることが予
想され，その修正が1990年代後半には喫緊の課題だった．アメリカ企業の多く
はその業務をインドに委託したところ比較的早い時期に問題を解決できたこと
から，インドのソフトウェア技術の信頼性は高まり，コンピューター産業にお
ける米印関係は一層強くなった．

　さて，インドから派遣されるプログラマーは，1980年代はＨ―１ビザとい
う一時就労許可を得ていたが，1990年にＨ-１Ｂビザが新設されるとこれを使っ
てアメリカへやって来た．**図12-5**はＨ-１Ｂビザを得た者の国別割合を示し
ているが，半分はアジア諸国の出身で占められており，なかでもインドがとび
ぬけて多い．

　Ｈ-１Ｂビザは，主として科学・技術・工学・数学（STEM）の高度技能者を

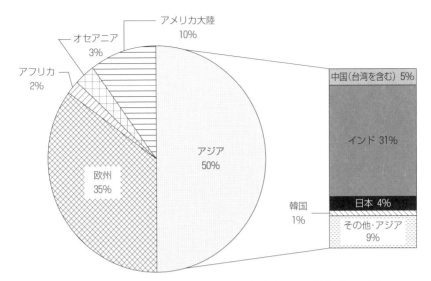

図12-5　H-1Bビザによる就労者の出身地域・国の割合（1999年）

出所：US Department of Homeland Security（1999）*Statistical Yearbook of the Immigration and Naturalization Service* のデータを基に筆者作成.

期間限定的に受け入れる一時滞在・就労許可であり，永住は許可されていない．だがインド系高度人材が帰国することは稀で，いくつかの段階を踏んだのち永住許可を得て，現代アメリカでは最も高学歴で裕福な移民集団を形成している（Kenney et al., 2013）．

　同じくコンピューター産業の発展に貢献したのが台湾系高度人材である．彼らはインド系より早い1950～60年代に渡米し，アメリカの大学で理工系の教育を受け，卒業後は黎明期のコンピューター産業で活躍した．インド系と同様，彼らもアメリカに定住する傾向が強かった．

　だが欧米や日本企業による直接投資に伴いテレビや集積回路関連技術の台湾への移転が始まり，また1973年には台湾工業技術研究院（ITRI）によるハイテク・ベンチャー創業支援が開始され，鴻海（Hon Hai Precision Industry Co., Ltd, 鴻海精密工業）や Acer（Acer Inc., 宏碁集団）等，地元企業家によるスタートアップが誕生する頃になると様相が変わる．そして1980年代には，アメリカで学位取得後，ベル研や TI といったコンピューター関連企業で働いていた者たちが台湾で創業するようになった．こうした企業の殆どは，アメリカ・コンピューター

産業のサプライチェーンの一部を担った．台湾系企業は早い時期からマザーボード等の主要部品の生産を引き受け，研究開発活動への貢献も大きいことから，アメリカのコンピューター産業を支えるというよりも，むしろ共進化してきたといえるだろう．

　以上のことから，アメリカのコンピューター産業は誕生間もない時期から，外国人高度人材とともに発展してきたと言える．

3．外国人高度人材の受入と社会的・政治的緊張

（1）　アメリカ市民の教育の機会と雇用への影響

　外国人高度人材の受入によりアメリカは科学技術におけるグローバルリーダーの地位を獲得し，産業発展も実現させた．アメリカが必要とする知識や職能を持つ人々を優先的に受け入れる「能力主義原則」は，「人権原則」とともにアメリカの移民政策の基本であり恩恵も大きい．だがその反面，社会の幾つかの文脈においては，外国人高度人材の流入が利害関係者間の緊張を高めている．たとえば教育に関してである．

　現在のアメリカでは，移民の方がアメリカ市民よりも学歴が高いため，留学生はアメリカ市民の高等教育へのアクセスを邪魔しているのではないかとの懸念も一部で示されている．しかし図12-6が示すように，1975～99年の期間，アメリカ市民の理工系博士号（Ph.D.）取得は増えており教育機会は奪われていない．同期間，非アメリカ市民（特に一時滞在許可者）の増加傾向が著しく，またその大半はアジア・パシフィック系であることから目立ってしまい，杞憂を招いたのだろう．図12-6は非理工系の博士号（Ph.D.）取得者の推移も示しているが，こちらはアメリカ市民が圧倒的多数であり，外国人が教育の機会を奪ってはいないことを示している．

　では雇用についてはどうだろうか．テーラー＆スチャック（2016）によると，H-1Bビザの発行数とアメリカの特許出願数は正の相関を持つ．また市民権を持たない外国人居住者は，アメリカ市民に比べると格段に特許出願数が多い．この2つの事実から，外国人高度人材が増えると，アメリカでの技術革新が進むと言えるだろう．また彼らは，1995年から2005年にかけて創業した技術系・エンジニアリング系企業の約4分の1が外国人による創業であると述べている．新しい雇用は，多くの場合，設立間もない企業によって生み出されるため，

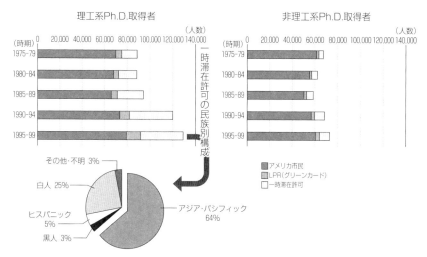

図12-6　博士号（Ph.D.）取得者の滞在許可内訳および民族構成

出所：National Science Foundation, *U.S. Doctorates in the 20th Century* をもとに本章筆者作成

外国人企業家はスタートアップを通してアメリカの雇用を増やしていると解釈できる．したがって，外国人高度人材がアメリカ人の雇用を奪うという言説は根拠が薄い．

（2）　政治的緊張──中国の千人計画とチャイナ・イニシアチブ

　2016年に発足したトランプ政権は，中国排除政策を進めたが，その1つにチャイナ・イニシアチブ（2018〜22年）がある．司法省を中心に中国によるスパイ活動と技術盗用の摘発を進めるもので，多くの中国系研究者や留学生が捜査対象となった．企業秘密の窃取からビザ申請時に中国軍とつながりがあることを伏せていたことなど，様々な理由で，多数の中国人研究者および中国への関与が疑われたアメリカ人研究者が訴追された．

　だが起訴された者のうち，2021年時点で有罪判決を受けたのは約4分の1に過ぎず，またイニシアチブが当初目標としていたスパイ活動と技術盗用の摘発は少なかった（Guoarchive et al. 2021）．中国による知的財産権の窃盗や違法な技術移転は現実に存在するものの，このイニシアチブはそれを防ぐ方法として適切ではなく，さらに悪い事に中国系研究者個人への差別を生みアメリカの研究力を削ぐと批判され，2022年にバイデン政権が終了させた．

　ただし，チャイナ・イニシアチブは終了しても，中国への違法な技術移転や秘密漏洩が無かったとは言えない．実際，チャイナ・イニシアチブでは有罪を認めた事例や有罪判決も複数あるので，表12-2にまとめた．

　表12-2の「罪状」の列で最も目立つのは「研究不正行為」である．その多くは，「研究資金の開示書類に中国本土の機関から提供された資金を記載しなかった」というものである．「中国本土の機関から提供された資金」の内訳は，「関係する中国の政策」の列に示しているが，「千人計画」が最も多い．

　中国政府や共産党は，20世紀末以降，海外在住の中国系高度人材を呼び戻すため，あるいは一時帰国や国際連携等を通じ技術移転を促すため，多様な資金

表12-2　チャイナ・イニシアチブにより有罪とされた者

有罪とされた者	国籍	罪　状	量　刑	技術領域	所　属	関係する中国の政策
Meyya Meyyappan	米国	研究不正行為	禁固刑	ナノテク	NASA	千人計画
Zhongsan Liu	中国	不明	禁固刑	不明	中国国際人材交流協会	千人計画
Turab Lookman	米国	研究不正行為	保護観察処分	物理学	ロスアラモス国立研究所	千人計画
James Patrick Lewis	米国	研究不正行為	禁固刑	材料科学	ウェストバージニア大学	千人計画
Xiao-Jiang Li	米国	研究不正行為	保護観察処分	バイオ医薬	エモリー大学	千人計画
Charles Lieber	米国	研究不正行為	未定	ナノテク	ハーバード大学	千人計画
Xiaorong You	米国	企業秘密の窃盗	未定	材料科学	コカ・コーラ，イーストマン・ケミカル	千人計画
Li Chen	不明	企業秘密の窃盗	禁固刑	バイオ医薬	ネーションワイド・チルドレンズ・ホスピタル	北京市海外人材誘致プロジェクト
Yu Zhou	米国	企業秘密の窃盗	禁固刑	バイオ医薬	ネーションワイド・チルドレンズ・ホスピタル	北京市海外人材誘致プロジェクト
Feng (Franklin) Tao	中国	研究不正行為	未定	化学工学	カンザス大学	長江学者奨励計画
Song Guo Zheng	中国	研究不正行為	禁固刑	バイオ医薬	オハイオ州立大学	千人計画
Haitao Xiang	中国	経済スパイ活動企業秘密の窃盗	禁固刑	農業（ソフトウェア）	モンサント社	百人計画
Simon Saw-Teong Ang	米国	研究不正行為	未定	電気工学	アーカンソー大学	千人計画

出所：以下のサイトを基に筆者作成．
MIT Technology Review 〈https://www.technologyreview.com/2021/12/02/1040656/china-initative-us-justice-department/〉，2022年7月27日取得．
Court Listener 〈https://www.courtlistener.com/〉，2022年9月12日取得．
The United States Department of Justis 〈https://www.justice.gov/nsd/nsd-news?keys=Thousand+Talents&items_per_page=50〉，2022年7月27日取得．

援助プログラムを実施している．政府機関である教育部所管の「長江研究者奨励計画」，中国科学院が実施主体の「百人計画」，そして共産党中央組織部による「国外ハイレベル人材導入計画」とそのサブプログラムである「千人計画」が特に有名である．

　表12-2に頻出する「千人計画」は，中国が至急に必要とする高度人材の獲得や協力を得ることを目的に，研究費や補助金の供与はもとより，本人および親族へ様々な便宜供与を行うものである．対象となるのは海外で卓越した業績を上げた人材，とくに55歳以下，海外で博士号を取得している者である．

　「千人計画」そのものは，国際社会の一員である中国政府（正確には中国共産党）が自国の科学研究や産業発展のために遂行している政策であり，非難されるものではない．「千人計画」に参加した研究者の多くも，悪意を持って秘密漏洩を主導したわけではないようである．だがアメリカと中国では国家体制や政治制度が大きく異なるため，政治的緊張が生じている．

　人が移動する際には，当人に体化した知識も移動する．その現象は知識のスピルオーバー効果と呼ばれ，イノベーションの創発や普及を促すものである．しかし国益，安全保障，熾烈な企業間競争が関係すると，高度人材の移動は政治的緊張や軋轢を生むということを，チャイナ・イニシアチブは示している．

　本章では，人材の国際移動とアメリカ産業におけるイノベーションについて述べた．19～20世紀前半，ヨーロッパからやって来た大勢の移民たちは大量生産を担う労働者として，また大量消費の主役として，アメリカの生産システムの発展に直接貢献した．その後，能力による移民選別が本格化した時期には，難民科学者たちが研究力を高めて戦争勝利に寄与し，また戦後にはアメリカが科学研究のグローバルリーダーの地位を獲得する上で大きな役割を果たした．

　戦後，卓越したアメリカの科学研究に惹かれて多くの留学生がやってきたが，その中からは現代アメリカを代表する企業の創業者やCEOが輩出された．彼らの多くはコンピューター産業の発展に寄与してきたが，この産業は1980年代以降，膨大な数のアジア系プログラマーやSEを受入れてイノベーションを継続的に起こしてきた．同産業におけるアメリカの圧倒的な優位性は，外国人高度人材の働きの上に築かれていると言っても良い．

　しかし高度人材の大量受入はアメリカ社会で軋轢も生んだ．理工系博士号を取得する外国人が増えることで，アメリカ人の教育へのアクセスを阻害しているのではないかとの杞憂につながった．さらに，高度人材の移動が秘密漏洩や

違法な技術移転を引き起こすとして，取り締まりの対象になった．高度人材の移動によって発生する知識のスピルオーバー効果は，国の安全保障が絡むと社会的緊張を生むこともある．

注

1）　ブラセロ・プログラムによる400万人超のメキシコ人農業労働者の受入
2）　1955年4月に哲学者ラッセルと物理学者アインシュタインが核戦争廃絶を訴える呼びかけを行い，同年7月にノーベル賞受賞者9名を含む11名が署名したもの．日本の湯川秀樹も署名している．
3）　ワイスコフも戦後は核軍縮の提唱者の一人となり，パグワッシュ会議の活動に貢献した．
4）　1945年にフルブライト（William Fulbright）上院議員がアメリカ議会に提出した法案に基づいて発足した世界規模の人事交流事業で，160以上の国々から留学生をアメリカに迎え入れている．奨学生は公正な実力競争によって選ばれるとされており，権威ある人物交流事業として世界的に有名である．
5）　1986～1987年の期間に合衆国の農業に90日間従事していたことが証明されれば，それ以降の就労を合法としたもの．

参考文献

小井戸彰宏（2003）「岐路に立つアメリカ合衆国の移民政策——増大する移民と規制レジームの多重的再編過程——」駒井洋監修・小井戸彰宏編著『移民政策の国際比較』明石書店．

ジェトロ（2022）「米国ユニコーンの約8割の経営幹部が移民，米財団調査」『ビジネス短信63c24f 2 f8909f 5 ec, 2022年8月4日』〈https://www.jetro.go.jp/biznews/2022/08/63c24f 2 f8909f 5 ec.html〉，2022年9月19日取得．

テーラー，J. E., スチャック,P. H.. （2016）「高度人材移民に関するアメリカの政策について」ライタン，R. E. 編著『成長戦略論——イノベーションのための法と経済学——』NTT出版．

Guoarchive, E., Aloe, J., and Hao, K. (2021) The US Crackdown on Chinese Economic Espionage is a Mess. We have the data to show it, *MIT Technology Review*, December 2, 2021 〈https://www.technologyreview.com/2021/12/02/1040656/china-initative-us-justice-department/〉, 2022年9月19日取得．

The Immigrant Learning Center (ILC)（公開年不明）*Immigrant Entrepreneurs*,〈https://www.ilctr.org/promoting-immigrants/immigrant-entrepreneurship/〉, 2022年7月27日取得．

Kenney, M., Breznitz, D., and Murphree, M. (2013) Coming Back Home after the Sun Rises: Returnee Entrepreneurs and Growth of High Tech Industries, *Research Policy*, Vol. 42, Issue 2, pp. 391–407.

Luebke, Frederick C. (1977) Ethnic Group Settlement on the Great Plains, *Western Historical Quarterly*, Vol. 8, No. 4, pp. 405–430.

Sequeira, S., Nunn, N., and Qian, N.（2019）Immigrants and the Making of America, *The Review of Economic Studies*, Vol. 87, Issue 1 , pp. 382–419.

人 名 索 引

事 項 索 引

執筆者紹介（執筆順）

宮田 由紀夫（みやた ゆきお）〈編著者〉はじめに，第1章，第2章，第4章，第8章
1960年　東京都生まれ
Washington University（St. Louis）経済学研究科修了（経済学 Ph.D.）
関西学院大学国際学部教授
研究分野：アメリカ経済論，産業組織論
主要著作：宮田由紀夫『アメリカの産学連携』（東洋経済新報社，2002年），宮田由紀夫『アメリカのイノベーション政策』（昭和堂，2011年），宮田由紀夫・玉井敬人『アメリカ経済論入門（第3版）』（晃洋書房，2022年）

安田 聡子（やすだ さとこ）〈編著者〉はじめに，第1章，第12章
1962年　長崎県生まれ
東京大学工学系研究科先端学際工学専攻修了（博士（学術））
九州大学大学院経済学研究院教授
研究分野：イノベーション・マネジメント，高度人材とイノベーション
主要著作：鈴木潤・安田聡子・後藤晃編著『変貌する日本のイノベーション・システム』（有斐閣，2021年），安田聡子「産学連携の全体像の探究——公式および非公式経路から成る知識移転スペクトラム——」『研究 技術 計画』36巻3号，2021年，pp. 290-307.

岡村 浩一郎（おかむら こういちろう）第2章，第6章
1969年　神奈川県生まれ
George Washington University 公共政策・行政プログラム修了（科学技術政策 Ph.D.）
関西学院大学商学部教授
研究分野：科学技術・イノベーション政策，研究開発戦略，社会ネットワーク分析
主要著作：岡村浩一郎（2018）「イノベーション・コンテスト——研究開発を促進する新しい枠組み——」『Nextcom』34巻夏号，pp.12-20.

土井 教之（どい のりゆき）第3章
1947年　兵庫県生まれ
神戸大学大学院経済学研究科博士課程修了（経済学博士）
関西学院大学名誉教授，イノベーション・システム研究センター客員研究員
研究分野：産業組織論
主要著作：土井教之『寡占と公共政策』（有斐閣，1986年），土井教之編『産業 組織論入門』（ミネルヴァ書房，2008年），土井教之・宮田由紀夫編『イノベーション論入門』（中央経済社，2015年）

岩城 康史（いわき やすし）第5章
1963年　宮崎県生まれ
関西学院大学経営戦略研究科博士課程修了（博士（先端マネジメント））

外資系コンピュータ企業勤務を経て，現在，関西学院大学経営戦略研究科博士研究員・非常勤講師，
大阪産業大学工学部非常勤講師
研究分野：ファイナンス（技術の価値評価）

佐 伯 靖 雄（さえき やすお）　**第7章**
1977年　徳島県生まれ
立命館大学大学院経営学研究科博士課程後期課程修了（博士（経営学）），京都大学博士（経済学）
関西大学商学部教授
研究分野：経営戦略論，技術経営論
主要著作：佐伯靖雄『自動車電動化時代の企業経営』（晃洋書房，2018年），佐伯靖雄編『中国地方の
自動車産業』（晃洋書房，2019年），佐伯靖雄編『東北地方の自動車産業』（晃洋書房，2021年）

井 倉 誠 泰（いくら まさひろ）　**第9章**
1969年　大阪府生まれ
大阪大学大学院工学研究科博士前期課程修了（工学修士）
国内製薬会社研究所勤務を経て，現在，同社法務部勤務

中 野 幸 紀（なかの ゆきのり）　**第10章**
1948年　香川県生まれ
京都大学大学院工学研究科博士課程修了（工学博士）
Ecole National d'Administration（ENA）外国人研修コース修了．
関西学院大学大学院総合政策研究科リサーチ・フェロー，イノベーション・システム研究センター客
員研究員
研究分野：メゾ経済学（産業構造分析），エネルギー・環境経済学，情報通信学
主要著作：渕一博・中野幸紀監修『最新AI事情』（通産政策広報社，1987年），中野幸紀「EUハイテ
ク産業と隣接サービス産業」長部重康編著『日・EU経済連携協定が意味するものは何か』（ミネルヴァ
書房，2016年）．

吉 川 晃 史（よしかわ こうじ）　**第11章**
1979年　大阪府生まれ
京都大学大学院経済学研究科博士課程後期課程研究指導認定修了（博士（経済学））
関西学院大学商学部教授
研究分野：管理会計論
主要著作：吉川晃史『企業再生と管理会計』（中央経済社，2015年），浅田拓史・吉川晃史・上總康行「日
本電産株式会社の経営改革と管理会計──知識創造理論の視点から──」『管理会計学』21巻2号，
2013年，pp.41-60.

アメリカ産業イノベーション論

2023年4月20日　初版第1刷発行	＊定価はカバーに 表示してあります

編著者　宮　田　由紀夫 ©
　　　　安　田　聡　子

発行者　萩　原　淳　平

印刷者　河　野　俊一郎

発行所　株式会社　晃　洋　書　房

〒615-0026　京都市右京区西院北矢掛町7番地
電話　075(312)0788番(代)
振替口座 01040-6-32280

装幀　HON DESIGN（岩崎玲奈）　　印刷・製本　西濃印刷㈱
ISBN 978-4-7710-3727-4